图说瑞金

邹亮辉　编著

陕西新华出版
陕西人民美術出版社
SHAANXI PEOPLE'S FINE ARTS PUBLISHING HOUSE
西安

图书在版编目（CIP）数据

图说瑞金 / 邹亮辉编著. —西安：陕西人民美术出版社，2021.7（2024.6 重印）

ISBN 978-7-5368-3586-3

Ⅰ.①图… Ⅱ.①邹… Ⅲ.①革命史－瑞金－近代－图集 Ⅳ.①K295.64－64

中国版本图书馆CIP数据核字（2021）第128908号

图说瑞金

邹亮辉 编著

出版发行 陕西人民美术出版社

地　址 陕西省西安市雁塔区曲江街道登高路 1388 号
邮　编 710061
经　销 新华书店
印　刷 三河市悦鑫印务有限公司
开　本 710mm×1000mm 1/16
印　张 18.75
字　数 288 千字
版　次 2021 年 7 月第 1 版 2024 年 6 月第 2 次印刷
书　号 ISBN 978-7-5368-3586-3
定　价 58.00 元

前 言

每个城市似乎都有一座古塔。古塔临风矗立，总会给人们带来美好的传说和无尽的遐想。

瑞金也有塔，但不是一座，而是五座，分别是龙珠塔、龙峰塔、鹏图塔、凤鸣塔、纪念塔。

瑞金原本只有四座古塔，红军来了，在瑞金成立了中华苏维埃共和国，中央政府建了一座塔，就是纪念塔，全称为红军烈士纪念塔。也许，龙珠、龙峰、鹏图、凤鸣四塔早已预测着未来，在这没有港口、没有码头、没有铁路的山林小城的舞台上，必然上演一场惊天动地的变革大剧。

终于，1931 年 11 月 7 日，在瑞金这块土地上，龙腾了，凤鸣了，整个瑞金闹腾得地覆天翻。全国苏维埃代表大会在这里召开，中华苏维埃共和国在这里成立，在这个小小的山城建立了共产党自己的全国性政权——临时中央政府，瑞金成为中央革命根据地的中心，全国革命根据地的指挥中枢，也当然地成为中华苏维埃共和国的首都。

真没想到，瑞金会有如此的辉煌。自从盘古开天地，三皇五帝到如今，只有中国共产党才有如此的胆魄和力量。从此，各路精英会聚瑞金，有领袖，有军人，有留洋回国的知识分子，还有外国籍人士。他们跟当地的农民融合在一起，开展了轰轰烈烈的土地革命，在这里开始了开创新世界的伟大实践，在这个沉睡千年的古城里掀起了强烈的红色风暴。建立根据地，建设苏维埃；办学校，建医院；办报纸，出书刊；发行货币，统一邮政；扩红参军，武装斗争；组成赤少队，成立儿童团；开展生产竞赛……整个苏区人人激情奔放，就连妇孺也踊跃投身变革之中。军民一家，手足亲情，“完全是一片光明自由的新天地”。就连国民党兵也纷纷带枪起义，投身于这片红色的土地，与苏区军民共享欢乐，奉献激情。

从朱毛红军下井冈山向赣南闽西进军到建立中央革命根据地，从中华苏维埃临时中央政府的成立到踏上漫漫的长征路，这段峥嵘岁月只有5年10个月，然而就在这2100多个日日夜夜里，武装斗争、党的建设、政权建设、军队建设、经济建设、文化建设、廉政建设、法制建设等各方面都有了空前的发展。是毛泽东、朱德、周恩来等共产党人的呕心沥血、励精图治，成就了这片辉煌，铸就了“星火燎原，信念坚定，反对本本，开拓进取，执政为民，争创第一，艰苦奋斗，廉洁奉公，无私奉献，不怕牺牲”的苏区精神。

毛泽东在总结这段历史时曾饱含深情地说：“党开辟了人民政权的道路，因此也就学会了治国安民的艺术。党创造了坚强的武装部队，因此也就学会了战争的艺术。所有这些，都是党的重大进步和重大成功。”“我们不但会运用马克思主义去解决政治问题，而且会运用马克思主义去解决战争问题；不但造就了一大批会治党会治国的有力的骨干，而且造就了一大批会治军的有力的骨干。这是无数先烈的鲜血浇灌出来的革命的鲜花，不但是中国共产党和中国人民的光荣，而且是世界共产党和世界人民的光荣。”

不是吗？从瑞金这片红土地走出去的党和国家领导人就有毛泽东、周恩来、刘少奇、朱德、邓小平、任弼时、陈云、叶剑英、胡耀邦、杨尚昆等40多位；新中国初期受衔的10位元帅中有9位，10位大将中有7位，还有几百位将军……当年他们在这块中央苏区的土地上是怎样的叱咤风云！

岁月有风平浪静，也会有巨浪滔天；有灿烂阳光，也会有乌云蔽日。同样，这段艰难的岁月中，有过暴风雨般的斗争，也有过风和日丽的温暖；有过悲壮惨烈的痛苦，也有过胜利成功的喜悦。这一幕幕情景、一幅幅画面不断闪现，虽不完整，但它真实地聚焦在历史的镜头里。

岁月如歌，光阴荏苒。战争的硝烟早已散去，但照片及物件却记录着那段真实的岁月。借助历史图片和物件，毫无修饰地还原那段真实的历史，以时间为线索，以图片为引路，附以文字补充，从而穿越时空去寻找先辈的足迹，缅怀革命先烈，感受岁月的艰辛，领略历史的恢宏，点滴之处见精神。这就是本书的用意。

邹亮辉

目　录

1929 年以前

1929 年

1930 年

1931年

1932年

1933 年

1934 年

1935 年

1929 年以前

古邑瑞金

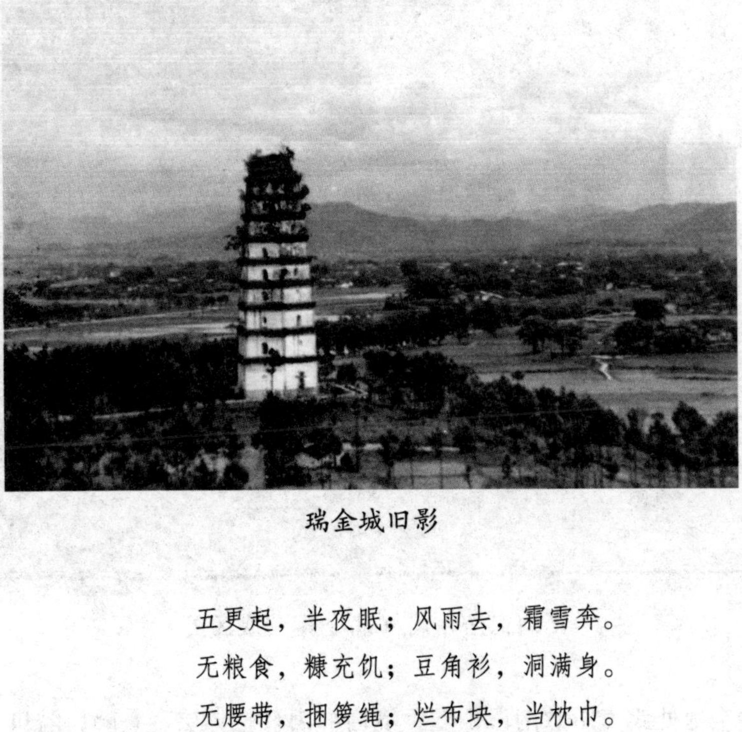

瑞金城旧影

五更起，半夜眠；风雨去，霜雪奔。
无粮食，糠充饥；豆角衫，洞满身。
无腰带，捆箩绳；烂布块，当枕巾。
锯竹蔸，做面盆；篾骨火，当夜灯。
歇秆堆，盖簑衣；水当镜，柴当枕。

这些民谣形象地反映了瑞金人民世世代代悲惨生活的情景。

瑞金，曾“掘地得金”，早在汉唐时期就因产金而在这里设置了淘金场。唐天祐元年（904），吴王杨行密以淘金场设置瑞金监，从此有“瑞金”之名，南唐保大十一年（953），升瑞金监为瑞金县。

瑞金位于江西省南部，赣州的东部，为赣、闽、粤三省边界，向有“豫章屏障，百越门户”之称。东接福建长汀，西连于都，西南临会昌，北接宁都，东北毗邻石城；东西宽65.4公里，南北长82.78公里，总面积约2448平方公里。

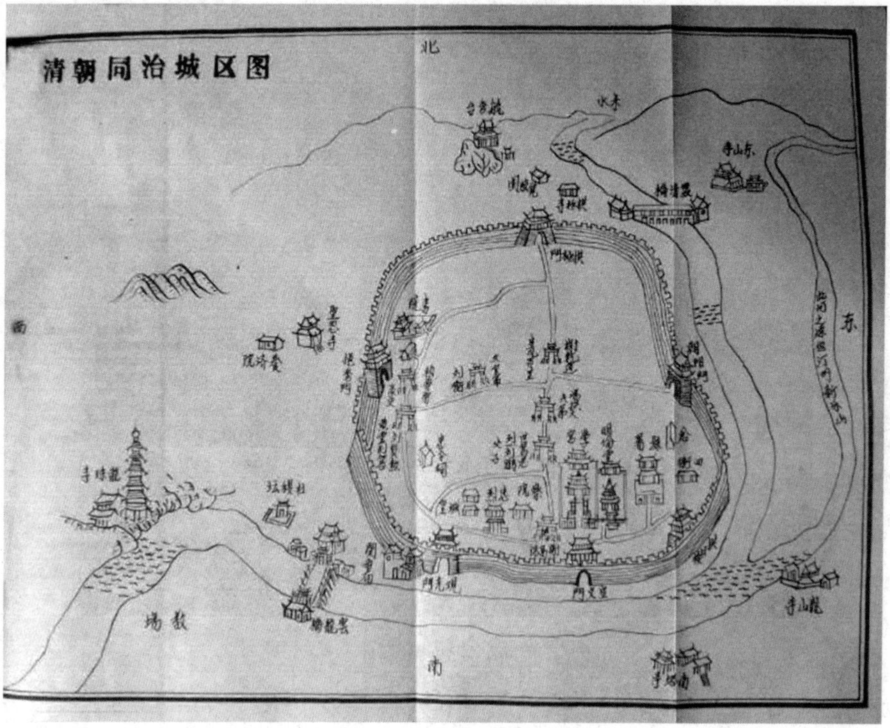

清朝同治年间（瑞金县）城区图

瑞金地处武夷山脉南段西麓，境内群山环抱，层峦叠嶂，隘口相续，因而被《清史稿》划为“繁、疲、难”之邑。众多山、崠是瑞金天然屏障，扼守着瑞金通往外界的要道，同样也造成山区与外界的阻隔。看似山多，其实不然，瑞金城往西北为丘陵地带，中部丘陵与谷地冲积平原的地形布局，海拔高度一般在200米至1000米之间。境内河流以绵江为主，是通往会昌、于都、赣州的水路要道。为此，瑞金也属屯兵要地，能守能退，是兵家必争之地。

瑞金盛产黄金，按说产金之地老百姓理应日子过得富庶，但又为什么过得那么苦呢？没错，民谣也说："绵江两岸是块洲，三年两不收，还有余粮下赣州。"这就是说要看是否生得逢时。其实，老百姓的苦，不在天时地利，而在人祸横流。

土地革命战争前，在这一块沃土上的豪绅地主们住有华堂，吃有山珍海味，穿有绫罗绸缎，行则骑马坐轿；经常出没于茶楼酒肆，烟馆妓院，过着奢靡无度的生活。而农民却终年辛劳，还难求一饱，过着非人的日子。二者相比，简直就是一个在天堂，一个在地狱。

据统计，土地革命战争之前，全县约有耕地 34 万亩，但 80% 以上被地主富农所占有，广大农民只有少量土地，甚至无地。就连各地公堂庙宇的土地，还有山林、池塘、陂圳等资源，也都被地主所占有。他们就是凭借手中掌握的这些资源进行巧取豪夺、敲骨吸髓，使农民世代当牛作马。

瑞金老城区廖屋坪

农民无地或少地，为了生存，只好租地或借高利钱。但即使租地也没那么容易，地主富农们耍花招，什么租田要以家产抵押或找人担保，收租还要佃户办酒席，"请"地主吃"租饭"，否则就租不到田种。收租时大斗进，借粜时用小斗出，想方设法盘剥农民。而长工一年的工资也不过几担谷子，一年下来，收的谷子还不够缴纳租地钱。要是遇上歉收年成，农民只得卖青苗、卖家当缴租谷。要是缴不起就遭地主打骂、凌辱。有的地主私设公堂，用捆绑吊打、烙肉、坐牢等刑罚来对付租户。债务还不起，他们就上门杀猪牵牛，砸锅卖铁，甚至封门。尤其令人发指的是，有的地主动辄以断佃相威胁，肆意糟蹋农家女，哪家佃户的女人有些姿色，就生谋作计要弄上手，甚至敢当着她的丈夫或父兄的面施暴。许多农民被逼得无法度日，有的上吊自尽，有的卖妻卖子卖自身。除了交租还债，还要负担种种苛捐杂税，遭兵痞欺凌，以致倾家荡产，流离失所，沦为乞丐。如此度日，老百姓能不苦吗？

其实，除农民外，还有那些手工业者和失业工人，境况也好不了多少。手工业者受地主老板剥削，裁缝、篾匠一天劳动12个小时以上，工钱也只有两角。失业工人无生活来源，只好铤而走险，成为无产者。

瑞金县老城区粜米街，曾是商贾云集的地方

在落后的城乡，绝大多数工农子弟因贫穷而被剥夺了受教育的权利，一些土劣讼棍欺负农民不识字，骗钱骗地，栽赃陷害。农村缺医少药，人畜混居，饮用塘水，疫病流行。城乡烟馆、赌场、妓院到处可见，教堂、庙宇充斥礼神拜佛的人，甚至境外势力也利用宗教对瑞金进行思想文化渗透。民国初年，意大利传教士和法国传教士就先后来瑞金设天主教堂和耶稣堂，广揽信徒，与地主豪绅、军阀官僚狼狈为奸，毒害麻痹工农群众，并加重对他们的剥削压迫。如九堡、谢坊等地的土豪还强迫农民种鸦片；一些土豪劣绅招引地痞无赖在圩市开赌场、抽收赌捐，并引诱贫苦农民赌钱，害得他们妻离子散，家破人亡。

瑞金人民在经济上遭受残酷剥削的同时，在政治上也受到地主豪绅与军阀官僚利用封建宗教和反动政权为工具的血腥统治。打架械斗，帮派盛行，搅得老百姓没有安宁之日。

瑞金名义上有常驻军，实际上为赣军第四师赖世璜部所管辖，他们不是保护乡里，而是军阀纷争。因瑞金位于赣闽粤三省交界，成为南北各军争夺之地，而闽西土著军阀郭凤鸣部也不时驻扰，使瑞金备受军阀蹂躏之苦。他们还勾结流氓土匪，据险抢劫，危害百姓。反动地主的“保卫团”（靖卫团），也经常欺凌鱼肉百姓。

凡此种种，使瑞金民生凋敝，民怨沸腾，并积聚成一股地火，随时等待着被引燃的那一刻。

我们也要过好日子

哪里有压迫，哪里就有反抗。多少年来，瑞金人民深受封建地主的压迫，一直挣扎在苦难之中，他们要生存，他们要出路，他们呐喊着："我们也要过好日子!"于是，一些人舍身忘我，揭竿而起，与旧封建势力斗，与反动统治斗。一次次，一回回，不懈怠，不言败，勇往直前，毫不退缩，直至生命的终结。

清顺治三年（1646）春，以何志远、沈士昌为首的佃农，迫于生计，团结八乡农民，揭竿而起。他们立百总、千总之名，号曰"田兵"，要求田主减轻租息，并杀掉一个贪官。朝廷恐慌，清廷剿"抚"并用，残杀五六千起事农民，才将这场声震朝野的起义镇压了下去。

咸丰三年（1853），太平天国农民起义军举旗反清，瑞金人民深受鼓舞。朱兰香、杨家腾、赖士荣发动农民，遥相呼应；谢坊农民刘大珠等遂召集流亡民众，揭竿而起，投奔太平军配合攻打会昌县城。瑞金人民的声援和参与，壮大了太平军的声威，给腐朽的清廷地方政府和地主势力以沉重打击。

光绪二十五年（1899），瑞金遭受严重水旱灾害，无米下锅的农民自发聚集起来向城乡米商大户、豪绅地主要求开仓济困。

1925 年间，瑞金遭受严重虫害，全县普遍闹饥荒，粮食歉收，米价飞涨，凤岗村 80 余户人家，有 70 多户靠吃糠咽菜度日。凤岗饥民愤怒地说："饿死不如杀死，地主的粮食多得生虫，我们怎么不去要?"于是，他们结队直奔湖阳大地主李逑茂家"吃大户"，沿途有合龙、超田、九堡等乡饥民七八百人加入。经过斗争，饥民的难题得到了暂时缓解。

手工业者则以自己独特的方式和地主、资本家进行斗争。他们以行业神崇拜为号召，结成行会组织，如泥水（工）、木匠的鲁班会，铁匠的老君会，裁缝的轩辕会，厨倌的条盘会等，运用行会的力量来维护本行业的利益和调节内部关系。他们还以罢工为斗争手段，以争取自身的权利。

面对手持枪械的军阀部队与地主武装的淫威，瑞金人民也没有放弃斗争。1924 年，黄柏农民自发包围纵马践踏庄稼的瑞金驻军赖世璜部，向他们索取赔偿；还公开或隐蔽地同横行乡里的“保卫团”、兵痞土匪进行巧妙的斗争。

这些斗争尽管大都以失败告终，但毕竟显示出瑞金人民爱憎分明，不畏强权，向往自由平等幸福新生活的革命精神和英雄气概，这就为中国共产党领导瑞金人民开展土地革命，创建以瑞金为中心的中央苏区，奠定了充分的群众基础。

五四运动爆发后，谢仁鹤、邓希平、谢存性、杨荣才、杨世沂、杨斗文等一群热血青年，为更多地接触新思想、新知识，更好地探求改造社会的途径，纷纷离家外出求学，初步接触了马克思主义，萌发了社会革命意识。他们学成回乡后，积极传播新思想、新文化，培养、积蓄革命力量，加入进步组织，响应共产党人鄢寰（日新）的号召，一起宣传共产主义思想，积极组建缝纫工会、木业工会、铁业工会、苦力（码头）工会等，与剥削自己的富人、老板开展斗争。

1926 年 11 月，在各个行业工会组建工作的基础上，又成立了瑞金县总工会，大会选举杨荣才为瑞金县总工会委员长。曾兴发（理发工人）、朱先泮（木工）、雷振华（缝纫工人）为执行委员。从此，瑞金有了共产党的进步组织。在他们的带领下，各行业工会的工人上街游行示威，高喊着“打倒贪官污吏”“打倒土豪劣绅”“打倒列强除军阀”“增加工资，实行八小时工作制！”等口号，终于使工人的社会、经济地位得到迅速提高，昔日的“剃头匠”变成了“理发先生”，工资也由二角增加到五角。

在工人运动的影响下，瑞金的农民运动也逐渐开展起来。1927 年 3 月，刘维煊、钟文焜、刘良柯、钟文佑等人从中共赣州特支领导举办的赣南农工运动训练班回来后，筹建了瑞金县农民协会，正式提出了“二五减

谢仁鹤

邓希平

杨荣才

瑞金早期的革命领导人

租”“打倒土豪劣绅”“取消苛捐杂税”等口号，带领农民进行反封建斗争。

为使农民运动有序发展，邓希平、谢仁鹤、刘忠恩等，利用新群小学开办农民夜校，启发农民的革命觉悟，组织农民开展减租减息的斗争。

正是有了这么一大批立志革命的进步青年，才使瑞金的工农运动蓬勃发展起来。

1927年，蒋介石发动四一二反革命政变，赣州总工会委员长、共产党员陈赞贤遭枪杀，国民党右派打出了反共反人民的第一枪。随即“清党”运动蔓延至瑞金，在瑞金成立了“清党”分会，并下令通缉杨荣才、杨舒翘、曾拔英、胡殿臣和刘秀钰等，迫使他们四处躲避。

1927年8月，贺龙、叶挺率领的南昌起义军进驻瑞金，终于给瑞金人民带来曙光，也为瑞金人民的革命斗争指明了方向。

南昌起义部队进驻瑞金后，前敌委员会（简称前委）很快在瑞金培养发展了先进青年刘忠恩、邓希平、谢仁鹤、杨荣才、杨舒翘、谢存性、谢永泮、杨湘元等人加入中国共产党。9月上旬，在绵江中学秘密成立了瑞金第一个中共党支部，由刘忠恩任书记，谢仁鹤、杨荣才、杨舒翘为委员。

在南昌起义部队的帮助下，瑞金县第一个中共党支部在绵江中学成立

起义军前委还委任杨荣才、杨舒翘分别为瑞金县总工会主席和执行委员。

壬田寨响起枪声

1927 年 8 月 25 日，瑞金壬田寨响起密集的枪声，这是南昌起义部队南下与国民党军队的遭遇战。

瑞金壬田战场遗址

壬田寨其实是一个圩镇，并无寨，老百姓长期以来习惯称之为寨。壬田寨位于瑞金的东边，与石城县接壤，既是瑞金的重镇，也是通往福建、广东的重要通道，被称为瑞金的东大门，是商贾通衢、兵家必争之地。

1927 年 8 月 1 日，在中共前敌委员会（以下简称“前委”）书记周恩来、起义总指挥贺龙、前敌总指挥叶挺等的领导下，两万余名起义官兵一举攻占南昌城，打响了武装反抗国民党反动派的第一枪，开创了中国共产党领导革命武装反对反革命武装的新纪元。蒋介石、汪精卫急忙调兵遣将，讨伐起义部队。

南昌起义指挥部旧址

遵照中共中央指示，南昌起义部队挥师南下直取广东东江。8 月 3 日，南昌起义部队陆续撤离南昌，沿抚河南进，计划经江西省瑞金、寻乌进入广东省。

为阻止起义部队南进，蒋介石令国民党军驻守广东省的第八路军总指挥李济深，调钱大钧部 9000 人速由赣州进至会昌、瑞金地区，并以一部前出壬田；调黄绍竑部 9000 人由南雄、大庾（今大余）向雩都（今于都）地区开进，企图阻击起义部队。25 日，起义部队先头第二十军及第九军在瑞金壬田，与国民党钱大钧部的第五十、六十团遭遇，发生激战，这场战

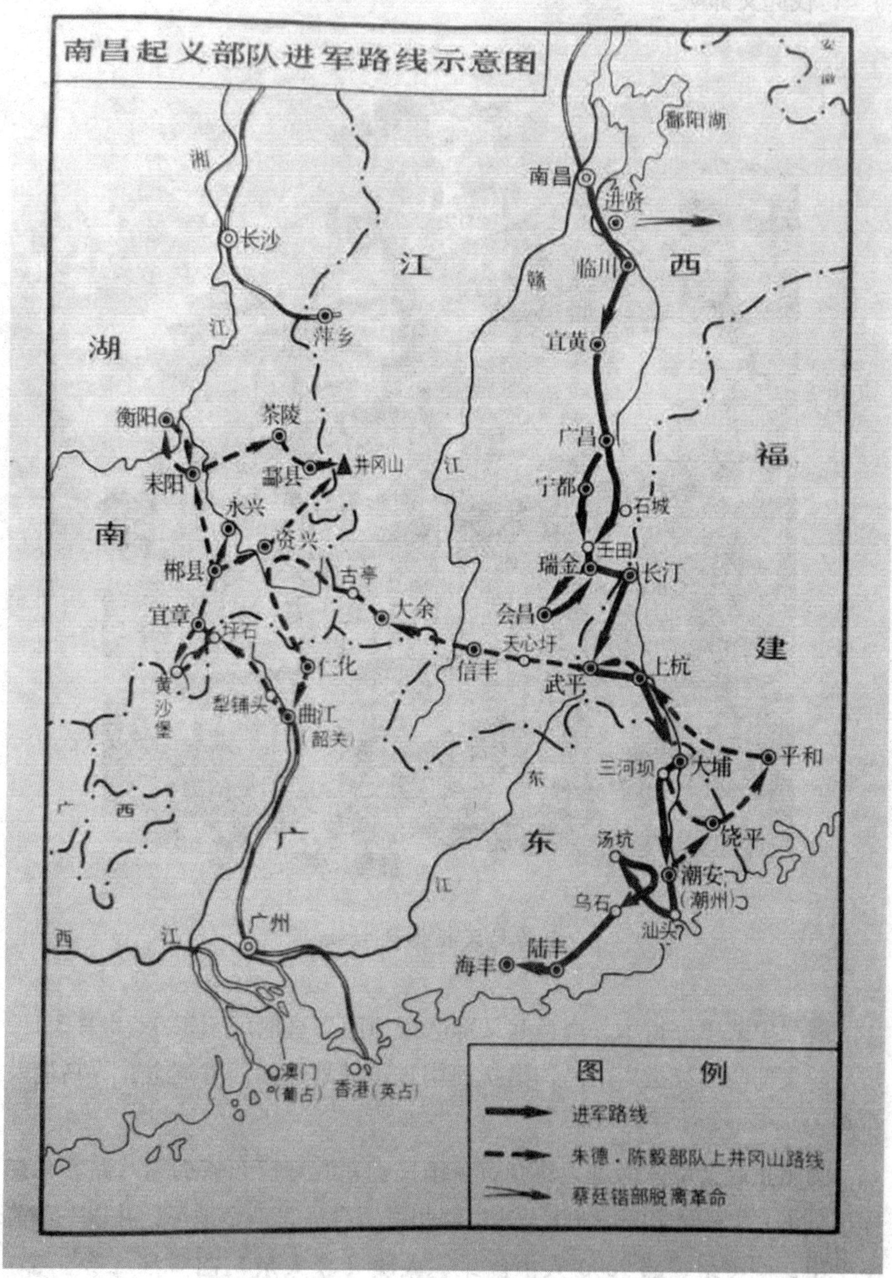

南昌起义部队南下广东进军路线示意图

斗在贺龙、朱德的指挥下，击溃了敌军；26日乘胜进占瑞金县城，击溃钱部三个团，国民党余部退集会昌城。

南昌起义部队从缴获的敌军文件中得知，蒋介石嫡系钱大钧部第二十师、第十八师、新编第一师3个师9个团约万余人，在会昌山一线构筑工事。桂系黄绍竑部也从信丰往会昌赶来，其中黄旭初第四师先头部队2000余人集结于白鹅圩一带，与会昌的钱大钧部成掎角之势，企图将起义部队扼杀在会昌。

为解南进后顾之忧，中共前敌委员会和由周恩来、贺龙、叶挺、刘伯承等组成的参谋团决定，趁钱、黄两部尚未会合，集中起义部队万余人分两路攻击会昌城。

会昌与瑞金相邻，两县之间最近距离不到2.5公里。

30日晨，起义部队在朱德、贺龙、叶挺的指挥下，进攻会昌。战至16时，起义部队占领会昌城，歼钱部6000人，缴获枪2500余支（挺），并将其残部追至�门岭。9月初，起义部队第十一军一部在洛口地区击溃黄绍竑部进攻。随后，起义部队折返瑞金，改道经福建省长汀挺进广东。9月22日，起义部队占领大浦三河坝。前委决定，主力继续南下，命朱德率第十一军二十五师及第九军教导团留守，掩护主力南进。

起义部队进入广东后，由于国民党驻守严密，敌人调集大量兵力与之决战，起义部队主力在潮汕地区及海陆丰地区遭受覆灭性重创。而留守三河坝的阻击部队血战三天，完成任务后，在朱德、陈毅率领下，迂回赣南。面对当时部队思想混乱，离队者越来越多，2000余人的队伍仅剩七八百人，而且军纪废弛，扰民事件不断发生的严峻形势，朱德、陈毅决定在赣南的安远、信丰、大余、崇义等县开展军事政治整训，同时对部队进行整编。赣南的“三整”，为起义部队成为党领导下的新型人民军队奠定了基础。

最后保存下来的800余人的起义部队参加湘南起义后，于1928年4月到达井冈山革命根据地，同毛泽东领导的湘赣边界秋收起义部队会合。这两支部队成为开辟中央革命根据地、建立中华苏维埃共和国的骨干力量。

贺龙入党

在贺龙的入党履历表中入党时间和地点是这样填写的——时间：1927年；地点：瑞金。

这份历经烽火、跨越两个世纪的履历表，充满着贺龙传奇的色彩。贺龙靠两把菜刀闹革命，在旧军队里从营长干到了军长，在八一南昌起义时担任了起义军的总指挥。

毛泽东曾在“三湾改编”中，就以贺龙为例鼓励起义军：贺龙两把菜刀起家，现在当军长，带出了一个军。我们现在不止两把菜刀，我们已经有了两个营的兵力，还怕干不起来吗？

贺龙出生于湖南省桑植县一个贫农家庭。由于家境贫寒，他仅读了五年私塾便辍学务农，平时打柴、割草、放牛，农闲时节与父亲外出缝衣赚钱养家糊口。苦难的童年，使他以愤世嫉俗，仗义疏财，敢于同恶势力相抗争而闻名乡里。参加革命后，为了穷人的翻身解放，他一直在寻找着一条光明的道路，1919年爆发的五四运动和1921年中国共产党的成立，使贺龙在黑暗中找到了光明。

1924年年底，贺龙通过各种渠道寻找共产党，他先后接触了共产党员夏曦和毛泽东派来的兼有国共两党省委委员身份的陈昌甫，并慷慨资助中共5万银圆。1926年8月30日，贺龙向国民革命军总政治部派到他军中开展政治工作的共产党员周逸群公开提出：我要参加共产党，你介绍我加入。贺龙在1959年参观南昌八一起义纪念馆时，面对这张泛黄的入党登记表，深情地回忆起当年要求入党的情形。他说：有人说我要求入党几百次，那是假的，但十几次总是有的。因为我是军阀，所以入党特别难，党要考验我。

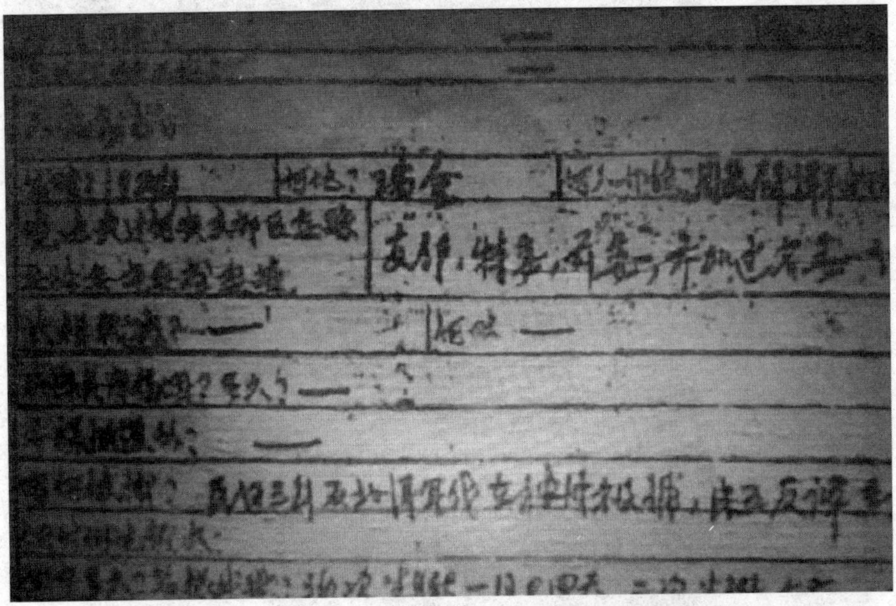

贺龙填写的入党登记表，表格中填写的入党时间是1927年，地点瑞金

在大革命失败前夕，面对白色恐怖，有的人动摇了，有的人远离甚至背叛了革命，但贺龙对中国共产党却意志弥坚。他抵御蒋介石高官厚禄、富贵荣华的诱惑，坚定跟着共产党，“大路不走走小路，皮靴不穿穿草鞋”。此后，贺龙还主动拜访共产党人林伯渠，表示坚决跟共产党走到底。

1927年8月1日，贺龙与周恩来、叶挺、朱德、刘伯承等领导两万余人，在南昌举行了向国民党宣战的武装起义。

南昌起义后，部队转战途经瑞金。9月初的一天，周恩来和周逸群向党的前敌委员会建议，鉴于贺龙在南昌起义和起义后的表现，应满足他要求加入中国共产党的愿望。在瑞金绵江中学简易的祠堂里，由周逸群、廖乾吾（据中共中央党校出版社1988年出版的《贺龙年谱》注㊾：1938年11月的党员登记表中贺龙的介绍人为周逸群、谭平山；1951年干部履历书和1968年7月贺龙所写自传中入党介绍人为周逸群、廖乾吾）介绍，贺龙加入了中国共产党。

1927年9月，贺龙、郭沫若、彭泽民在瑞金绵江中学的赖氏宗祠加入了中国共产党

贺龙举起右手庄严地向党宣誓

从此，贺龙完成了由一个旧军人向共产主义战士的转变，成为人民军队的缔造者之一。

1929 年

毛主席签批的红军布告

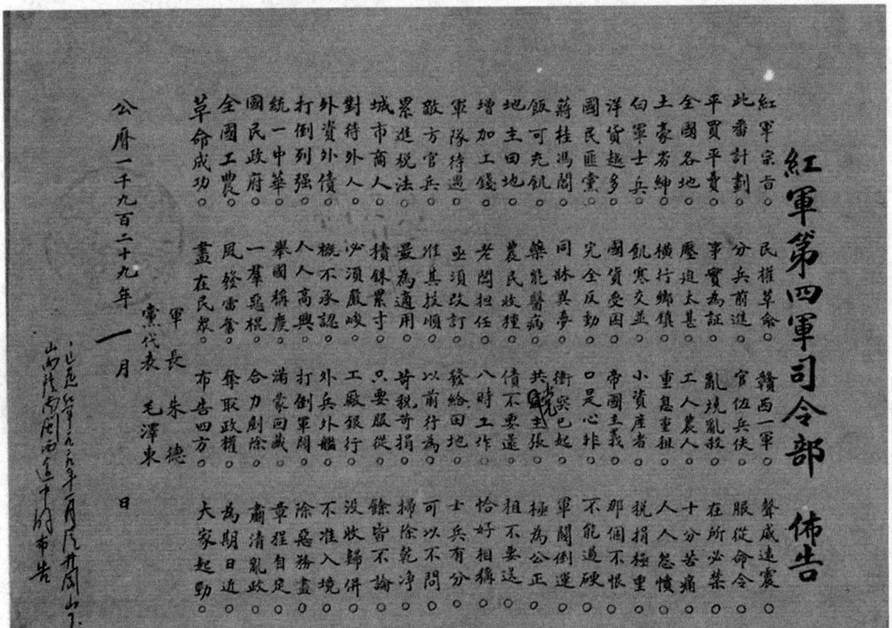

紅軍第四軍司令部佈告

紅軍宗旨。民權革命。贛西一軍。聲威遠震。
此番計劃。分兵前進。官佐兵伕。服從命令。
平買平賣。事實為證。亂燒亂殺。在所必禁。
全國各地。壓迫太甚。工人農人。十分苦痛。
土豪劣紳。橫行鄉鎮。重息重租。人人怨憤。
白軍士兵。飢寒交並。小資產者。捐稅極重。
洋貨越多。國貨受困。帝國主義。那個不恨。
國民匪黨。完全反動。口是心非。不能過硬。
蔣桂馮閻。同床異夢。衝突已起。軍閥倒運。
飯可充飢。藥能醫病。共黨主張。極為公正。
地主田地。農民耕種。債不要還。租不要送。
增加工錢。老闆担任。八時工作。恰好相稱。
軍隊待遇。亟須改訂。發給田地。士兵有分。
敵方官兵。准其投順。以前行為。可以不問。
累進稅法。最為適用。苛稅苛捐。掃除乾淨。
城市商人。積銖累寸。只要服從。餘皆不論。
對待外人。須要嚴峻。工廠銀行。沒收歸併。
外資外債。概不承認。外兵外艦。不准入境。
打倒列強。人人高興。打倒軍閥。除惡務盡。
統一中華。舉國稱慶。滿蒙回藏。章程自定。
國民政府。一羣惡棍。合力剷除。肅清亂政。
全國工農。風發雷奮。奪取政權。為期日近。
革命成功。盡在民衆。佈告四方。大家起勁。

軍長 朱德
黨代表 毛澤東

公曆一千九百二十九年一月 日

这是红军一九二九年一月从井冈山下向赣南闽西进军途中的布告

这是一份红四军向赣南闽西进军途中张贴的布告。布告宣传了红军的宗旨、政策和革命的前途，号召全国工农，风发雷奋，夺取政权。布告左边的字是新中国成立后，毛泽东主席审定时亲笔写的批语

红军宗旨，民权革命。赣西一军，声威远震。此番计划，分兵前进。官佐兵夫，服从命令。平买平卖，事实为证。乱烧乱杀，在所必禁。全国各地，压迫太甚。工人农人，十分苦痛。土

豪劣绅，横行乡镇。重息重租，人人怒愤。白军士兵，饥寒交并。小资产者，税捐极重。洋货越多，国货受困。帝国主义，那个不恨。国民匪党，完全反动。口是心非，不能过硬。蒋桂冯阎，同床异梦。冲突已起，军阀倒运。饭可充饥，药能医病。共党主张，极为公正。地主田地，农民收种。债不要还，租不要送。增加工钱，老板担任。八时工作，恰好相称。军队待遇，亟须改订。发给田地，士兵有分。敌方官兵，准其投顺。以前行为，可以不问。累进税法，最为适用。苛税苛捐，扫除干净。城市商人，积铢累寸。只要服从，馀皆不论。对待外人，必须严峻。工厂银行，没收归并。外资外债，概不承认。外兵外舰，不准入境。打倒列强，人人高兴。打倒军阀，除恶务尽。统一中华，举国称庆。满蒙回藏，章程自定。国民政府，一群恶棍。合力铲除，肃清乱政。全国工农，风发雷奋。夺取政权，为期日近。革命成功，尽在民众。布告四方，大家起劲。

1929年1月4日至1月6日，为打破湘赣敌军对井冈山的“会剿”，解决经济给养的困难，前委书记毛泽东在宁冈县柏路村主持召开前委会议，决定红四军主力向赣南闽西发展，开辟新的根据地，并提出为不轻易放弃井冈山而采取分兵作战的战略决策：井冈山根据地一定要守，不能轻易放弃，但也不能死守，必须采取积极行动。一部分兵力留在山上，坚持内线防御；大部分红军主力出击，钻敌人的空子，绕到敌人侧后作战，使敌人穷于应付，并求得在外线消灭敌人，以解井冈之围。

于是，1929年1月14日，一场大雪过后，毛泽东、朱德率领红四军主力3600多人，离开井冈山，趁国民党“会剿”部队还没有合围，出击赣南。

出击赣南后，红四军主力已脱离原有的根据地，周围环境和井冈山斗争时期完全不同，既没有共产党的组织，又缺乏群众斗争的基础，连报信的群众也没有，红军一时很难适应这种状况。由于国民党的步步紧逼，红军损失不小，第二十八团党代表何挺颖就在与追敌激战中身负重伤，不久牺牲。在强敌紧追下，为了避免硬拼和争取主动，红四军主力采取盘旋式打圈子的做法避开敌人。

面对如此严峻的形势，为争取群众的支持，让广大人民群众了解红军的主张和政策，红四军司令部采取沿途散发布告的形式加大宣传。毛泽东还吩咐要把署有“军长：朱德　党代表：毛泽东”的《红军第四军司令部布告》贴出去，扩大政治影响。布告虽是四言诗体，但为了达到更好的效果，通篇以朴实、通俗的语言，普告天下：红军的宗旨是为老百姓的。以此积极宣传红军的政策和革命的主张，号召全国工农，风发雷奋，夺取政权。

红军走一路贴一路的布告，震动很大，老百姓奔走相告，在国民党内部造成极大的恐慌。

虽说红军匆匆离开，但红军宣传的革命道理已深深地扎在了老百姓的心里，为后来中央革命根据地的建设奠定了良好的群众基础。

新中国成立后，党史部门在收集史料的过程中发现了这张布告，认出这张布告行文是毛泽东的手笔，且四言诗体的布告在中共历史上实属罕见，于是送给毛主席审阅。毛主席看后在布告上的左侧批注：“这是红军1929年1月从井冈山下山，向赣南闽西进军的布告。”

装点此关山，今朝更好看

——毛泽东作词忆大柏地之战

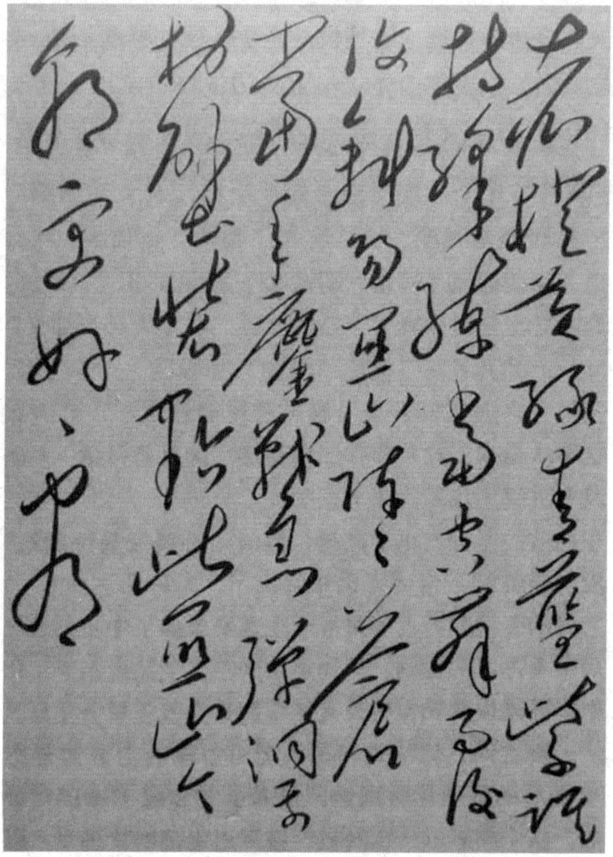

毛泽东手迹《菩萨蛮·大柏地》

赤橙黄绿青蓝紫，谁持彩练当空舞？雨后复斜阳，关山阵阵苍。　　当年鏖战急，弹洞前村壁。装点此关山，今朝更好看。

1929 年的大年初一，毛泽东和朱德领导红四军从井冈山突围，在大柏地打了突围后的第一个大胜仗。毛泽东的这首词虽然为这场战斗而写，但并非 1929 年所作，而是四年后毛泽东路过此地，触景生情，填就了这首词《菩萨蛮・大柏地》，词中饱含作者乐观豪迈的情怀。

毛泽东清楚地记得，1929 年 1 月 14 日从井冈山下山后，向赣南闽西进军途中，遭到国民党军的一路追击，红四军一路上损兵折将。先是第二十八团党代表何挺颖身负重伤不幸牺牲，然后是独立营营长张威牺牲，而后又失去了朱德的妻子伍若兰。此时的毛泽东、朱德无不心痛。红四军向何处去？他们心事重重。经过深思熟虑，最后决定折向瑞金，他们认为瑞金地处边陲，敌人鞭长莫及。

红四军从井冈山下来后，确实吃了不少苦头，沿途连战皆失利，部队损失不小，连毛泽东、朱德自己都是虎口脱险，处境非常艰难，所幸的是官兵仍然团结一致，勇往直前，没有发生叛变逃跑的现象。为了摆脱追兵，避免与敌人正面接触，红四军只得专拣山林小道行走。2 月 9 日，红四军主力进入瑞金县境，因消息闭塞，毛泽东还派贺子珍冒险带些人员化装进城，想找些旧报纸，从中了解一些敌人的情况。这天正好是大年三十，当地的老百姓家家户户都忙着过年，红四军领导也想好好过个除夕之夜。可是，国民党刘士毅部却紧追不舍，红军始终处于难以摆脱追兵的被动局面。此时，战士们情绪很大，认为“扯了龙袍是死，摔死太子也是死”，还不如干脆打一仗。

毛泽东、朱德审时度势，对找来的报纸上刊登的内容进行分析后，认为追兵刘士毅部孤军深入，正好为我军提供了有利战机，加上眼前山峦起伏的地形，正是打伏击战的好地方。于是，毛泽东在大柏地的王家祠召开了前委作战会议，决定根据大柏地的有利地形，充分利用麻子坳这条峡谷，布下“口袋阵”，打一个伏击战，歼灭尾追之敌，狠狠教训一下刘士毅。

2 月 10 日下午 3 时许，敌军进入红军的伏击圈，战斗打响了。红军将

大柏地作战指挥部旧址——王家祠

大柏地伏击战的战场遗址

士们怀着近一个月以来憋着的满腔仇恨，向敌人猛烈冲击，子弹打完了，手榴弹甩光了，指战员们就用刺刀、枪托、石块，与敌人搏斗。在紧要关头，朱德指挥军独立营和直属队投入战斗，毛泽东也和警卫排一起冲上前去助战。陈毅后来描绘这场战斗：是役，我军以屡败之余作最后一掷，击破强敌，官兵在弹尽援绝之时，用树枝、石块、空枪，与敌在血泊中挣扎，始获最后胜利，为红军成立以来最有荣誉之战争。

战斗持续至11日下午2时，红军终于大获全胜，歼灭了敌人2个团，俘敌800多人，缴枪800多支，活捉了敌团长肖致平、钟垣2人，刘士毅残部狼狈逃回到赣州。遗憾的是敌团长肖致平、钟垣两人混在俘虏中被放走了。

大柏地一战，打出了红军的军威，给备受磨难的红四军指战员以莫大的鼓舞。这是朱毛红军离开井冈山后打的第一个大胜仗。

大柏地前村战斗遗址，墙壁上的弹痕仍然依稀可见

毛泽东说："我没吹牛吧！"

红四军与江西红军独立第二、四团的会师地——东固

扩大红军，实行武装割据，一直以来都是红四军的行动方向。从井冈山下山后一路行军、打仗，部队一直没有得到很好的休整，总想有一个自己的家。

毛泽东、朱德领导红四军在大柏地取得胜利后，就匆匆离开，争取寻找一块能让部队休整的地方。1929 年 2 月 12 日，红军从大柏地出发经对坊、长胜，于 13 日上午进占宁都县城。因一路急行军，大柏地战斗虽然取得胜利，但受伤的战士急需医治，尤其是粮食匮乏，需要尽快补充，红军战士也非常疲乏，亟待休整。于是，毛泽东、朱德、陈毅等与宁都党组织负责人彭湃、王俊等一起商议，由宁都的同志发动群众协助红军筹款筹粮。几经努力，在宁都党组织的配合下，短短的时间里，红四军很快在宁都城筹得现洋5500元，草鞋袜子7100双，棉布300多匹。同时，红军还派人到城外打土豪，又筹集了一批粮食和物资，全军每个战士的粮袋总算鼓了起来。军部经理处也给全军上下每人发了4角小洋和新草鞋、新袜子。

因目标太大，宁都城不便久留。2月14日，全军由彭湃、王俊等引路，途经宁都的黄陂、小布、龙冈等地前往东固。

东固位于井冈山的东面，瑞金的西北边，是一个山区小镇。这里驻守着江西红军独立第二团和刚刚成立的独立第四团，毛泽东曾称其为“李文林式”的根据地，因为它是与井冈山革命根据地同时创建起来的最早的农村革命根据地之一。

1927年，在北伐革命影响和吉安党组织的领导下，在东固成立了以赖径邦为书记的第一个党支部，从此揭开了东固地区革命斗争的序幕。1927年李文林参加八一南昌起义后返回家乡，领导并开展了反抗国民党反动统治的武装斗争，创建了以东固为中心的赣西南革命根据地，同时又组建了江西红军独立第二、四团。这支由李文林领导的地方中国工农红军主力部队成为赣西南地区革命武装斗争的主力军。这次红四军前往东固，就是想与李文林部队会合，在那里建立一个新的根据地，也好让战士们好好休整一下。

1929年2月20日这一天下午，红四军与李文林率领的红二、四团终于在东固相会，并在螺坑石鼓丘河坝上举行了盛大的会师大会。

石鼓丘河坝边，一湾清澈的小河缓缓向前流淌，河边宽阔的沙丘上遍布着被河水冲刷过的大小不一的石块。为了这次两支部队的会合，东固军民搬来了四张八仙方桌拼成了一个临时讲台。毛泽东、朱德、陈毅被邀登上了这个简易讲台。当李文林向东固军民逐一介绍红四军领导人后，在热烈的掌声中红二、四团官兵举枪致敬，并吹起了欢迎号角。简单仪式后，毛泽东、朱德先后发表讲话，称赞红四军是铁军，红二、四团是钢军。

陈毅为庆祝两军会师，也即兴赋诗一首：

东固山势高，峰峦如屏障。
此是东井冈，会师天下壮。

会后，红二、四团向红四军赠送了一批银圆和弹药，红四军向红二、四团赠送了2 挺机枪、1 门迫击炮。东固老百姓也纷纷前来送粮、送菜、送鱼、送肉，热情慰问红四军官兵。红四军在东固就像回到了自己的家，大家把长满虱子的衣服脱下来蒸煮，洗了澡，理了发，总算轻松了许多，伤病员也得到治疗和安置，红军战士的脸上都洋溢着喜悦的笑容。

1929 年 2 月 20 日下午，红四军与李文林率领的红二、四团在螺坑石鼓丘河坝上举行了盛大的会师大会

其实，早在东固革命根据地建立后，李文林就曾多次想与毛泽东、朱德领导的井冈山红军联系，因敌人对井冈山的严密封锁未能实现。这次“铁军”与“钢军”的东固会师，确实如他所愿，终于实现了他们壮大红军力量、扩大革命根据地、开展武装斗争的共同愿望。

厕所里搜出敌旅长

福建长汀县长岭寨战斗遗址

红四军在江西吉安东固稍稍得到休整，准备返回井冈山，可此时却传来了井冈山已失守，敌军已分别从吉安、赣州向东固逼近的消息。形势突然又变得严峻起来。因考虑到红四军战斗力尚未完全恢复，红二、四团也未与大股敌军交过火，缺乏战斗经验，红军不宜与敌人大战，毛泽东果断决定放弃回井冈山的计划，到外围与敌人“打圈子”，决定向闽赣边境敌人力量薄弱地区游击，相机寻找落脚点。

1929 年 2 月 25 日，红四军从东固出发，几经辗转，于 3 月 9 日到达了瑞金县的壬田镇。这天却发生了一件蹊跷的事，不知何故，尾追的国民党军第十二师三十五旅忽然掉头西返，不见了踪影。红四军为免中敌埋伏于

3月11日离开壬田镇，挥师东进福建长汀县。后来得知蒋介石与桂系军阀之间冲突日益紧张，大战在即，所以尾追红军的国民党军第十二师三十五旅突然掉头西返，就是回去参加蒋桂军阀的混战。

3月12日，红四军抵达长汀县南部的四都。这时，驻守长汀的国民党福建省防军第二混成旅旅长郭凤鸣得悉红军已到四都，急忙派出一个团前往四都堵截，企图将红军赶走，另派一个补充团驻守长岭寨，扼守四都通往长汀县城之要地。

得此情报，毛泽东与朱德于3月12日晚在四都驻地协和店召开军事会议，决定乘敌立足未稳，主动向敌人出击。3月13日上午8时许，红四军全军分三路向敌军发起猛攻，在渔溪将敌一个团歼灭过半。残敌仓皇向长岭寨山区逃窜，红军乘胜追击至长岭寨下的陂溪村。

这天下午，中共长汀临时县委书记段奋夫急匆匆赶到陂溪村，向红四军领导人毛泽东、朱德汇报了闽西各县的革命斗争情况，介绍了敌郭凤鸣部的情况，并告知长汀党组织已在郭凤鸣部建立了秘密组织，可充作内应。毛泽东听后非常高兴，表扬了段奋夫党的工作做得好，并当即召开前委扩大会议进行周密部署，决定次日凌晨向驻守长岭寨的郭凤鸣部发起攻击，夺占长汀县城。

长岭寨距长汀县城15公里。郭凤鸣为不让红军占领长汀城，派出一个团据守长岭寨主峰，自己带领一个团及机枪连、大炮营、盒子枪队驻守长岭寨下的梁屋头村，妄图阻击红军。14日凌晨，红四军按计划分成三路向长岭寨进发，上午8时发起总攻。

红军的攻击十分猛烈，据守山头的敌一个团很快就被打得四处逃散，制高点被控制在红军手中。山下梁屋头村的敌旅长郭凤鸣和团长闻听山上枪声大作，忙组织全团兵力向山上红军冲锋。红军居高临下，打得敌军抱头鼠窜。朱德军长抓住时机，命令红军向敌军全线冲杀，整个长岭寨山上山下杀声一片，敌军两个团立时被全部歼灭。红军俘敌2000余人，缴获各种枪支500多支，迫击炮3门，炮弹100多发。可是，红军打扫战场时却没发现敌旅长郭凤鸣。原来，郭凤鸣在指挥部下向红军攻击时，左腿中弹负伤，由两名勤务兵搀扶着逃至牛头村一片栗树园中的茅坑内躲藏。这时红军战士在地方党组织的配合下，搜寻到栗树园中的茅坑边，发现几个形迹可疑的人护着一个肥肥胖胖的人躲在茅坑内，几个红军战士迅即冲了进去。几个勤务兵护着郭凤鸣企图反抗，被赶来的红二十八团连长王良全部击毙。

1929年3月，毛泽东、朱德同志率领红四军首次入闽，消灭了当地军阀郭凤鸣旅，占领了长汀县城，建立了长汀县革命委员会。这是长汀县革命委员会旧址——云骧阁

第二天，前委工农运动委员会在长汀县城南寨广场召开军民大会，欢庆长岭寨战斗胜利，号召工农群众积极参加革命斗争，从此揭开了创建闽西革命根据地的序幕。

毛泽东笔下的闽赣烽烟

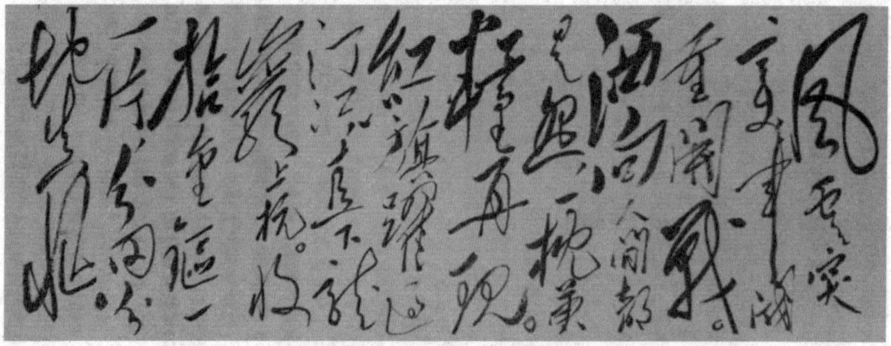

1929 年秋，毛泽东有感于闽西工农武装割据的一片大好形势，欣喜地填写了《清平乐 · 蒋桂战争》这首词

风云突变，军阀重开战。洒向人间都是怨，一枕黄粱再现。
红旗跃过汀江，直下龙岩上杭。收拾金瓯一片，分田分地真忙。

瞬息万变，时局难料。毛泽东刚给中央写信“不下杭永，也不去龙岩”，时隔一个月却很快又回到了闽西。

1929 年 5 月 16 日，正值红四军在赣南迅速发展根据地的时候，毛泽东收到中共闽西临时特委邓子恢的来信，信中报告了蒋桂军阀战争已趋结束之时，粤桂军阀间又起内讧，大战在即。驻闽西龙岩的国民党福建省防军第一混成旅陈国辉部主力，配属驻漳州的暂编第一师张贞部，现已南进广东潮汕地区，准备对依附桂系的粤军第五军开战，现闽西、闽南兵力空虚。信中还报告了闽西形势的新变化和群众革命斗争状况，急盼红四军迅速重返闽西。

毛泽东立即同朱德进行商议，决定进军闽西，在那里开辟革命根据地。结果闽军不堪一击，红四军入闽几天工夫，就打下龙岩、永定县城。

5月26日，中共永定县委还发出了一份旨在扩大政治影响，鼓舞人心的《红军捷报》，其中写道：

> ……红军第四军前次打死郭凤鸣，此次又打败陈国辉，望闽西各县工农群众奋起肃清闽西反动势力，建设工农兵政权，减低谷价，废除债务，分配田地，停止税捐，共产党领导的红军当用全力为闽西工农群众之助。特此捷闻。

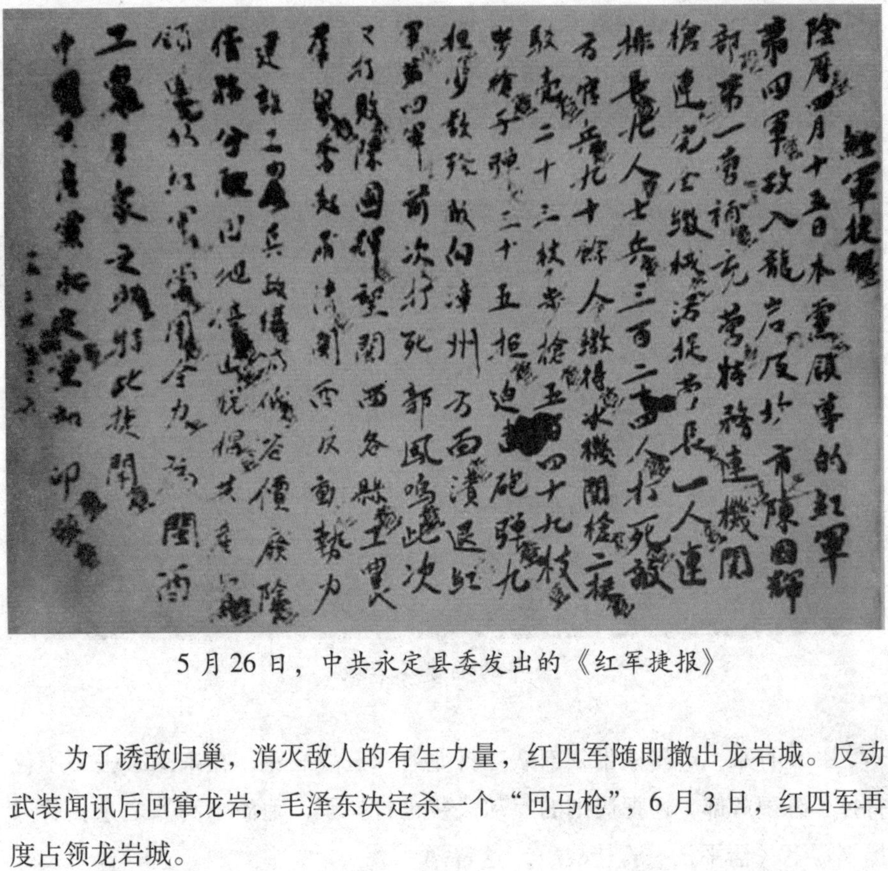

5月26日，中共永定县委发出的《红军捷报》

为了诱敌归巢，消灭敌人的有生力量，红四军随即撤出龙岩城。反动武装闻讯后回窜龙岩，毛泽东决定杀一个“回马枪”，6月3日，红四军再度占领龙岩城。

此时，在广东参加蒋桂军阀混战的陈国辉，闻讯后不顾蒋介石的指令，火急火燎地回援闽西。

毛泽东、朱德决定再次撤离龙岩城。

陈国辉不费一枪一弹，十分得意地重新占领了龙岩城。但他怎么也没想到，这是毛泽东、朱德给他设的局。因为陈国辉得知红四军已向新泉一线撤退，认为红军胆怯，欲退回江西，故得意忘形地在城内举行祝捷大会，放假三天，日夜唱戏，还纵容士兵吃喝嫖赌。

其实，毛泽东、朱德率领红四军6月7日突取白沙镇后，接着向西分兵出动。6月10日，为迷惑敌人，造成向江西退却的假象，红四军进驻通往赣南的连城、新泉。6月19日，红军突然回师，扑向龙岩。敌旅长陈国辉毫无戒备，对部队失去指挥，惊慌失措之中化装成老百姓，带着几名亲信卫兵悄悄潜逃出城。敌残部群龙无首，蜂拥着朝漳平方向溃逃，不料在东宫山下遭到红军猛烈阻击。仅半天时间，战斗胜利结束。是役全歼敌陈国辉旅主力2000余人，仅敌营长以上军官就有9人被生俘，缴获迫击炮4门，机枪10挺，步枪900余支，子弹无数。

当年的福建龙岩城

一个月来，毛泽东带领部队三打龙岩，三战三克，在来来去去中不仅打掉了陈国辉部，还把周围的反动武装也打掉了，毛泽东高兴之余，欣然提笔写下《清平乐·蒋桂战争》这首词。

古田会议背后的故事

古田会议，即中国工农红军第四军于1929年12月28日至29日在福建省上杭县古田镇廖氏宗祠举行的党的第九次代表大会。时称古田会议。这是一次决定红军队伍性质和方向、事关军队建设和发展的重要会议。

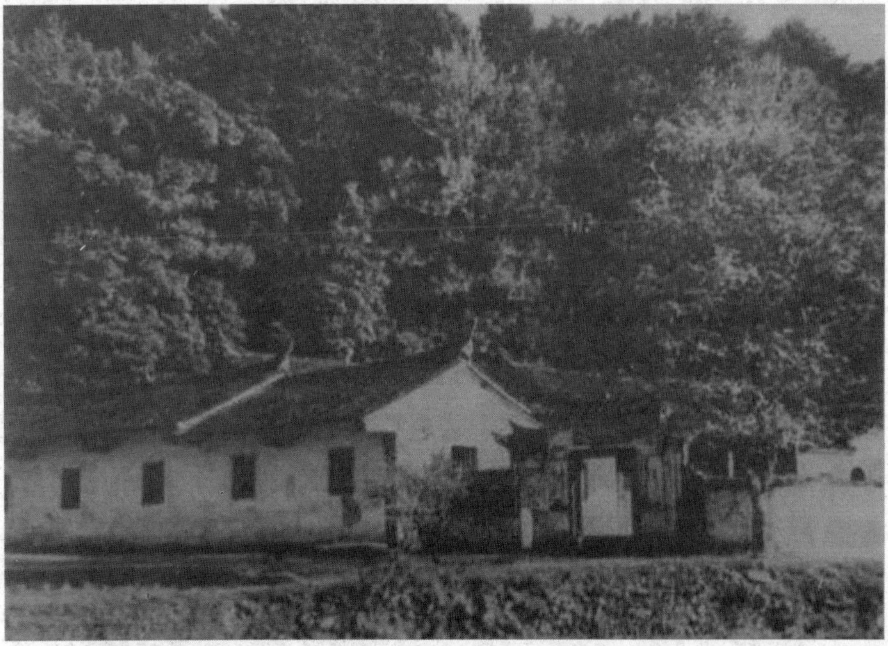

中国共产党红军第四军第九次代表大会会址——福建省上杭县古田镇廖氏宗祠

自从毛泽东复职红四军前委书记后，一个重要问题一直萦绕在他的脑海里，那就是如何将红军建设成为一支共产党领导下的新型人民军队。最近一段时间里，毛泽东通过深入调查了解，发现军队中蔓延的一些现象让他深感不安，红四军内部非无产阶级倾向简直到了“积重难返”的地步，一件件活生生的事情在他脑海中翻腾，如单纯的军事观点、极端民主化、绝对平均主义、主观主义、个人主义、流寇思想、盲动主义残余等。

毛泽东盘点红四军内部存在的各种非无产阶级倾向，深深地认识到，中央“九月来信”中关于“前委必须加强指导机关的威信，与一切非无产阶级意识作坚决的斗争”的指示真是一针见血。一想到这里，毛泽东自然产生一种强烈的使命感。中央对他在红四军政治领导的肯定，只能使他感到责任的重大。如何解决这些问题，必须尽快召开一次大会。于是，他召开了复出后的第一次前委扩大会议。会上，毛泽东认为红四军无论哪一方面都需要一个整顿的时间，否则难以胜任肩负的重任，并提出 12 月份召开中共红四军第九次代表大会，确立红四军的政治领导。

经过紧张的筹备，12 月 28 日，中共红四军第九次代表大会在上杭县古田镇廖氏宗祠正式召开。

古田会议旧址廖氏宗祠内厅

古田镇位于上杭县城北部，是个有千余户人家的山间盆地，这里四面群山围绕重峦叠嶂，地势险峻，军事上利于扼守拒敌。

廖氏宗祠建于清道光二十八年（1848），民国后改为“和声小学”，后又更名曙光小学。古祠分为前两厅及东西两厢，红四军“九大”的会场设在后厅。厅后面树木繁茂，古柏参天。

为召开这次会议，前委秘书长冯文彬带人上山采来松枝，把祠堂装扮得生机盎然，庄严肃穆。会场北墙上悬挂着“中国共产党红军第四军第九次代表大会”的会标，下面是两面鲜红的党旗，中间贴着马克思、列宁的炭条画像。后厅的四根梁柱和墙壁上，张贴着各种口号的红绿标语。主席台由两张方桌拼成。代表们的座位就是小学校的课桌和条凳，来自红四军各纵队、大队的代表与闽西地方党代表共120余人，把后厅坐得满满的。几乎所有的代表都背着背包、携带枪支，彰显战争年代随时临战的特点。

会议由毛泽东主持，陈毅担任大会秘书长，两人与朱德坐于大会主席台。陈毅宣布会议开始后，第一个程序是由他传达中央“九月来信”及中央有关文件，接着朱德代表前委做军事工作的报告。

从28日下午起，毛泽东代表前委做政治报告，这是会议的中心内容。这份政治报告就是毛泽东在会前代表前委起草的三万多字的《中国共产党红军第四军第九次代表大会决议案》。后来编入《毛泽东选集》的《关于纠正党内的错误思想》一文，是其中的一部分。

由于毛泽东对这次会议的深思熟虑，以及红四军前委的精心准备，会议开得很成功，原计划三天的会议提前一天结束，达到了预期效果。

会议就针对红四军党内非无产阶级思想表现的单纯军事观点、极端民主化、非组织观点、绝对平均主义、主观主义、个人主义、流寇思想、盲动主义残余八个方面进行了认真的剖析。毛泽东在讲话中不但深刻指出了其社会根源和危害性，而且针对性地提出了“纠正的方法”。毛泽东的政治报告成为大会的指导思想和政治决议案的核心内容，代表们围绕着他的报告进行了认真而热烈的讨论。由于思想统一，会议于12月29日下午顺利地通过了《中国共产党红军第四军第九次代表大会决议案》，从此确立了人民军队建设的基本原则，确定了红军的性质、宗旨和任务，确立了党对红军实行绝对的领导，解决了在中国共产党的领导下建设新型人民军队的一系列重大问题，确立了从思想上建党和从政治上建军的原则，为后来的农村包围城市、武装夺取政权思想的形成、发展和实践奠定了基础。

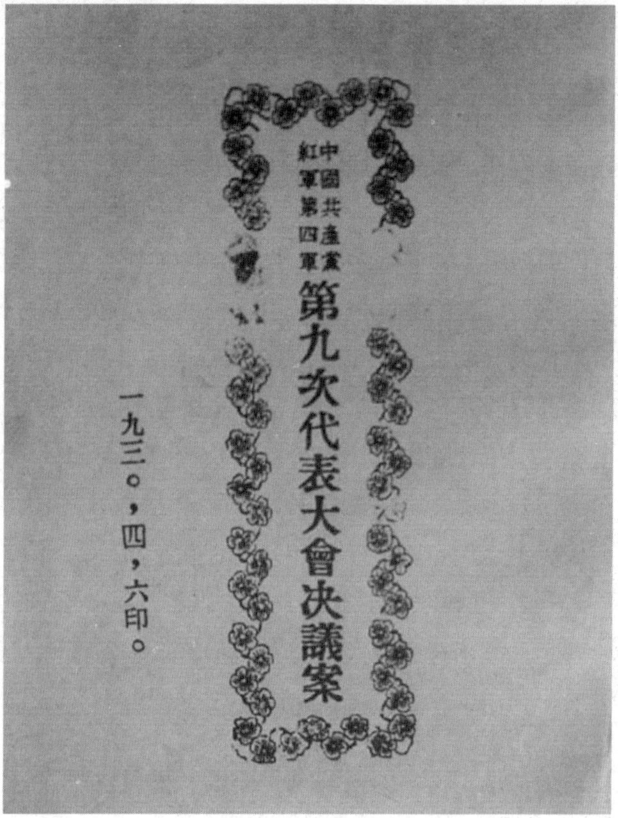
中國共產黨
紅軍第四軍
第九次代表大會決議案
一九三〇，四，六印。

《中国共产党红军第四军第九次代表大会决议案》

古田会议结束后几天，毛泽东代表红四军前委起草了向中央汇报会议情况的报告。报告中写道："九次大会是四军党的第一幕重要的历史""从此会后自前委直到支部各级指挥机关的指导路线就改变过来了""关于政治的争论都已成了过去，大家都在九次大会一贯的路线下进行工作"。

古田会议是中国工农红军建设史上一次具有深远影响和里程碑意义的重要会议，进一步奠定了新型人民军队政治建军的基础。毛泽东为大会的召开和各种决议案的形成做出了杰出贡献。毛泽东前委书记的当选，标志着红四军的政治领导中心已经牢固确立。

1930 年

马背上吟诵的“姊妹篇”

1930年2月，福建上杭少有的一场大雪，把大山覆盖得白茫茫一片。红军战士行走的狭窄山道，就像一条泥地毯通向无尽的远方。战士们虽然衣着单薄，却从衣服的间隙里冒出一股股热气，寒冷中更感觉一种愉悦。有的红军战士调皮地抓起一把白白的雪偷偷塞进战友的衣领，相互间不时地打起了雪仗。

毛泽东骑在马上，看见战士们轻松乐观的笑脸，面对漫天飞雪，激情翻涌，诗意喷发，情不自禁地吟出了这首《减字木兰花·广昌路上》：

漫天皆白，雪里行军情更迫。头上高山，风卷红旗过大关。
此行何去？赣江风雪弥漫处。命令昨颁，十万工农下吉安。

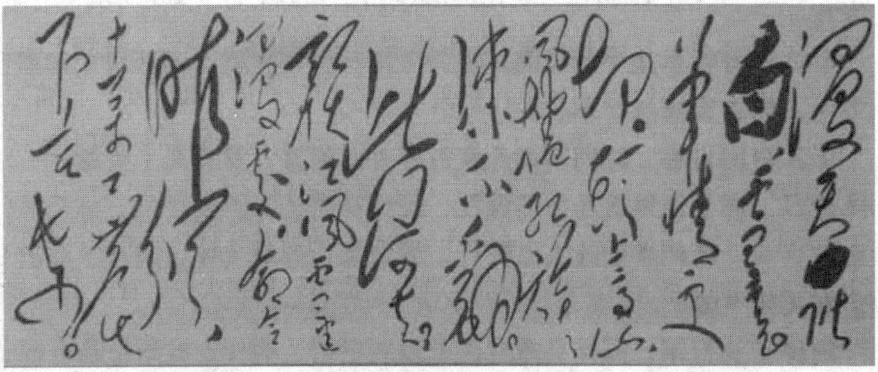

毛泽东在马背上吟就的《减字木兰花·广昌路上》

古田会议以来，毛泽东的心情特别好。虽然国民党紧锣密鼓调集闽粤赣的张贞、刘和鼎、金汉鼎部实施三省“会剿”，可是，在红四军前委的精心指挥下，红军很快打破了国民党三省“会剿”的计划，敌人在闽西“会剿”红四军的美梦破灭。毛泽东敞开心扉，在短短的几天时间内，连续写了两首词。

早在1930年1月初，为了打破国民党赣军第三十一军军长金汉鼎为总指挥的“闽、粤、赣”共12个兵团进攻闽西苏区的阴谋，红四军前委决定采用“离开闽西，保卫闽西”的策略，由毛泽东和朱德分别率领红军第一、二、三、四纵队，先后于1930年1月中旬离开闽西，迅速向江西进军，绕至敌后乘机歼敌。这一策略使国民党金汉鼎等各路“会剿”之敌慌了手脚。尤其是金汉鼎，他害怕红军绕到江西后捣了他的老巢，立刻率部返回江西，应付红军的进攻。福建各派军阀因内部发生兵变而无心应战，导致国民党对闽西苏区的三省“会剿”很快以失败而告终。

1月16日，朱德率领的红四军主力第一、三、四纵队按原计划到达江西广昌城下，打败了金汉鼎部，当日即占领了广昌县城。

毛泽东为尽快与先行江西的朱德第一、三、四纵队会合，率领第二纵队亦即向清流、归化（今明溪）、宁化前进。19日，第二纵队经宁化的安远翻越五夷山进入江西广昌境内。

清流、归化、宁化三县，地处武夷山脉中段，高山连绵，沟壑纵横，林木茂密。此时正值数九寒冬，毛泽东和战士们一起在大山深处的林间小道上行军，路上长满青苔，一不小心就会滑倒。为了防止脚下打滑，毛泽东拄了一根木棍，鞋底上又套了一双草鞋。一路上翻山越岭，马嘶人唱，红旗在山间飘舞，形成一幅雄浑壮美的行军图。虽说环境恶劣，行路艰难，但终于在23日与朱德会师于宁都的东韶，顺利地实现了战略转移。

闽赣革命形势发生的巨大转变，令毛泽东感到十分欣慰。1月30日，这一天正值阴历正月初一，毛泽东感觉到舒心的新鲜气息扑面而来，那从闽西入赣南的一路情景浮现在眼前，他激情澎湃，诗兴大发，写下了《如梦令·元旦》：

宁化、清流、归化，路隘林深苔滑。今日向何方，直指武夷山下。山下山下，风展红旗如画。

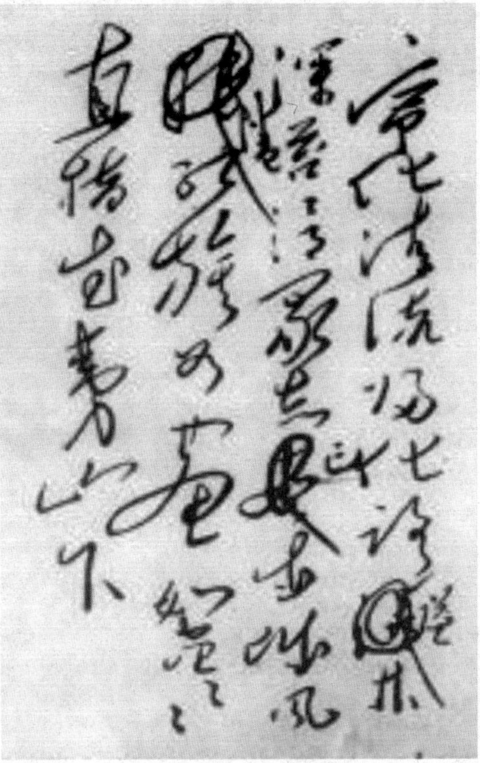

毛泽东手迹

毛泽东在词中既交代了红军的行军路线和环境，也以设问的方式艺术地表达了红军进行战略转移的胜利，预示了革命的美好前景。

2 月 7 日，红四军前委、赣西特委等军地党委在江西吉安的陂头村召开联席会议，史称“二七会议”。联席会议分析了当前的革命形势，提出扩大苏区、夺取江西全省的口号。毛泽东为迅速推进“争夺江西”以促进全国革命高潮的战略，在会上进一步确定了红军近期的主要任务：深入土地革命，建立工农政权，壮大武装力量。

2 月中旬，毛泽东部署了攻打吉安的作战行动，命令一下达，赣西南特委就立即动员和组织了十余万群众，积极配合主力行动。

不日，毛泽东、朱德率领部队从广昌进逼吉安，心情愉悦的毛泽东，在马背上哼成了这首《减字木兰花·广昌路上》。

《如梦令·元旦》与《减字木兰花·广昌路上》这两首马背上吟诵的“姊妹篇”，同样描写了急行军中的环境和见闻，以及当前的敌我态势，更表现了十万工农下吉安奔雷般的气势，以及攻克吉安、势在必得的信念和英雄气概。

让毛泽东牵挂30年的“孩子”

闽西特委翻印的小册子

1930年版《寻乌调查》

《寻乌调查》是毛泽东在1930年5月经过十几天时间精心调查后整理而成的，但后于转战途中丢失。1961年，当时隔30年后这份调查稿重回毛泽东面前时，他高兴地说：“失散多年的孩子终于找回来了。”

是什么原因让他像牵挂“孩子”一样牵挂这本小册子呢？

1930年4月红四军攻占信丰县城后，红军不明白农村的地主和城市资本家的分别，认为城市的商号就是资本家，把他们当成农村的地主来打，结果把信丰县城的十几家商号全部没收掉了，一度造成商店关门、商人停

寻乌县马蹄岗楼。1930 年 5 月，毛泽东在此召开寻乌调查会

市、城市的贫民买不到东西的状况。这引起了城市贫民群众的不满，给群众生产生活造成了影响，并给了反动派造谣攻击的口实。这些事件的发生，使毛泽东非常想对城市进行一次必要的调查和了解，绝不能做门外汉，否则，对红军、对老百姓都很不利。

机会终于来了。1930 年 5 月，红四军攻克寻乌县城后，在这里停留了一个月的时间，并分散到寻乌县城及附近各县发动群众。这样相对安定的时间，对毛泽东来说太珍贵了。于是，他抓住这个机会，在中共寻乌县委书记古柏协助下，对寻乌县城进行了广泛的社会调查。

调查活动的第一天，毛泽东带着新调来的警卫员吴洁清，由古柏领着，首先绕县城四周城墙走了一圈，还登上高处细细观看县城全貌。他说这叫“走马观花”，有助于对寻乌县城有个整体的印象。接着，他们便在城内大街小巷转悠起来。他们来到豆腐店、水货店、杂货店，问价格、货源、成本、进货渠道，看摊点、商店及货的品种，了解大商号、小商号的经营状况等。

为了更全面地了解寻乌县城的情况，毛泽东决定召集一些人开调查会。他告诉古柏：参加调查会的人，要是能深切明了社会经济情况的人，以年龄说，老年人最好，因为他们有丰富的社会经验，不但懂得现状，而且明白因果；有斗争经验的年轻人也要，因为他们有进步的思想，对事物有锐利的观察。以职业说，工人也要，农民也要，商人也要，知识分子也要，有时士兵也要，各阶层都要。调查到哪个问题，就请哪方面的人士参加。

于是按毛泽东的要求，5 月中旬，在古柏的安排下，召集了一部分寻乌县城的区乡干部，还有一个穷秀才，一个破产了的商会会长，一个在知县衙门管钱粮的已经失了业的小官吏等共 11 人，就在毛泽东居住的马蹄岗楼上召开了调查会。

毛泽东的这次调查非常全面、细致。对寻乌县城的地理位置、历史沿革、行政区划、自然风貌、水陆交通、土特产品、商业往来、商品种类、货物流向、税收制度、人口成分、土地关系、阶级状况、剥削方式、土地斗争等都做了全面了解。整个调查细致到每件事的人和物，每行业的具体分类、细目等。

如以“杂货”为例。毛泽东不仅了解到寻乌县城全城大小共有十六七家杂货店，还了解到全城杂货店经销的洋杂货共有 131 种，对各种商品的进货渠道、销售情况以及杂货店的店员制度等也了解得清清楚楚。

再如“理发”。毛泽东就记录了寻乌县城共有八处理发店，各个时期每家理发店的不同工具、设备和时兴的不同发型，如民国元年一律剃“和尚头”，民国二年开始兴“东洋装”，民国六七年后时兴“平头装”“陆军装”，民国十五六年后又兴起了“文装”“花旗装”和“圆头装”……毛泽东详细地询问了理发匠的社会地位和经济地位，知道了社会上将剃头工（理发匠）视为“下九流”。“下九流”是相对“上九流”而言的，“下九流”是：一削（削脚趾），二拍（拍背），三吹（吹鼓手），四打（打烟铳），五采茶（男女合唱采茶戏），六唱戏，七差人，八剃头，九娼妓；“上九流”是：一流举子二流医，三流问卜四堪舆，五流丹青六流匠，七僧八道九琴棋。因此，他知道了这一行业由于社会地位的卑下，不论工人、老板，很少有把赚项储蓄起来发财的。

从以上的调查，我们可以看出毛泽东调查了解情况细致到何等程度。

就这样，他白天、晚上，田间、地头，见人就问，见事就记，从分配土地、山林、房屋的方法、标准，到各个阶级、阶层对土地革命的态度，一直到土地斗争中妇女地位的变化，无不问个一清二楚。整整十几天时间，就密密麻麻地记了几大本。

1931 年初，红军第一次反“围剿”结束后，在宁都县的小布，毛泽东请古柏协助，对寻乌调查所做的记录进行整理，形成了洋洋 8 万余言的调查报告，题为《寻乌调查》。中共闽西特委也曾把这篇文章以《调查工作》为题翻印成小册子传阅。遗憾的是，《调查工作》一文在转战中不幸遗失了。

为此，毛泽东非常惋惜，多次与人谈起这本小册子，说想念这篇文章就像想念自己的孩子一样。

1955 年 4 月 10 日，中共中央办公厅发出了在全国范围内征集革命历史资料的通知。1957 年 2 月，上杭县茶地官山村赖茂基老人毅然把这本用油纸包藏了几十年的小册子作为重要的革命文物捐给中共福建上杭县委，后上交中共龙岩地委。1959 年，中国革命博物馆筹备处的同志在龙岩地委收集到了《调查工作》这本珍贵的小册子，将之带到了筹建中的中国革命博物馆。1960 年年底，中央政治研究室的同志从中国革命博物馆借来这本小册子。1961 年 1 月，党的八届九中全会结束的时候，毛泽东的秘书田家英从中央政治研究室的同志那里发现这本小册子，立即要来并送交给毛泽东。毛泽东高兴地说，“失散多年的孩子”终于找回来了。

1964 年 6 月，《调查工作》收入《毛泽东著作选读》一书时，改题名为《反对本本主义》出版发行。

新中国成立后翻印的《反对本本主义》单行本以及《农村调查》

“没有调查，就没有发言权。”“调查就像‘十月怀胎’，解决问题就像‘一朝分娩’。”这两句至今被人广泛引用的经典名言，就是出自毛泽东的《反对本本主义》这篇著作当中。

怀表牵出敌师长

被红军俘虏的国民党军第十八师师长张辉瓒的怀表

照片中的怀表是一件战利品，它原来的主人是国民党军第十八师师长张辉瓒，指针停留的时间是当年他被俘的时刻。

1931 年 1 月 3 日，江西永丰龙冈的山头，云遮雾罩，呛人的硝烟弥漫着整个山峦，一场反“围剿”战争刚刚结束，喧闹的欢呼声在龙冈村的上空回荡，红军战士兴致勃勃地清点战利品。这时村东头忽然传来一阵欢叫声：“快来看！快来看！活捉敌师长张辉瓒啦！”

人们哗的一下潮水般涌向村东头，只见村子的大坪里挤满了围观的群众和红军战士，人群中间一个双手抱头的人沮丧地蹲在那里，戴着一副眼

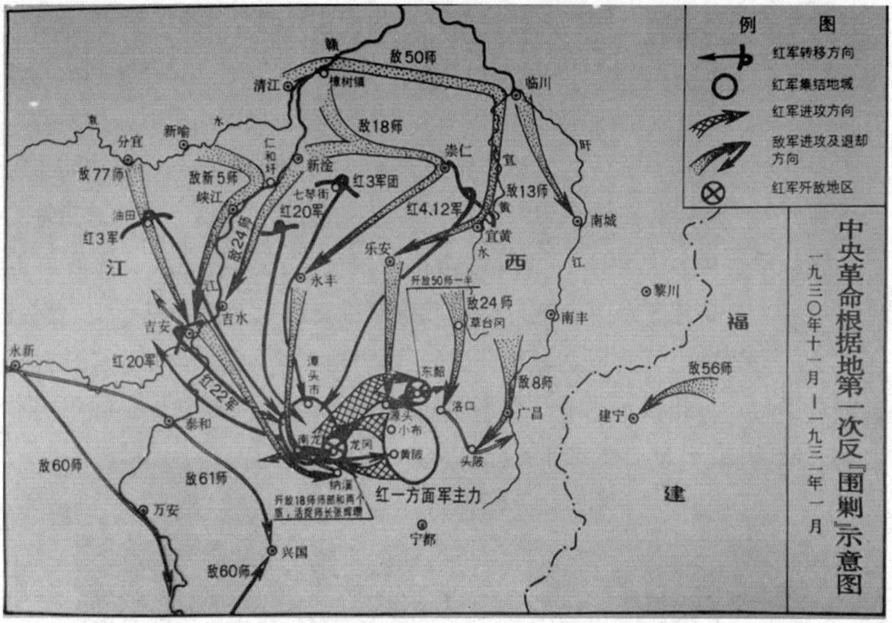

中央革命根据地第一次反“围剿”示意图

镜，肥胖的身材与那绷得紧紧的士兵上衣极不协调，显得臃肿滑稽。这个人就是国民党军第十八师师长张辉瓒。

原来，张辉瓒率领的第十八师在龙冈与红军交战被打败后，眼见已无力回天，便急忙扔掉身上的中将呢子军服，换上了一件士兵上衣，穿着来不及脱下的中将军服裤子，只身向万功山山顶爬去。当他爬到半山腰时，忽听山顶上有枪声，知道山顶已被红军占领不能再上了，便慌慌张张四下观望，发现不远处的一棵大枫树下有个土坑，便急急忙忙爬过去钻进土坑，将边上的茅草使劲往身上盖。不一会，红四军第十师几个搜山的战士来到了这棵大枫树下。他们见土坑边的茅草被人刚刚扒拉过，便上前用枪一挑，藏在里面的人露了出来。此时，他装出一副可怜相，像小鸡啄米般向红军战士叩头求饶，想蒙混过关。没想到这时，一块怀表从口袋里掉了出来，机警的红军战士判断他肯定是个当官的，便迅速将他带回村子。几经审问和对照证件以及被俘的国民党士兵指认，才得知他就是罪大恶极的张辉瓒。

张辉瓒，湖南长沙人，年长毛泽东八岁，北伐时期与毛泽东相识，如今却成为交战的对手。他早年曾在清朝开办的湖南兵目学堂和军官讲武堂读书，后又留学日本、德国，1924 年任国民党军第四师师长，在同军阀唐生智打仗得胜后，赢得蒋介石的赞赏。1929 年他任南昌卫戍区司令时，屠杀共产党人和进步人士 1000 多人，人称“张屠夫”。后来他的军队被改编为陆军第十八师，他任师长坐镇南昌，1930 年 3 月兼任江西省“剿匪”前线总指挥。

张辉瓒被封为“剿匪”前线总指挥，国民党江西省主席、江西“剿匪”行营主任鲁涤平私下向他许诺：此役获胜，将授予他上将军衔，提升副军长。张辉瓒为了实现上将梦，趾高气扬地向部下发布训词：“吾党与共匪势不两立，此番不剿清，誓不生还，愿吾汝辈共勉之！”张辉瓒求胜心切，12 月 20 日早晨便率部逼近东固。

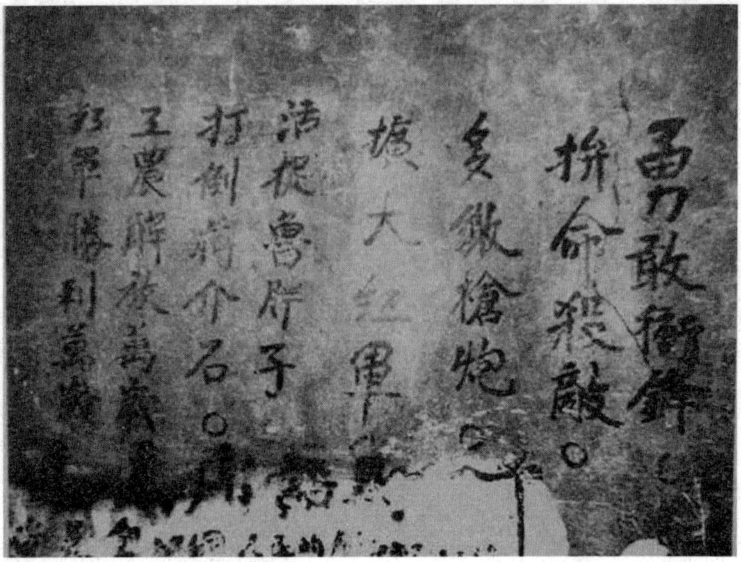

第一次反“围剿”期间，根据地人民写的标语。标语中的鲁胖子即国民党江西省主席、江西“剿匪”行营主任鲁涤平

张辉瓒万万没想到，另一路国民党进剿军公秉藩部已捷足先登，占了东固。浓雾中张辉瓒以为公秉藩部就是“共匪”，大喜过望，当即组织部队向浓雾中的公秉藩部发起了猛烈的攻击。经过四个小时激战，才发现对方是公秉藩部，双方损失惨重。

为此，公秉藩给蒋介石发电报告了张辉瓒一状。蒋介石立即致电张辉瓒，将他臭骂了一顿。

恼羞成怒的张辉瓒，叫嚣“茅草要过火，石头要过刀”，并下令部队在东固烧杀三天，给东固人民造成了惨重的损失。

张辉瓒在残害东固群众的同时又命令部队四处出击寻找红军主力，一心想与红军决一死战，12 月 29 日，率主力 9000 余人到达龙冈。

他又一次没想到，这次他又钻进了毛泽东、朱德早已为他布下的“口袋阵”，转眼之间却成了红军的俘虏。听说俘虏了张辉瓒，群众个个摩拳擦掌高喊着：“抽他的筋、剥他的皮，把他杀了！”吓得张辉瓒两腿直打战。

中央革命根据地第一次反“围剿”第一仗胜利遗址——龙冈。1930 年 12 月 29 日，张辉瓒窜到龙冈。在毛泽东、朱德的指挥下，红军趁张师孤军深入、立足未稳之际，集中红军主力于 30 日向该敌发起猛攻，歼敌 9000 人，活捉敌师长张辉瓒

“莫急，莫急！谁说杀了张大头呀，我们红军是优待俘虏的哟！”

大家随着声音望去，原来是毛泽东和朱德得到消息后急匆匆地赶了过来。这时，大家自觉地让开一条道，亲切地喊着“毛总政委、朱总司令”。

张辉瓒见到毛泽东连连喊道：“润之先生，润之先生，久仰！久仰！”赶紧叙旧，谈及往日的友情。

毛泽东看到他那副狼狈相，用浓重的湖南口音戏谑地说："你不是要'剃猪（朱）毛，砍猪（朱）头'，现在到底是你剃朱、毛的头，还是朱、毛剃了你的头哇?"张辉瓒连声道："惭愧！惭愧！有罪！有罪！"大家一阵哄笑，笑声是那么开心，似乎整个村子都笑了起来。

张辉瓒的家属得知他被俘后，连忙托人活动，同在上海的中共中央联系，表示愿意捐款、捐药，不惜一切代价，以求挽回张辉瓒的性命。中共中央也派出涂作朝赶赴江西苏区同意与国民党谈判。

毛泽东也关照部下，要好好看管张辉瓒，不要杀他，可以安排张辉瓒到红军学校去当教员，发挥他的所长。

无奈"张屠夫"罪大恶极，1931 年 1 月 28 日，在东固被公审后，在苏区群众的一片怒吼声中被斩首。

随着国民党军张辉瓒部被全歼、谭道源师的惨败、第十九路军的夺路而逃，第一次反"围剿"胜利结束了。毛泽东高兴之余，用《渔家傲·反第一次大"围剿"》进行了纪实般的描述：

万木霜天红烂漫，天兵怒气冲霄汉。雾满龙冈千嶂暗，齐声唤，前头捉了张辉瓒。

毛泽东在词中记载了他亲自指挥的反"围剿"斗争的巨大胜利，这只是《渔家傲》的上阕。不久，蒋介石又调集 20 万大军，委任何应钦担任南昌行营主任兼总司令，气势汹汹地向中央苏区推进，准备发起第二次大"围剿"。毛泽东正好有了《渔家傲·反第一次大"围剿"》的下阕：

二十万军重入赣，风烟滚滚来天半。唤起工农千百万，同心干，不周山下红旗乱。

1931 年

七百里驱十五日，横扫千军如卷席

1931 年 2 月，蒋介石不甘心对红军第一次“围剿”的失败，马上策划对红军的第二次“围剿”，紧急调集 20 万兵力，分成四路，布成 350 公里弧形阵线，构成一个从赣江到闽西的包围圈，企图用“厚集重兵，严密包围，稳扎稳打，步步为营”的战术消灭红军。在兵力的布置上，就在与东固红军一山之隔的富田，驻有公秉藩第二十八师和王金钰第四十七师，距东固仅 20 公里。东固北面 40 公里的水南、白沙和中村，又分别驻有国民党军第四十三师和第五十四师，东固的南面约 45 公里有国民党第十九路军两个师把守。国民党重兵由北向南压来，一时间红军处于三面包围之中，处境非常危险。

面对如此严峻的形势，怎么打？怎样破敌？急需要红军总部尽快做出决定。为此，苏区中央局和红军总部，连续在宁都黄陂、青塘召开会议，讨论破敌之策。但会议开得并不顺利，意见分歧较大。

会上，项英提出“退出根据地，转移到四川”，而彭德怀的意见是“分兵退敌，削萝卜”。

项英的“退兵”主张，毛泽东会前是知道的，而彭德怀“分兵退敌，削萝卜”的主张，却让毛泽东有点始料不及。

毛泽东针对项英、彭德怀等人的意见说道：我们的红军部队共有 3 万人，这是事实，在强大的敌人面前，我们就被吓倒了吗？……这次敌人虽说有 20 万人，但分散在七百里的战线上，我们集中兵力，抓住机会，在运动中消灭他一部分，是完全可能的，关键是我们敢不敢打？

打不打？在哪里打？怎么打？会议展开了激烈的讨论。

第二次反“围剿”期间，群众写的红军标语

毛泽东坚持主张在根据地内打，而且要钻到敌人中间去，寻找敌人的弱点，打击敌人。这一意见的提出遭到不少人反对，认为这种办法是“钻牛角尖”，相当危险！

但经过激烈争论，还是毛泽东的意见占了上风，最终统一思想，按毛泽东的意见，执行退敌之策。

根据总部的部署，红军三万余官兵隐蔽集结于东固大山，准备首先消灭近在咫尺的公秉藩第二十八师和王金钰第四十七师。就这样，为了等待战机，红军一直隐蔽在敌人鼻子底下。

天有不测风云，其间，一位红军排长开小差逃跑被敌捉获，几经审讯，他向敌人供述了大批红军隐蔽在东固的情况。江西“剿匪”总司令兼南昌行营主任何应钦得悉后，如获至宝，马上派出飞机在东固上空侦察，但由于红军早有防备，敌机连续几天侦察却仍未发现红军主力踪影，只好灰溜溜地回去交差了。

红军就这样在大山中足足等了25天，敌人始终龟缩不出。这时有人认为这样“钻牛角尖”太危险了，更多的红军官兵求战心切，总想早点打响

根据地人民群众武装赤卫队

反攻战斗，毛泽东却坚持“钻牛角尖”、不为所动，并说服了那些性急求战的将士。为了不引起敌人的注意，毛泽东还和朱德等总部领导人与战士们一起，分散到驻地村子帮助老乡插秧。为克服三万红军云集大山物资供应的困难，没有菜吃，战士们就上山挖竹笋、摘野菜，一到夜晚，就点亮松枝下田摸田螺、钳泥鳅，以解红军燃眉之急。

5 月 14 日傍晚时分，战机终于出现。这天下午 6 时许，公秉藩师部电台用明码向留守处通报，说自己现驻富田，明晨出发。留守处电台问到哪里去？师部电台告知去东固。公秉藩哪里知道，红军在电台中收听得清清楚楚。原来张辉瓒的报务主任王诤，早已当上了红军无线电通信队队长，在第一次反“围剿”中缴获的电台这次也派上了大用场。这份重要情报马上被送到了毛泽东和朱德手中，毛泽东看到战机已到，立即和朱德研究具体的战斗部署，调兵遣将，把红三军、红四军和红十二军一部，设伏在富田与东固之间的白云山九寸岭，等待公秉藩部的到来。

白云山九寸岭，重峦叠嶂，沟壑纵横，是个打伏击的好战场。5 月 16 日上午 10 时左右，战斗打响，直至下午 3 时结束，红军大获全胜，歼灭了公秉藩第二十八师大部，俘敌副师长王庆龙及以下官兵 4000 余人，缴枪 3000 余支、无线电台 1 部。敌师长公秉藩被俘后混在俘虏群中“谎称军中书记”，领到赤卫队发放的路费一块银圆后逃脱。后来他在回忆录中愧疚地说："一个一万多人编成的师，一下子就被歼灭光了。"

同日夜晚至17日早晨，担任迂回攻击的红三军和红四军一起，在富田歼敌上官云相第四十七师一个旅大部，俘敌官兵3000余人，缴枪1000余支。红军首战告捷，终于钻通了"牛角尖"。

白云山位于江西省吉安、泰和、兴国三县交界处，毛泽东曾在这里指挥红军进行第二次反"围剿"作战

白云山、富田战斗胜利后，红军像猛虎出山，按计划由西向东横扫。5月19日在吉水县白沙歼灭敌郭华宗第四十三师一部和上官云相第四十七师一旅之残部，俘敌官兵3000余人，缴枪2000多支。5月22日，在永丰县中村歼灭敌第二十六路军高树勋师1个旅，俘敌旅长1名及官兵3000多人，缴枪2000余支、无线电台1部。

5月24日，毛泽东、朱德率红军主力继续追歼逃敌，5月27日攻占广昌县城，重伤敌第五师师长胡祖玉（于6月3日因伤重死于南昌），5月31日，红三军和红十二军奔袭福建建宁城，歼敌刘和鼎第五十六师大部，俘敌官兵3000余人，缴枪2000余支、无线电台1部。

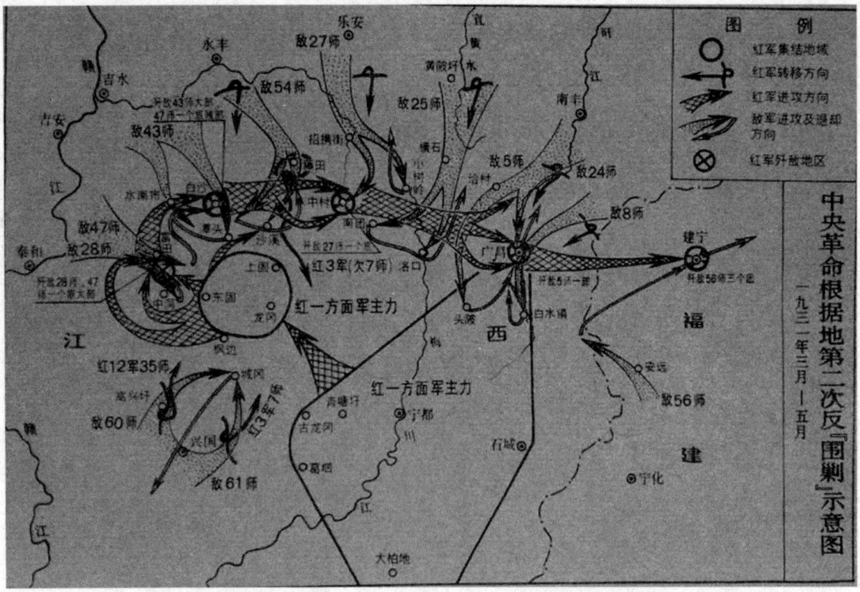

中央革命根据地第二次反“围剿”战争示意图

第二次大“围剿”失败后，蒋介石在南昌大骂部将，痛哭失声

中央红军在毛泽东、朱德指挥下，在5月16日至31日的15天中，横扫七百里，五战五捷，歼敌3万余人，缴枪2万余支，痛快淋漓地粉碎了国民党20万大军的第二次“围剿”。

战后，蒋介石飞抵南昌，气急败坏，摔杯跺脚，大骂部将无能，痛哭失声。

而根据地内，红军却在欢呼“钻牛角尖”破重围的巨大胜利！毛泽东也以极其兴奋的心情挥毫填写《渔家傲·反第二次大“围剿”》词一首：

白云山头云欲立，白云山下呼声急。枯木朽株齐努力。枪林逼，飞将军自重霄入。　　七百里驱十五日，赣水苍茫闽山碧。横扫千军如卷席。有人泣，为营步步嗟何及！

三期革命战争胜利歌

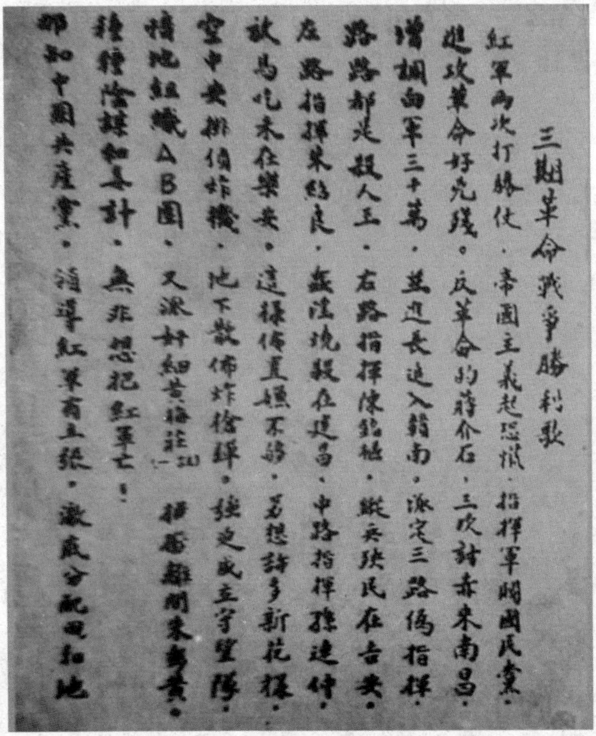
三期革命戰爭勝利歌
紅軍兩次打勝仗，帝國主義起恐慌，指揮軍閥國民黨，
進攻革命好兇殘。反革命的蔣介石，三次討赤來南昌，
增調白軍三十萬，並進長追入贛南，派定三路偽指揮，
路路都是殺人王，右路指揮陳銘樞，縱兵殃民在吉安，
左路指揮朱紹良，蠡陸塊殺在建昌，中路指揮孫連仲，
敵焉兒未在樂安，這樣佈置嫌不夠，另想許多新花樣，
空中要那偵炸機，地下散佈炸偷匪，強迫成立守望隊，
情地組織AB團，又派奸細黃梅莊，指番離間來當責。
種種陰謀和毒計，無非想把紅軍亡！
那知中國共產黨，領導紅軍有主張，澈底分配田和地

红军第三次反“围剿”胜利歌谣《三期革命战争胜利歌》

红军两次打胜仗，帝国主义起恐慌，指挥军阀国民党，进攻革命好凶残。反革命的蒋介石，三次讨赤来南昌，增调白军三十万，并进长追入赣南。派定三路伪指挥，路路都是杀人王，右路

指挥□□□，纵兵殃民在吉安。左路指挥朱绍良，奸淫烧杀在建昌。中路指挥孙连仲，放马吃米在乐安。这样布置嫌不够，另想许多新花样，空中安排侦炸机，地下散布炸枪弹。强迫成立守望队，暗地组织AB团，又派奸细黄梅庄，挑拨离间朱彭黄。种种阴谋和毒计，无非想把红军亡！那知中国共产党，领导红军有主张。彻底分配田和地……

《三期革命战争胜利歌》描述的是苏区第三次反“围剿”战争胜利的过程，歌词内容真实地反映了第三次反“围剿”的战争状况。

蒋介石对中央苏区的第二次“围剿”失败后，决定亲自出马指挥第三次“围剿”。1931年6月20日下午，他乘军舰从南京到达南昌，24日任命何应钦为“围剿”军前敌总司令兼左翼集团军总司令，陈铭枢为右翼集团军总司令。何应钦直接指挥的左翼集团军包括7个师，其中大多是从中原战场调来的蒋介石嫡系精锐部队，从左翼南城方面向根据地腹地实施“进剿”，寻求同红一方面军主力决战。陈铭枢指挥的右翼集团军包括7个师，从右翼吉安方面深入根据地“进剿”。此外，还有预备军、守备军、防堵军等，集中的总兵力达23个师又3个旅共30万人。

反“围剿”中的中国工农红军

7月1日，蒋介石在南昌行营下达总攻命令，其战略意图是："分路围剿，务期先将匪军主力击破，捣其匪巢，然后逐渐清剿，再图根本肃清。"至于作战方法，因为他自恃这次进攻的兵力雄厚，也改变了第二次"围剿"时的"步步为营，稳扎稳打"的方针，采取"厚集重兵，分路围攻，长驱直入"的策略，在根据地东西两侧实行严密封锁，而以重兵由北向南猛烈推进，企图在赣南歼灭红一方面军主力。

为驱使"围剿"军进攻红军和苏区，蒋介石还采用法西斯手段，在军中实行"连坐法"，严厉规定：师长未退，旅团长先退者，杀无赦；旅长未退，团长营长先退者，杀无赦；以此类推。他还严督各县长效力，宣布凡"闻警弃城"的县长，一经查获，即处极刑。

蒋介石还用离间计瓦解红军。他知红军军长黄公略指挥着红三军奋战在反"围剿"的战场上，因此使出新招，首先在南昌设立"宣抚使署"，委任黄公略的堂叔父黄汉湘为"宣抚使"进驻南昌，然后黄汉湘派遣黄公略同父异母的大哥黄梅庄携带劝降信，由一名化装成学生的国民党特务随同，来到黎川县红三军团的驻地，找到了彭德怀。

彭德怀知道来者不善。他与滕代远商议：酒醉黄梅庄，诱黄说实情。此招果然奏效。酒后吐真言，当酒过三巡，黄梅庄就急忙将随身带来的皮箱底层刮开，从夹层中取出蒋介石、黄汉湘给黄公略的信递给彭德怀。

彭德怀连忙接过信看了一遍。蒋介石信中的大意是：校长不才，使你走入歧途，望能迷途知返……黄汉湘的信说：蒋公美德，叔亦愿为你说项，望不辜负校长好意……

此时黄梅庄酒已喝醉，说起话来颠三倒四，于是彭德怀安顿好黄梅庄后，立即将了解到的这些情况告诉滕代远和军团政治部主任袁国平、军团参谋长邓萍等人。大家商议决定将黄梅庄处决，然后由邓萍以黄公略名义写一封回信，大意是：蒋贼卖国，屠杀工农，罪当处剐。汉湘附逆，亦将引颈受诛。梅庄甘当走卒，还尔狗头，以儆效尤。交黄梅庄随从带回南昌。

毛泽东得知后关切地问彭德怀：此事告诉黄公略没有？彭德怀回答道：已将黄梅庄罪证和处理经过写信告诉了公略，他很高兴地回信，同意我们的处理！

蒋介石的策反阴谋失败，他的“宣抚使署”也只好悄悄地撤销。

从第二次反“围剿”结束到第三次“围剿”开始，中间只相隔一个月，比以前短促得多，总前委虽然预计到国民党军将发动第三次“围剿”，但没有料到它在第二次“围剿”刚遭受失败后会来得这么快。当国民党军队开始进攻时，红军的准备还很不充分，指战员在苦战之后尚未休整，人员也没有得到补充，仍是3万多人，部队远离原有根据地，正分散在闽北和闽西一带做群众工作和筹款，一时没有集中起来。

在这种严峻的局势面前，毛泽东、朱德十分沉着冷静，有条不紊地指挥部队收缩集中。他们最初曾设想在闽赣边界布置战场，消灭进犯军一路，再及其他，但很快就发现这次“围剿”规模之大和来势之猛，立刻放弃了原来的打算，下决心集中主力，绕道千里，回师赣南，在具有良好群众条件的根据地内部，“避敌主力，打其虚弱”，打破这次大规模“围剿”。

就这样，红军主力从闽北、闽西出发，长途跋涉，翻山越岭，于28日到达兴国西北的高兴圩，完成绕道千里、回师赣南的战略任务，为转入反攻创造了条件。

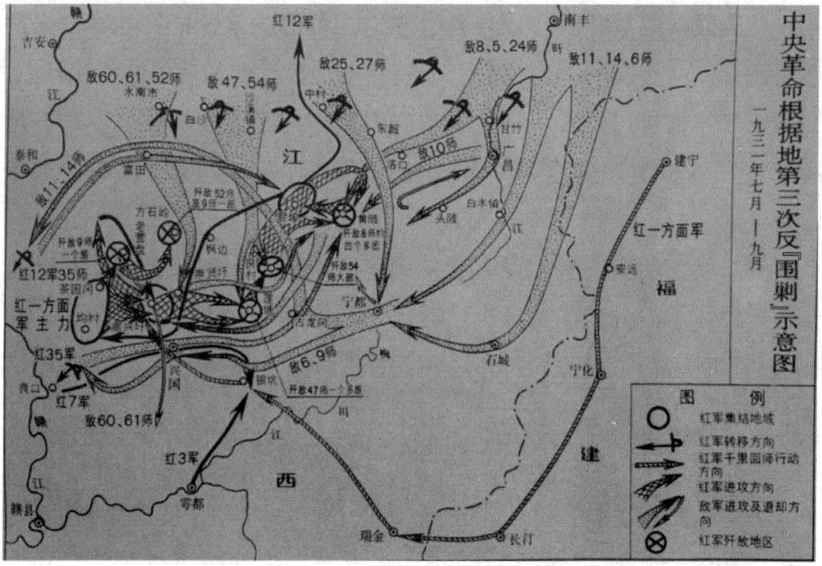

中央革命根据地第三次反“围剿”示意图

在之后的第三次反“围剿”中，毛泽东、朱德充分利用“避敌主力，打其虚弱”的战略战术，穿插迂回，牵牛鼻子，调动敌军，乘虚打击。从7月1日至9月15日共77天内，先后进行了莲塘、良村、黄陂、老营盘、高兴圩、方石岭6次战斗，除高兴圩打成平手外，其他都取得很大胜利，共歼灭国民党军队17个团3万余人，俘敌1.8万余人，缴获各种武器2万余件。蒋介石“御驾亲征”的第三次“围剿”以失败告终，他既没有“舍命疆场”，也未“解甲归田”，而是悻悻然溜回了南京。

中央革命根据地第三次反“围剿”最后一仗胜利旧址——方石岭。1931年9月，中央红军在这里歼敌第五十二师全部及第九师之炮兵团和一个步兵营

中华苏维埃共和国的“开国大典”

谢氏宗祠，是一座明末清初建筑。1931 年 11 月 7 日，在这座祠堂里召开了中华苏维埃第一次全国代表大会，史称中华苏维埃共和国的“开国大典”。

中华苏维埃第一次全国代表大会旧址——谢氏宗祠

为召开这次会议，历经四度延期，前后整整筹备了一年半的时间。早在 1930 年，中共中央就拟成立全国性政权，并于同年 5 月 20 日至 23 日，在上海秘密召开全国苏维埃区域代表大会。大会决议：1930 年 11 月 7 日在上海召开第一次全国苏维埃代表大会，成立中华苏维埃共和国临时中央政府，同时决定成立苏维埃大会中央准备委员会（简称中准会）。但由于准备工作尚未就绪，1930年9月12日，中准会决定，原定1930年11月7日召开的大会推迟到1930年12月11日广州暴动三周年纪念日召开。大会地点移至朱毛红军活动的江西苏区。可是鉴于形势变化，中准会又决定大会推迟到1931年2月7日（“二七”惨案纪念日）举行。后因中准会秘书长林育南被国民党杀害，筹备工作陷于停顿，大会只好再次延期。

1931年5月9日，中共中央政治局做出决议，筹备工作改由苏区中央局负责。为此，6月1日，苏区中央局发表《为第一次全国苏维埃代表大会宣言》，宣布在8月1日召开大会，成立中华苏维埃临时政府。但不久因为国民党军队即将发动第三次大规模“围剿”，大会又在6月下旬决定改到11月7日举行。

苏维埃大会中央准备委员会秘书长林育南

1931年11月7日，在打破国民党军队第三次大规模的“围剿”后，中华苏维埃第一次全国代表大会（简称“一苏”大会）如期在瑞金叶坪村召开。

当日下午，“一苏”大会开幕式在叶坪村谢氏宗祠举行。大会主席台正面墙上贴着革命导师马克思、列宁画像，画像中间挂着镶嵌镰刀铁锤的红旗。主席台两侧的标语散发着墨香，左边为“学习过去苏维埃运动的经验”，右边为“建立布尔什维克的群众工作”，横幅标语为“全世界无产阶级联合起来”。主席台前沿放着一块横匾，上书“工农炮垒、民主专政”8个金光闪闪的大字，高度概括了中华苏维埃共和国的政权性质。大厅内支撑屋架的16根圆木柱之间系着绳子，挂满了红红绿绿写有各种标语的三角彩旗，柱子上也贴满了“苏维埃万岁”“红军万岁”“拥护全苏大会”等各色标语。中厅的天井已铺上木板，整个大厅排放着约200张长条木凳。红军无线电通讯队在会场上架设了电线电灯，用反“围剿”缴获敌人的发电机发电照明。整个会场宽敞明亮，充满勃勃生机。

出席大会的正式代表和列席代表610余人（除湘赣、湘鄂赣苏区代表

中华苏维埃第一次全国代表大会会场

尚在途中外）云集大厅参加开幕式，越南、朝鲜的来宾也应邀出席了大会。大会首先推举毛泽东、项英、任弼时、朱德、周以栗、曾山、陈正人、张鼎丞、邓发等37人为大会主席团成员，随后由主席团执行主席宣布“一苏”大会正式开幕。

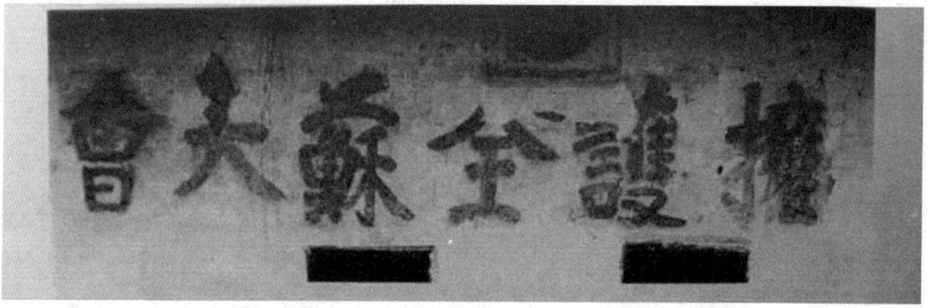

苏区群众刷写在墙壁上的标语“拥护全苏大会”

在雷鸣般的掌声中，项英致开幕词。他说道：全国苏维埃代表大会（简称全苏大会）的开幕，即值国际和中国新的形势下，革命运动有更大的新的发展，统治阶级的内部矛盾和崩溃的加紧，尤其是国民党南京政府，正是在革命势力打击下宣告破了产，全苏大会的开幕，即是宣告中国反动统治阶级要死亡的日子。全苏大会是全国工农及英勇红军斗争的结晶，是统一全国的苏维埃运动，建立中华苏维埃共和国临时中央政府，来领导全国工农劳动群众推翻日本帝国主义在华统治，推翻中国豪绅地主资产阶级的统治，为争取苏维埃新中国胜利而奋斗。……全苏大会的成功，临时中央政府建立，是继续苏联十月革命的胜利在东方建立的第一个苏维埃共和国——世界第二个苏维埃共和国。

中华苏维埃第一次全国代表大会会议场景

隆重热烈而简短的开幕式后，苏区中央局在瑞金的七位委员：毛泽东、项英、任弼时、朱德、王稼祥、顾作霖、邓发欣喜地在叶坪村合影留念，一些大会代表和工作人员也纷纷合影留念。

入夜，叶坪村和瑞金城同时举行提灯晚会，庆祝“一苏”大会隆重召开。到会群众人山人海，红光满天，庄严热烈，空前未有。提灯庆祝晚会一连进行了三晚，节目精彩纷呈，军民欢乐无比。

1931 年 11 月 9 日下午 3 时，“一苏”大会第一次全体大会正式举行。毛泽东代表苏区中央局向大会做了政治问题报告。他回顾和总结了中央苏区过去的工作，认为：中央苏区是全国最大的苏区，是苏维埃中央政府的所在地，是全国红军主力的所在地，它的巩固与发展，在全国苏维埃运动

苏区中央局7位委员在叶坪村树林里合影留念，自右至左分别为：王稼祥、毛泽东、项英、邓发、朱德、任弼时、顾作霖

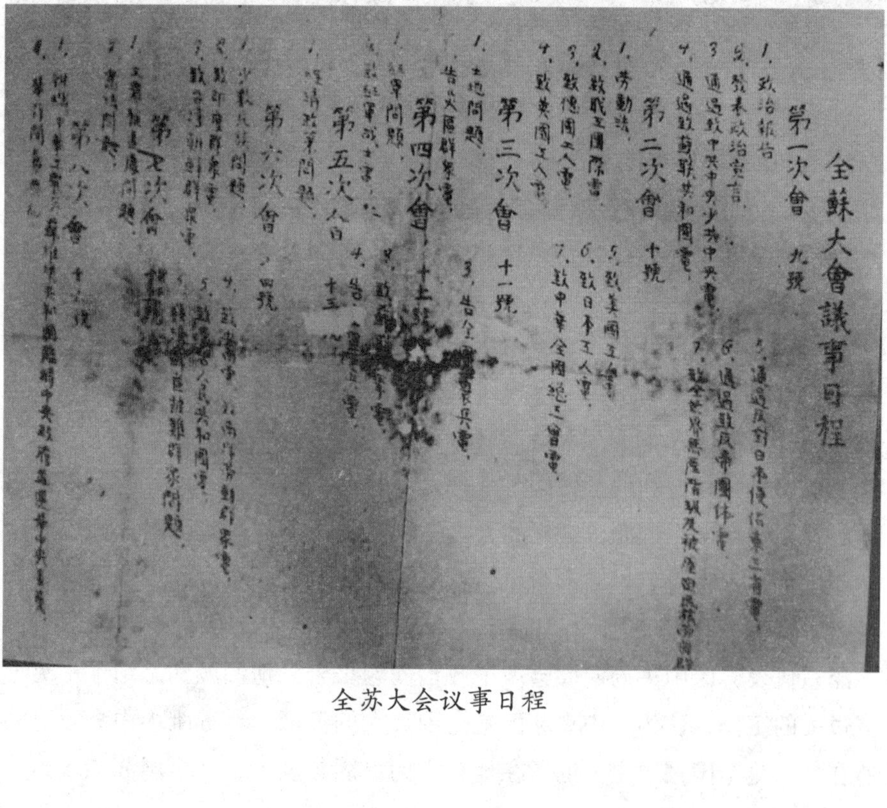
全蘇大會議事日程

第一次會 九號

1. 政治報告

第二次會 十號

1. 勞動法

第三次會 十一號

1. 土地問題

第四次會

第五次會

第六次會

第七次會

第八次會

全苏大会议事日程

中占有特别重要的地位。报告认为，目前中国的政治形势是利于苏维埃运动发展的，在这种新形势下，必须建立巩固革命根据地，必须巩固和扩大红军，必须使苏维埃政权真正变成工农群众的政权，必须彻底解决土地问题，必须加强反帝运动及职工运动的工作，必须纠正过去肃反中的错误，等等。

代表们对毛泽东的报告报以热烈的掌声，并于次日进行了讨论。

11 日，大会主席团决定由毛泽东、任弼时、王稼祥等组成宪法起草委员会，根据中共中央关于宪法大纲的指示电原则，制定完成《中华苏维埃共和国宪法大纲》。12 日至 18 日，连续七天开大会，听取并讨论了项英、张鼎丞、朱德、周以栗、王稼祥、邓发分别做的劳动法问题、土地法问题、红军问题、经济政策问题、少数民族问题、工农检察问题的报告；通过了相关法律和红军问题、经济政策等决议案。15 日和 18 日，大会主席团先后向中共临时中央政治局发电报，报告了“一苏”大会进行情况。18 日的电报中说道：大会圆满的召开，完全是中国共产党领导中国革命的胜利。大会以热烈讨论你们所提出的劳动法、土地法、红军问题、经济政策、宪法大纲，并一致通过。现正选举中华苏维埃共和国临时中央政府委员。知你们关心大会，特此电闻。

19 日，选举产生了中华苏维埃共和国中央执行委员会委员 63 人。20 日，中华苏维埃第一次全国代表大会闭幕，毛泽东致闭幕词。他说：“大会已经得到伟大的胜利！”并满怀激情地高呼“革命战争胜利万岁！”“中华苏维埃共和国万岁！”

一份秘密隐藏半年多的名单

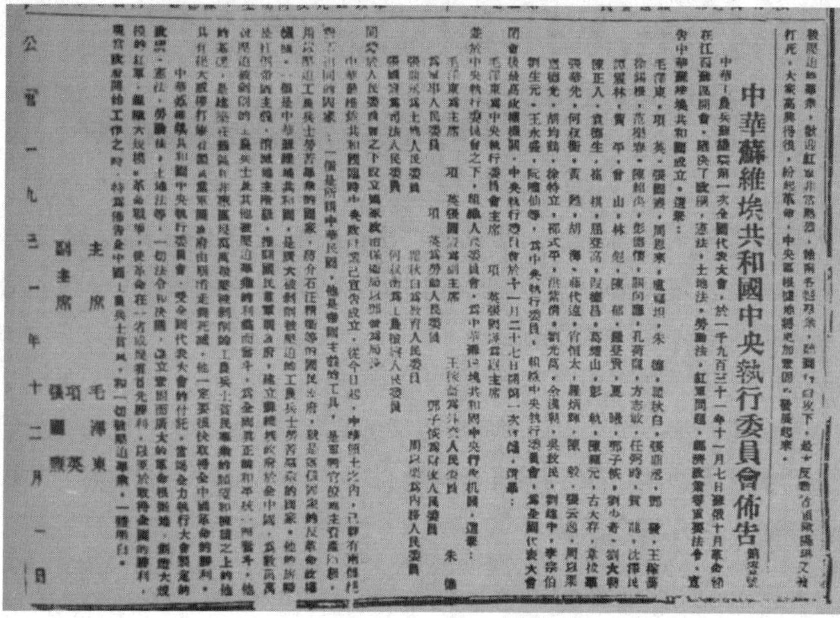

中華蘇維埃共和國中央執行委員會佈告 第壹號

中華工農兵蘇維埃第一次全國代表大會，於一千九百三十一年十一月七日蘇俄十月革命節在江西蘇區開會，議決了政綱，憲法，土地法，勞動法，紅軍問題，經濟政策等重要法令，宣告中華蘇維埃共和國成立，選舉：

毛澤東，項英，張國燾，周恩來，盧福坦，朱德，瞿秋白，張鼎丞，鄧發，王稼薔，徐錫根，范樂春，陳紹禹，彭德懷，關向應，孔荷寵，方志敏，任弼時，賀龍，沈澤民，譚震林，黃平，曾山，林彪，陳郁，羅登賢，夏曦，鄧子恢，劉少奇，劉大朝，陳正人，袁德生，崔琪，屈登高，段德昌，葛耀山，彭軌，陳毅元，古大存，韋拔群，張華先，何叔衡，黃甦，胡海，滕代遠，余恆太，羅炳輝，陳毅，張云逸，周以栗，蕭劍光，胡均鶴，徐特立，邵式平，洪紫備，劉光萬，余漢朝，吳致民，劉建中，李宗伯，劉生元，王永盛，阮嘯仙等，爲中央執行委員，組織中央執行委員會，爲全國代表大會閉會後的最高政權機關。中央執行委員會於十一月二十七日開第一次會議，選舉：

毛澤東爲中央執行委員會主席 項英 張國燾爲副主席

並於中央執行委員會之下，組織人民委員會，爲中華蘇維埃共和國中央行政機關，選舉：

毛澤東爲主席 項英 張國燾爲副主席

王稼薔爲外交人民委員 朱德爲軍事人民委員 項英爲勞動人民委員 鄧子恢爲財政人民委員 張鼎丞爲土地人民委員 瞿秋白爲教育人民委員 周以栗爲內務人民委員 張國燾爲司法人民委員 何叔衡爲工農檢察人民委員

同時於人民委員會之下設立國家政治保衛局以鄧發爲局長

中華蘇維埃共和國臨時中央政府已宣告成立，從今日起，中國境土之內，已絕對有兩個絕對不同的國家：一個是所謂中華民國，他是帝國主義的工具，是軍閥官僚地主資產階級用以壓迫工農兵士勞苦群衆的國家，蔣介石汪精衛等的國民政府，就是這個國家的反革命政權機關。一個是中華蘇維埃共和國，是廣大被剝削被壓迫的工農兵士勞苦群衆的國家，他的旗幟是打倒帝國主義，消滅地主階級，推翻國民黨軍閥政府，建立蘇維埃政府於全中國，爲數萬萬被壓迫被剝削的工農兵士及其他被壓迫群衆的利益而奮斗，爲全國真正的和平統一而奮斗。他的基礎，是建築在蘇區幾萬萬被剝削的工農兵士貧民群衆的擁護和贊助之上的，他具有偉大威力打倒帝國主義國民黨政府的統治而走到死滅，他一定要很快取得全中國革命的勝利。

中華蘇維埃共和國中央執行委員會，受全國代表大會的付託，當竭全力執行大會製定的政綱，憲法，勞動法，土地法等，一切法令和決議，建立堅固而廣大的革命根據地，創造大規模的紅軍，組織大規模的革命戰爭，使革命在一省或幾省首先勝利，以至於取得全國的勝利。現當政府開始工作之時，特爲佈告全中國工農兵士貧民，和一切被壓迫群衆，一體周知。

主席 毛澤東

副主席 項英 張國燾

公曆一九三一年十二月一日

这是1931年12月11日，在中华苏维埃共和国临时中央政府机关报《红色中华》创刊号上刊登的，中华苏维埃共和国中央执行委员会布告（第一号）：“中华工农兵苏维埃第一次全国代表大会，于1931年11月7日苏俄十月革命节在江西苏区开会，议决了政纲、宪法、土地法、劳动法、红军问题、经济政策等重要法令，宣告中华苏维埃共和国成立。选举毛泽东等63人为中央执行委员会委员。”

1931 年 11 月 7 日，中华苏维埃第一次全国代表大会在瑞金召开，诞生了中华苏维埃共和国临时中央政府。鲜为人知的是中华苏维埃共和国临时中央政府的组成人员名单，在会前半年就已基本确定。然而，这份秘密保管的名单却在开会前不久才交给大会讨论确定。

要召开“一苏”大会，成立临时中央政府，那么苏维埃中央政府机构和人员的组成，则是筹备工作中的核心问题。

1931 年 2 月 6 日和 2 月 13 日，中共中央政治局连续两次开会讨论确定：临时中央政府由中央执行委员会和中央人民委员会组成。中央执行委员会为最高权力机构，设主席 1 人，副主席若干人；中央人民委员会为最高执行机构，由中央政府各个部门组成，中央人民委员会设主席 1 人，副主席若干人，中央政府各部负责人称人民委员。并且中共中央政治局于 1931 年 2 月 20 日，就提出了一个约 30 人的中央执行委员会候选名单，这份名单形成后就交给了任弼时带往中央苏区。

任弼时是 1931 年 2 月中共中央政治局会议决定增派去苏区中央局工作的三人代表团成员之一，具体分工负责组织工作。虽说他们这次前往中央苏区肩负着传达中共中央六届四中全会精神的任务，但对任弼时来说更主要的应该是考虑中央政府组成人员的人选问题。

但任弼时 1931 年 4 月来到中央苏区与项英、毛泽东等会合后，正值国民党 20 万大军向中央苏区发动第二次“围剿”的时期。苏区中央局的当务之急转为如何领导苏区军民粉碎国民党军的进攻，显然对于筹备召开“一苏”大会之事无暇顾及。因此，中央交给任弼时秘密带入中央苏区的苏维埃临时中央政府组成人员名单，也就一直没有向外透露。

随着形势的发展变化，自然也带来组成人员的变化。

1931 年 8 月 30 日，中共中央政治局又通过了关于中央苏区组织问题的决议，在决议中说：苏维埃临时中央政府的候选名单，应由中央局决定，原则上应推选各苏区的工农群众领袖，党的领袖只选其能实际参加苏维埃政府工作与一般的群众对他有信仰的人，在白色统治区域工作的人不宜多选，四中全会后中央向你们提议的一部分名单，可做中央局决定的参考。

但这只是中央的决议，也许这份决议还没来得及发往中央苏区。因为党的四中全会后，中央接连发生了负责特科工作的政治局候补委员顾顺章和中共中央政治局主席向忠发叛变的重大事件，中共中央机关遭到严重破坏，任弼时带来的四中全会后中央提议名单是否还继续有用？基于这些原因，中央的这一决议及任弼时带来的名单，毛泽东等苏区中央局领导人直到1931年10月上旬仍未看到，这也就不足为奇了。

但是，全苏大会召开在即，中央政府组成人员名单还未明确，这就需要中央尽快做出决定。为此，10月11日，苏区中央局就苏区的几个组织问题致电中共临时中央请示：

“全苏大会在11月7日开，苏区党代表大会在11月1日开，中央局政府名单，请讨论决定。”

不久，苏区中央局得到中共临时中央的复电说：“政府执行委员名单，在弼时处有，但需除去向忠发、周逸群、邝继勋，加徐锡根、陈绍禹、关向应、瞿秋白及各地苏维埃政府主席。”

于是，根据中共临时中央的上述指示，苏区中央局最后确定了中华苏维埃共和国中央执行委员会63人的候选名单。到此，也就是说任弼时带往中央苏区秘密隐藏半年之久的名单除小调整外仍然生效，确保了全苏大会的胜利召开；同时也反映了中国共产党人在战争年代保密工作的艰辛和谨慎。

树林中召开的苏维埃中央政府第一次会议

中华苏维埃共和国中央执行委员会第一次全体会议

1931 年 11 月 27 日，在叶坪村外一片浓密的树林里，毛泽东主持召开了中华苏维埃共和国中央执行委员会第一次全体会议。这也是临时中央政府成立后召开的第一次“国会”。

时至冬季，树林中的落叶铺满草地，暖暖的阳光透过树枝，照在每位参会者的身上。虽然这些首长们衣着单薄，但看不出一点凉意，每个人脸上虽说神情专注但又显得轻松活泼。大家分坐在没有座次的木条板凳上，有的跷着二郎腿，有的半伸着腰，年纪较大的徐特立坐累了，索性把腿抬在凳子上缓解一下疲劳。大家面对着站立者毛泽东，聆听讲话，这就是中华苏维埃共和国中央执行委员会第一次全体会议召开的情形。

会议选举毛泽东为中央执行委员会主席和中央人民委员会主席，项英和张国焘为中央执行委员会副主席和中央人民委员会副主席，会议同时还选举了中央政府的各部部长（人民委员）：

王稼祥为外交人民委员；
朱德为军事人民委员；
项英为劳动人民委员；
邓子恢为财政人民委员；
张鼎丞为土地人民委员；
瞿秋白为教育人民委员；
周以栗为内务人民委员；
张国焘为司法人民委员；
何叔衡为工农检察人民委员；
邓发为国家政治保卫局局长。

瞿秋白因在上海领导“左联”工作，暂不能到临时中央政府视事；张国焘在鄂豫皖苏区担负领导工作；周以栗犯肺结核病长期住院治疗。中央执行委员会决定，由徐特立任代教育人民委员，梁柏台为副司法人民委员并主持司法部工作，何叔衡兼代内务人民委员。

中华苏维埃共和国临时中央政府从此诞生。这是中国共产党领导创建的中国第一个国家形态的工农民主专政的政权。

“一苏”大会结束后，中央政府总务厅组织工匠，将“一苏”大会会堂用木板隔成 15 个小房间。中央政府 9 部 1 局除教育部在洋溪村寨下园办公、国家政治保卫局在庙背村办公外，其余 8 个部全在“一苏”大会堂办公，每个部仅分配一间十几平方米的小房间，每个房间内设一部手摇电话机，一张桌子，几条凳子，每部连部长在内，仅几个工作人员。

一个简朴的小小祠堂，“装”下了整个中华苏维埃共和国的国家首脑机关。政府机构如此精干，为世界所罕见。1993 年，时任中共中央总书记的江泽民参观旧址后，说：“苏维埃时期的国家部委这么精干，看来，我们国家的机构改革要到这里来好好学习！”2003 年，时任中共中央总书记的胡锦涛参观旧址后说：“当年虽说条件艰苦，但部委设置和布局都很合理，有点像今天的国企，办起事来非常方便。”

从此，瑞金叶坪成了全国苏维埃运动的心脏和枢纽。

“毛主席”的称呼从瑞金叫起

中央执行委员会、中央人民委员会主席毛泽东

在红军队伍中一直被称为毛委员、毛总政委的毛泽东，在1931年11月27日召开的中华苏维埃第一次全国代表大会中央执行委员会第一次会议上，被选为中华苏维埃共和国临时中央政府（中央执行委员会）主席和中央人民委员会主席，从此被称为毛主席，并从瑞金叫起，叫遍全中国，也叫响全世界。

其实，中华苏维埃共和国临时中央政府诞生前的1931年2月20日，在上海召开的中共中央政治局会议上，就由谁来担任中华苏维埃共和国临时中央政府主席这一问题展开过热烈的讨论。会上，有人提议由向忠发来担任这一职务。

这一提议不无道理，因为向忠发是党的最高领导人，中华苏维埃共和国是中国共产党领导创建的，让他担任“开国元首”似乎顺理成章。

然而，这一提议首先遭到张闻天的反对，他认为向忠发做政府主席没有必要。那谁合适？当时他既没有说向忠发没有必要的理由，也没有提另外的人选。

经过反复讨论，大家一致认为，不论谁担任主席一职，必须具备两项条件：一要有全国威望，二要在苏区工作。

按这两项基本条件，中央决策层对各苏区的主要领导人进行逐个议论排名，最后根据张闻天的提议，将目标集中在毛泽东身上，认为只有毛泽东才具备这两项基本条件。经反复研究，大家达成共识，苏维埃中央政府主席只有毛泽东才是最合适的人选。

最后，向忠发表态同意张闻天意见，认为毛泽东可做主席，于是主席人选初步敲定。

但中央政治局认为，主席人选名单必须报共产国际远东局审批，最后由谁来担任，经政治局与远东局商议后决定。

远东局是共产国际的派驻机构，共产国际为指导中、朝、日等国的革命，于 1929 年 3 月组建了共产国际执行委员会驻上海远东局。虽说共产国际远东局是领导中、朝、日三国共产党的机构，但实际上主要是领导中国共产党的机构。

会后，中共中央很快履行报批程序，远东局对中共中央政治局的决定表示同意。

然而，中共中央政治局当时只确定毛泽东任临时中央政府（中央执行委员会）主席，而中央人民委员会主席是否由毛泽东兼任未曾明确。会议前夕，苏区中央局为此又电询中共临时中央。中共临时中央在 1931 年 10 月致苏区中央局的第一号电中答复："人民委员会主席一人，决定毛泽东，副主席两人，张国焘与江西省苏维埃政府主席。"至此，也就是说中共临时中央经报请共产国际批准决定：毛泽东任中央执行委员会兼中央人民委员会主席，张国焘与江西省苏维埃政府主席（时为曾山）任中央执行委员会和中央人民委员会副主席。

张国焘是中国共产党的创始人之一。1928 年 6 月，他被中共六大选为中央政治局委员，并与瞿秋白一起任中共驻共产国际代表团代表。1930 年 11 月回国，进入鄂豫皖根据地，担任中国共产党领导的红四方面军主要领导人。

毛泽东和警卫员在瑞金叶坪村驻地屋后树林中的合影

当时江西省苏维埃政府主席是曾山。但是，在中华苏维埃第一次全国代表大会上选出的副主席却是项英和张国焘。

其实，中共中央原先并没有安排项英任中央执行委员会和中央人民委员会副主席。此事是苏区中央局接到中共临时中央“一号电”后进行了认真的研究，并于1931年10月31日致电中共临时中央说：“中央政府名单：我们提议项英为副主席，江西省政府主席曾山为土地部长。”

负责中央特科工作的政治局候补委员顾顺章被捕叛变，不久中共中央政治局主席向忠发又于1931年6月22日在上海被捕叛变，因此，1931年9月在共产国际指示下，原中共中央政治局改为临时中央政治局（简称中共临时中央）。

由此，中共临时中央复电苏区中央局同意了这个提议，这才有后来正式选举毛泽东为中华苏维埃共和国临时中央政府（中央执行委员会）和中央人民委员会主席、项英和张国焘为副主席的结果。

中央苏区第一次大阅兵

为庆祝“一苏”大会隆重召开，中华苏维埃共和国在叶坪红军广场举行阅兵典礼

1931年11月7日的中国工农红军大阅兵，是为庆祝中华苏维埃第一次全国代表大会胜利召开的一项重大活动。

这天清晨，晨光初露，叶坪红军广场上已是人声鼎沸，口令阵阵，为庆祝“一苏”大会隆重召开，中国工农红军在这里正式举行阅兵典礼。为了防止敌机空袭，会议将阅兵典礼放在清晨举行。此时由各军首长率领的红军第三军、第四军、第七军、第十二军和红三军团各派出的一个建制营，校长萧劲光率领的红军中央军事政治学校学员，以及邓小平率领指挥的瑞金县赤卫队、少先队，早已集中在叶坪红军广场，等待接受检阅。

晨曦中，毛泽东、朱德、彭德怀、项英、任弼时、邓发、周以栗、叶剑英、张鼎丞、曾山等领导人和红军将领依次登上检阅台。

检阅台是在一片大樟树下用木头和木板搭建的，虽说简朴，但也布置得既庄严又绚丽多彩。正面木板墙上，悬挂着马克思和列宁木刻画像，台子上方挂满红红绿绿的三角彩旗和彩球，台前上方挂着一条红布制作的横幅标语，上书："全世界无产阶级联合起来"。参加"一苏"大会的代表和瑞金县的观礼群众站在检阅台两侧。

瑞金群众和赤卫队队员观看阅兵式

台前站立着百名号手，拿着擦得锃亮的军号随时听候命令。项英宣布："阅兵典礼开始！"百名号手立即吹起嘹亮的军号，雄壮的军号声顿时冲破云霄。

阅兵总指挥彭德怀跑步来到检阅台前，向主席台上的毛泽东、朱德等举起右手行军礼并响亮地说："报告总司令员、总政治委员同志，阅兵总指挥彭德怀率部队接受检阅，请指示！"

朱德和毛泽东还礼后，朱德命令道："开始！"

彭德怀回答："是!"转身跑步至列队前下达命令："阅兵开始!"

随即在嘹亮的军号声中，一队队披着战火硝烟、精神抖擞的红军战士，列成方队，由红旗引导，行注目礼，威武雄壮地通过检阅台。不时响起毛泽东"同志们好！同志们辛苦了!"和红军战士"首长好！为苏维埃战斗!"的口号。

毛泽东、朱德等红军将领们，站立在检阅台上，微笑着向受阅部队挥手致意。参加"一苏"大会的代表和瑞金县前来观礼的群众，望着一队队步伐整齐、坚定有力的红军劲旅，激情满怀，欢呼雀跃。观礼席中呼起"红军万岁!""苏维埃共和国万岁!"的口号。整个阅兵场沉浸在一片沸腾声中。

早上7点多，太阳冉冉升起，朝霞映照在叶坪红军广场上，显得格外绚丽。阅兵典礼圆满结束，人们按预定方案迅速疏散，检阅台也披上了防空的伪装。不一刻工夫，整个广场恢复了往日的平静。

毛泽东、朱德等红军将领们，身披霞光，神采飞扬，个个露出兴奋的笑容，一边走一边相互间议论着阅兵的盛况。

大约上午8时许，北边忽然传来一阵阵闷雷般隆隆的声音，隐约看见几架涂着青天白日标志的国民党飞机由远至近飞来，耀武扬威地在瑞金城上空盘旋。机上的飞行员睁大眼睛向下搜索着目标，可是，城内城外，街道村庄，田野树林，空旷无人，毫无动静。

敌飞行员不甘心空来一场，机翼一抖，一颗颗炸弹盲目地朝下扔去，霎时间炸弹轰鸣，火光冲天。随后飞机又朝福建长汀县城飞去，接近城郊，敌飞行员似乎突然发现"目标"，并围着"目标"转了几圈后马上扔下数十枚炸弹，一阵狂轰滥炸。

原来，会议期间为防敌机轰炸，在邻近的长汀县还布置了一个假会场。果然不出毛泽东等所料，国民党飞机误以为长汀是大会会场，结果把长汀"一苏"大会假会场炸得稀巴烂。敌机轰炸长汀、瑞金，投弹百余枚，烧屋百余栋，死伤数十人，但大会无恙。

敌机轰炸瑞金县城飞走后，躲在大树下防空洞中的毛泽东、项英等人知道叶坪的大会会场没有暴露，纷纷钻出防空洞。毛泽东拍拍身上的泥土揶揄道："蒋介石真够朋友，知道我们今天开大会，派飞机给我们鸣礼炮来了!”大家不约而同地发出爽朗的笑声。

11月20日黎明时分，按会议议程，还是在阅兵的红军广场上，大会举行了隆重热烈的授旗授章典礼，给为创建苏维埃共和国做出杰出贡献的红军部队和红军领导人授予奖旗和奖章。被授予奖旗的红军部队有：鄂豫皖苏区的红一军，湘鄂西苏区的红二军，中央苏区的红三军、红四军、红七军、红十二军和红三军团，湘鄂边苏区的红六军，赣东北苏区的红十军，湘鄂赣边苏区的红十六军等10个单位。被授予奖章的有：毛泽东、朱德、彭德怀、方志敏等8人。

第一次全苏大会举行闭幕式前，举行授旗授章典礼

红军检阅台前，10支红军部队的代表手握大红奖旗，精神抖擞地一字排列，晨风吹拂，奖旗猎猎，雄壮的军号声在广场上空久久回荡。

我们也来照一张

前排左起曾碧漪、彭儒，后排左起康克清、钱希均、周月林、贺子珍

照片的瞬间，却是记录了红军姐妹的战友情谊。关于这张照片，还有着这样一个故事：

1931 年 11 月 7 日下午，“一苏”大会开幕式刚刚结束，毛泽东、王稼祥、任弼时步出会场，兴致正浓，正在谈论下一个会议议程的内容。这时负责会议照相的摄影师主动上前说：“给首长们照个相吧！”

毛泽东看着这位同志身上挂着一架照相机，饶有兴趣地笑着问道：“这位同志，你这相机是从哪里弄来的呀？”

“报告总政委，我这相机和胶卷都是从苏联带回来的。”摄影师回答说。

“噢！那你是从苏联学习回国的啰！好！好！这样吧！小同志，你就给我们苏区中央局的同志照一张合影吧！怎么样？”

照相的小同志赶忙拿起相机问毛泽东说：“毛总政委，在哪里照好？”

毛泽东看了看，发现项英、朱德正好在树底下和会议秘书组的贺子珍、康克清在讲话，马上回答说：“小同志，我们就在这树底下照吧！”说完拉着王稼祥的手来到树底下的项英、朱德身边。任弼时听说照相，也招呼着邓发、顾作霖，他们相互谦让着留下了苏区中央局同志合影的珍贵瞬间。

这时，他们合影的举动早已被站在一旁的贺子珍、康克清看在眼里。战争年代，对于照相这件新鲜事很多人从来没看见过，何况是从大山里走出的女红军。贺子珍看到他们在照相，心中痒痒的，她知道以前村子里有钱人家的相片都是请人画的，自己都已经做了妈妈，还从来没看到过这种洋东西，更别说照过相。于是她推了推站在身边的康克清和曾碧漪说：“他们都照相，我们几个女同志也来一张吧！”

其实，贺子珍不说，康克清也会出这个主意。她虽然是朱德总司令的夫人，但也没有照过相，赶忙附和说：“好，我去把彭儒、希均和月林都叫来！”听说是照相，她们很快地集中在一起。于是贺子珍也大大咧咧地学着男人们的举动对摄影师说：“小同志，也请你给我们照一张吧！”边说边招呼着站位置。

彭儒却感到有点犹豫和为难，她是江西省委组织部长、代理省委书记陈正人的妻子，此时怀孕在身，挺着个大肚子似乎觉得有点难堪。她向跟自己一样挺着肚子的曾碧漪害羞地说：“我们都挺着肚子，照的相恐怕很难看吧！”没想到曾碧漪却不以为然，反而豪爽地拍拍隆起的肚子说：“怕什么，我们往地上一坐不就看不出来啦！”说完，拉着彭儒找了个地方往地上一坐，招手对贺子珍说：“子珍、克清，你们快来吧！”

她俩的心思一下被姐妹们看透，贺子珍却故意提高嗓门风趣地说：“彭儒、碧漪，这有什么不好意思，虽说我们 6 个人照相，其实相片里都有 8 个人的胆了。”

康克清也帮着腔说："是呀！多了两个革命接班人哪！你们说对不对呀！"大家发出一阵爽朗的笑声。

就这样，贺子珍拉着弟媳妇钱希均，康克清拉着梁柏台的爱人周月林，站到彭儒、曾碧漪的身后，4 个人互相拉着手、搂着肩，紧紧簇拥在一起。为了避开镜头前的大肚子，曾碧漪有意侧过身，彭儒来不及侧身，灵机一动双手赶忙放在腿上遮挡着肚子。就在此时，摄影师咔嚓一声，6 位巾帼英雄的英姿被装进了相机。

刘氏宗祠内的中革军委

1931年11月25日中华苏维埃共和国中央革命军事委员会成立后，驻叶坪乡洋溪村刘氏宗祠办公

中华苏维埃共和国临时中央政府成立以后，中央决定成立国家军事组织。因此，1931年11月25日，由中央执行委员会宣布，正式成立中华苏维埃共和国中央革命军事委员会。

其实，中央革命军事委员会早在1931年1月15日就与中共苏区中央局在江西省宁都小布同时成立，简称“中央军委”，受中共苏区中央局领导。主席项英，副主席朱德、毛泽东，委员包括当时全国各革命根据地红军主要领导人。2 月 17 日设立总政治部，主任毛泽东。3 月成立总参谋部，代理部长兼红一方面军参谋长朱云卿。为适应战争的需要，军委领导也适时做出些调整，6 月，中央军委调整领导人，由毛泽东任主席，朱德、项英任副主席；周以栗代理总政治部主任；总司令部与总政治部兼红一方面军司令部、政治部，随军在前方；后方成立参谋部，参谋长叶剑英（左权代理部务），经理部部长范树德，财政部部长杨立三，军医处处长贺诚，政治保卫处处长王稼祥（后邓发）。此时的中央军委一直在前方领导红军进行反“围剿”的战争，直到 1931 年 9 月 28 日才同苏区中央局一起进驻瑞金。

按照中共中央的设定，成立中华苏维埃共和国临时中央政府以后，原先在苏区成立的中央革命军事委员会即行撤销，另成立中华苏维埃共和国中央革命军事委员会。

1931 年 10 月间，起初中共临时中央曾致电中共苏区中央局，通知说：革命军事委员会设主席团，成员为朱德、王稼祥、彭德怀，朱德为主席，王稼祥任总政治部主任兼外交部长。

中共苏区中央局接电后认为中央提议的这个名单有失全面，因此于 10 月 31 日致电中共临时中央：革命军事委员会，来电只提朱德、王稼祥、彭德怀，我们提议加周恩来、毛泽东、贺龙、林彪（红四军军长）、谭震林（红十二军政委）、孔荷宠、叶剑英、邵式平，请讨论电告。

中共临时中央对中共苏区中央局的意见颇为重视，经研究认可并充实了其他根据地的军事领导人，形成了决定。“一苏”大会结束后，即 1931 年 11 月 25 日，经中共临时中央同意的中华苏维埃共和国中央革命军事委员会，简称“中革军委”，于中央苏区首府瑞金正式通令成立，通令如下：

> 根据第一次全苏大会的决议，及中央执行委员会命令：以朱德、彭德怀、王稼祥、林彪、谭震林、叶剑英、孔荷宠、周恩来、张国焘、邵式平、贺龙、毛泽东、徐祥谦、关向应、王盛荣等十五人组成中央革命军事委员会，以朱德为该会主席，王稼祥、彭德怀为该会副主席，王稼祥为总政治部主任。在中央革命

军事委员会成立后，即取消第一方面军总司令总政委的名义及其组织，所有中华红色海陆空军，完全集中统一在中央革命军事委员会指挥统辖之下。

中革军委成立后，先后下设如下工作机构：

总参谋部，部长（后称总参谋长）叶剑英，后刘伯承接任；

总政治部，主任王稼祥，副主任先后为聂荣臻、贺昌；

总经理部，部长范树德；

总军医处（1932 年冬改称总卫生部），处长（后称部长）贺诚；

秘书处，秘书长刘伯坚，后徐梦秋；

副官处，处长杨立三；

中央军事政治学校，校长肖劲光，后刘伯承任校长兼政委。

中革军委成立后，驻瑞金县叶坪乡洋溪村刘氏宗祠办公。

1933 年 5 月，中革军委从前方迁回瑞金沙洲坝乌石龙村办公

中革军委是全国红军的最高领导和指挥机关，在组织系统上隶属苏维埃中央政府，但政治上受中共中央与中共苏区中央局领导，军事行动和一切重大决策都受中共中央节制。因中革军委成立后即撤销了红一方面军建制及其领导机构，自 1931 年 12 月起，中央苏区红军的作战行动，由中革军委直接指挥。

1932 年 12 月 31 日，中革军委统一全军编制人员，军委设总司令、总政治委员；下设司令部（首长称参谋长）、政治部、供给部、卫生部；保卫局改为独立系统，隶属于国家政治保卫局。1933 年 4 月，中共中央局决定中革军委随军在前方期间，在后方瑞金设立军事人民委员部，项英代理部长。5 月 18 日，临时中央政府决定增加博古、项英为中革军委委员，中革军委从前方迁回瑞金沙洲坝乌石龙村办公，由项英代理主席，直接指挥各方面军、各军区和各独立军、师。1934 年第二次全苏大会后，中央执行委员会再次任命朱德为中革军委主席，周恩来、王稼祥为副主席。博古代表中央领导军委工作，实际大权由共产国际远东局派来的军事顾问李德操纵。1934 年 9 月下旬，项英代理王稼祥任军委副主席。10 月 10 日，中革军委各机关编入野战纵队，从瑞金出发参加长征。

土地是我们的，耕种起来啊！

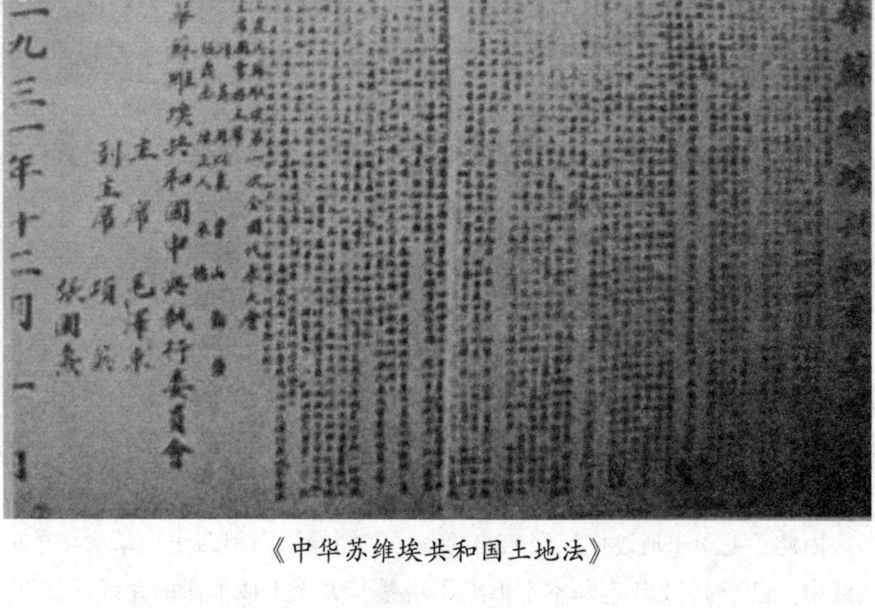
中華蘇維埃共和國中央執行委員會
主席 毛澤東
副主席 項英 張國燾
公曆一九三一年十二月一日

《中华苏维埃共和国土地法》

《土地是我们的，耕种起来啊!》是 1931 年 3 月，江西省苏维埃政府根据毛泽东关于土地问题的指示信的精神，颁发的文告。文告宣布：“土地已经分定，土地使用权、所有权通通归农民”“任其出租买卖，生的不补，死的不退”。并号召所有农友，努力耕种：（一）大家互相帮助，解决耕牛、农具、种子的问题。（二）赶紧犁田，下种插禾。江西省苏维埃政府的文告颁布后，广大农民吃了“定心丸”，兴高采烈，立即投入耕种，江西苏区顷刻掀起了春耕生产的热潮。

土地问题关系到农民的生存问题，要夺取政权，赢得广大农民的支持和拥护，首先必须解决好农民的土地问题。所以，1931 年 11 月 7 日，中华苏维埃共和国第一次全国代表大会通过了《中华苏维埃共和国土地法》。土地法共有 14 条，首次从法律上规定了农民应拥有土地的所有权。

《中华苏维埃共和国土地法》的制定和颁布，不是一蹴而就的，而是经历了一个曲折的过程，其间还受到了王明"左"倾错误的干扰，尤其是在"抽多补少，抽肥补瘦"的政策问题上的制定。

当年，毛泽东在《寻乌调查》中曾记载道：双桥区枫山乡有个姓刘的小地主，霸耕自己的肥田不肯拿出去，拿出的只是些坏田。当群众强迫他拿出的时候，他愤然说："遭人命也不拿！"乡政府不能解决。县政府派人到枫山才把他压下去，肥田拿了出来。南八区牛斗光也有富农小地主不肯拿出好田，乡政府怕他们，不敢做主，县政府的人去召集群众大会，才强迫富农小地主照办。双桥区大田乡小地主梅元坤是被反动派烧了房子的，自以为有功于革命。当群众要分他的田的时候，他恶声说："分田呀！头脑壳生硬下子来！"群众告知县政府，县政府要区政府去捉他，区政府负责人梅立三是个共产党员，因与梅元坤同族，把这件事弥缝下去。梅元坤否认说过那句话，田仍分出来，就此了事。

毛泽东分析：以上几个例子，除梅元坤一家是反对没收他的田地外，其余都不是没收问题，而是肥瘦分配问题，所以没收富农与否，群众认为是不成问题的。群众中成为问题的，就是一个肥瘦分配的斗争，这是土地斗争的中心，也是富农与贫农的斗争。

因此，毛泽东通过广泛深入的调查，在领导赣南闽西土地革命斗争的实践中，已于 1931 年春基本上形成了一整套关于土地革命的路线、方针、政策，积累了丰富的经验，在此基础上形成了根据地较为完备的土地法规。

为了使农民更加放心大胆地使用土地，解决农民的土地私有权问题，1931 年 2 月 8 日，中共苏区中央局在宁都的小布发出《土地问题与反富农策略》第九号通告，认为"农民是小私有者，保守私有是他们的天性""他们热烈地起来参加土地革命，他们的目的，不仅要取得土地的使用权，

中华苏维埃共和国临时中央政府土地人民委员部巡视员证

主要的还要取得土地的所有权”，因此，“必须使广大农民在革命中取得了他们唯一热望的土地所有权，才能加强他们对于土地革命战争和争取全国苏维埃胜利的热烈情绪，才能使土地革命更加深入”。

为此，1931 年2 月 28 日，毛泽东依据苏区中央局的这一通告精神，在宁都黄陂以中央革命军事委员会总政治部主任的名义写了一封信，题为《关于加强春耕工作的意见》，寄给江西省苏维埃政府主席曾山，并转省苏维埃政府。

信中说：过去已经分好的田（按抽多补少、抽肥补瘦的原则分的），即算分定，得田的人，即由他管所分得的田，这田由他私有，别人不得侵犯。以后一家的田，一家定业，生的不补，死的不退，租借买卖，由他自主。田中出产，除交土地税于政府外，均归农民所有。吃不完的，任凭自由出卖。得了钱来供给零用，用不完的由他储蓄起来，或改田地，或经营商业，政府不得借词罚款，民众团体也不得勒捐。

江西省苏维埃政府很快就按毛泽东的指示精神发布了《土地是我们的，耕种起来啊!》的文告，有效地解除了农民对土地权属的担忧，从而稳了人心。

从《苏维埃土地法》到《中华苏维埃共和国土地法》的形成、颁布和实施，确实历经了不少土地斗争的风风雨雨。

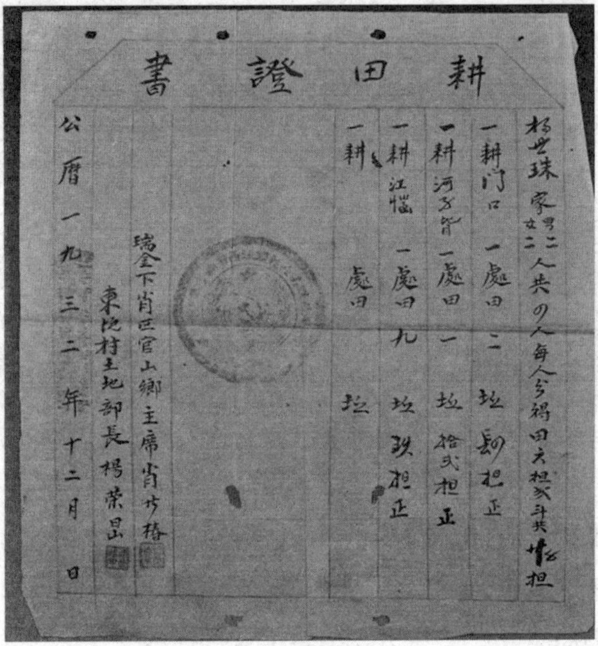
耕田證書

杨世珠家男二女二人共四人每人分得田六担叁斗共廿五担
一耕门口 一處田二坵 捌担正
一耕河子背 一處田一坵 拾弍担正
一耕江惱 一處田九坵 玖担正
一耕 處田 坵
瑞金下肖区官山鄉主席肖步椿
東池村土地部長楊榮昌
公曆一九三二年十二月 日

1932 年 12 月瑞金下肖区官山乡苏维埃政府发给杨世珠的耕田证书

1931 年 1 月，王明取得中央领导权以后，“左”倾领导者就曾经无视毛泽东所领导的苏区土地斗争的经验和理论，否定毛泽东关于“必须正确地对待中农和富农（‘抽多补少、抽肥补瘦’，同时坚决地团结中农，保护富裕中农，给富农以经济的出路，也给一般地主以生活的出路）”的正确主张，完全不从中国的实际出发，照搬当时苏联消灭富农经济的做法，提出了“地主不分田，富农分坏田”和消灭富农经济的“左”倾土地政策，在中央苏区起到很大的消极作用。

所以，如何正确对待富农这个问题，由于“左”倾政策的影响，在中央苏区时期始终没有解决好，直到 1935 年 12 月 6 日，中共中央在陕北做出《关于改变对富农策略的决定》，这个问题才得到了比较正确的解决。

毛泽东后来于 1941 年 9 月 13 日在延安《关于农村调查》的一次讲话中，曾对这段历史回忆道：我做寻乌调查，才弄清了富农与地主的问题，提出解决富农问题的办法，不仅要抽多补少，而且要抽肥补瘦，这样才能使富农、中农、贫农、雇农都过活下去。假如对地主一点儿土地也不分，叫他们去喝西北风，对富农也只给一些坏田，使他们半饥半饱，逼得富农造反，贫农、雇农一定陷于孤立。当时有人骂我是富农路线，我看当时只有我这办法是正确的。

1933 年 10 月 10 日中央人民委员会通过的《中央政府关于土地斗争中一些问题的决定》

婚姻自由的“护身符”

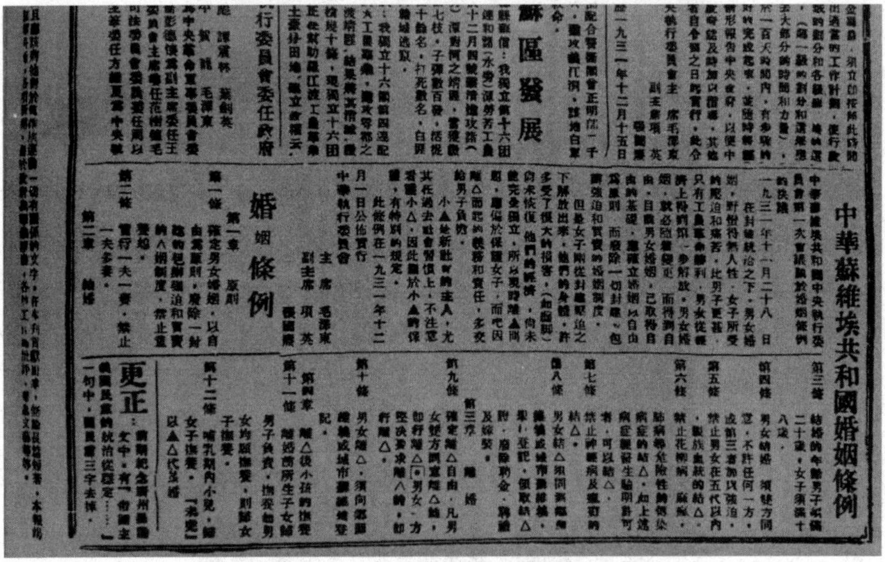

中華蘇維埃共和國婚姻條例

中華蘇維埃共和國中央執行委員會第一次會議關於婚姻條例的決議

一九三一年十一月二十八日

在封建統治之下，男女婚姻，野蠻得無人性，女子所受的壓迫和痛苦，比男子更甚。只有工農革命勝利，男女從經濟上得到第一步解放，男女婚姻，就必隨着變更而得到自由。目前在蘇區男女婚姻，已取得自由的基礎，應確立婚姻以自由為原則，而廢除一切封建的包辦強迫和買賣的婚姻制度。

但是女子剛從封建壓迫之下解放出來，她們的身體，許多受了很大的損害，（如纏腳）尚未能完全獨立，所以現時離▲問題，應偏於保護女子，而把因離△而起的義務和責任，多交給男子負擔。

小▲是新社會的主人，尤其在過去社會習慣上，不注意看護小▲，因此關於小▲的保護，有特別的規定。

此條例在一九三一年十二月一日公佈實行

中華執行委員會
主席 毛澤東
副主席 項英 張國燾

婚姻條例

第一章 原則

第一條 確定男女婚姻，以自由為原則，廢除一切封建的包辦強迫和買賣的婚姻制度，禁止童養媳。

第二條 實行一夫一妻，禁止一夫多妻。

第二章 結婚

第三條 結婚的年齡男子須滿二十歲，女子須滿十八歲。

第四條 男女結婚，須雙方同意，不許任何一方或第三者加以強迫。

第五條 禁止男女在五代以內親族血統的結△。

第六條 禁止花柳病、麻瘋、肺病等危險性傳染病症的結△，如上述病症經醫生驗明許可者，可以結△。

第七條 禁止神經病及瘋癱的結△。

第八條 男女結△，須同到鄉蘇維埃或城市蘇維埃舉行登記，領取結△證，廢除聘金、聘禮及嫁妝。

第三章 離婚

第九條 確定離△自由，凡男女雙方同意離△的，即行離△，男女一方堅決要求離△的，亦即行離△。

第十條 男女離△，須向鄉蘇維埃或城市蘇維埃登記。

第四章 離△後小孩的撫養

第十一條 離婚前所生子女歸男子負責撫養，如男女均願撫養，則歸女子撫養。

第十二條 哺乳期內小兒，歸女子撫養。「未完」

更正

《中华苏维埃共和国婚姻条例》

长期以来，妇女因受封建枷锁的束缚，一直生活在社会的最底层，尤其是在封建婚姻制度的压迫下，她们根本没有婚姻自由，甚至连做人的权利都几乎丧尽。土地革命斗争开展后，党和苏维埃政府向落后野蛮的封建婚姻制度发起了猛烈冲击，提出了“实行婚姻自由”“反对包办买卖婚姻”“反对带童养媳”“反对蓄婢纳妾”等口号，受到苏区妇女的热烈拥护。

1931 年 11 月 28 日，苏维埃中央执行委员会第一次会议，通过了《中华苏维埃共和国婚姻条例》（简称《婚姻条例》），并宣布从 1931 年 12 月

1 日起公布实行。这是中国有史以来第一部以国家名义颁布的实行男女婚姻自主的民主进步的婚姻法规。这部婚姻法规明确宣布，男女婚姻，以自由为原则，废除一切封建的包办强迫和买卖的婚姻制度，禁止童养媳，实行一夫一妻，禁止一夫多妻，及其他保护妇女和儿童的合法权益等内容。

《婚姻条例》分为《总则》《结婚》《离婚》《离婚后小孩的抚养》《离婚后男女财产的处理》《未结婚登记所生小孩的抚养》及《附则》，共 7 章 23 条。

《婚姻条例》在对男女双方离婚后的子女抚养及土地、财产分割等方面，明显是偏向于保护妇女利益的，为此苏维埃中央执行委员会在公布这部条例时解释说：女子刚从封建压迫之下解放出来，她们的身体，许多受了很大的损害（如缠足），尚未恢复，她们的经济尚未能完全独立，所以现时离婚问题，应偏于保护女子，而把因离婚而起的义务和责任，多交给男子负担。

《中华苏维埃共和国婚姻条例》颁布实施后，得到苏区广大妇女的热烈欢迎，很快在全苏区得到贯彻执行，婚姻制度变革从此走上了有法可依的轨道。

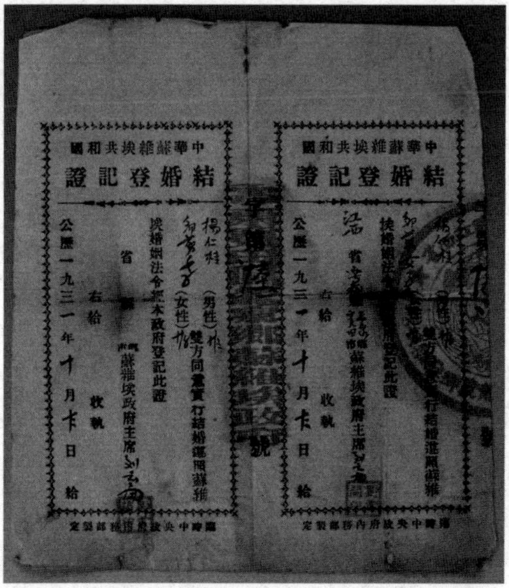

1931 年 10 月 12 日于都县宽田市龙泉乡苏维埃政府发给杨仁桂、邹剪好的结婚登记证

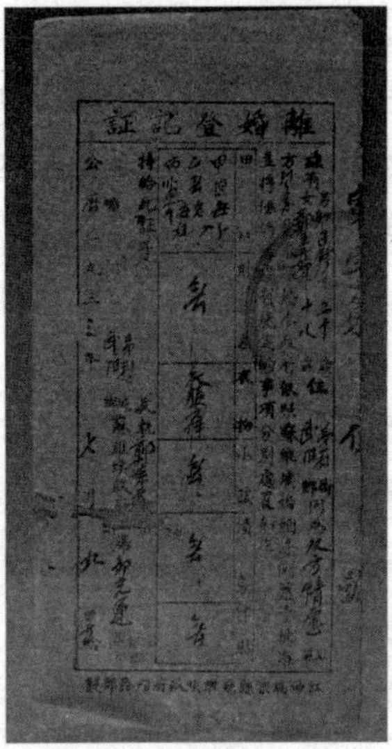
離婚登記証

1933 年 7 月 9 日瑞金县武阳乡苏维埃政府发的离婚登记证

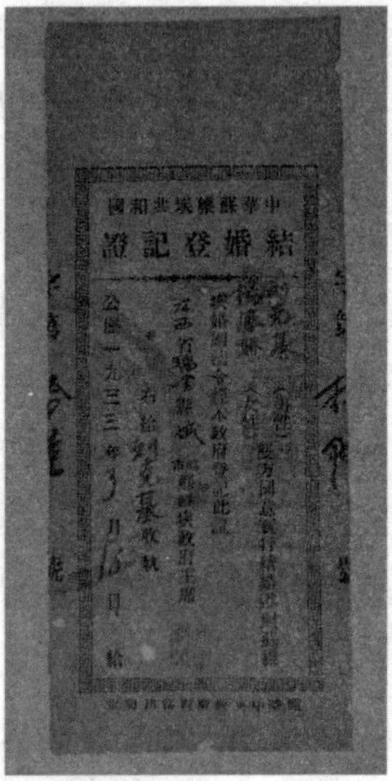
中華蘇維埃共和國
結婚登記證

1933 年 3 月 16 日瑞金县苏维埃政府发的结婚登记证

1934 年 4 月 8 日，中华苏维埃共和国中央执行委员会又颁布了中字第七号命令，废止 1931 年颁布的《婚姻条例》，公布了新修订的，并经中华苏维埃共和国第二次全国代表大会通过的《中华苏维埃共和国婚姻法》，新的婚姻法修订为《总则》《结婚》《离婚》《离婚后男女财产的处理》《离婚后小孩的处理》《私生子的处理》，加上《附则》，共 7 章 21 条。新的婚姻法除承袭了《婚姻条例》的基本内容外，增加了承认事实婚姻、保护红军战士婚姻、禁止虐待抛弃私生子等内容，并对婚姻条例的一些条款内容做了更严密、恰当的修改，使之更切合苏区社会生活的实际，更加人性化。毛泽东赞扬：这种民主主义的婚姻制度打碎了数千年束缚人类尤其是束缚女子的封建锁链，建立了适合人性的新规律，这也是人类历史上伟大的胜利之一。

1932年

因为你管过伙食，所以你可以当行长

中华苏维埃共和国国家银行行长毛泽民

因为管过伙食，就可以当行长，而且是国家银行的行长。这听起来真有点危言耸听，可在中央苏区时期确实发生了这么一件事儿。这到底是怎么回事呢？流传着这么一个逸事。

1931年11月27日，中华苏维埃共和国中央执行委员会推选毛泽民担任国家银行的行长。毛泽民知道后，马上找到已经当选为苏维埃政府主席的哥哥毛泽东理论，为什么要选自己当行长？没想到毛泽东却漫不经心地送出一句话：

“泽民，因为你管过伙食，所以你可以当行长。”

长相有点憨厚的毛泽民眼睛直瞪瞪地看着大哥毛泽东，无言以对，不知说什么好。

毛泽东看到弟弟毛泽民不解的表情，然后接着说：“泽民，因为你管过小学的伙食账，你打得一手好算盘。当然，管伙食与办银行不一样，可它们的经济原理差不多呀！”

毛泽东说得也不无道理。毛泽民虽然只读过四年私塾，但他从小非常聪明，在精明的父亲毛顺生严厉督促下，不仅学会了帮助父亲记账，还能两只手同时各打一个算盘，在整个韶山冲出了名。1919 年 10 月和 1920 年 1 月，大哥毛泽东和小弟毛泽覃在长沙工作和读书，理家的事情父亲就交给毛泽民，没想到聪明的毛泽民还真把全家的生产生活料理得井井有条，令父亲非常满意。1921 年春节，他由大哥带到长沙参加夜校补习文化，并先后在长沙第一师范附属小学和湖南自修大学管理师生们的伙食。毛泽民精打细算，干得很好，师生们都很满意。

起初，毛泽民被大哥将了一军，半天说不出话来，现在，经大哥这么一说，他知道自己不愿干银行工作是理亏了，便不再强辩。但办银行总得要有钱，于是他向大哥提出要解决资金的问题。没想到毛泽东却哈哈大笑起来，并打趣说：“你老婆叫钱希均，姓钱，她有钱，你找她好了。”

“我都急死了，你还有心思开玩笑！”毛泽民埋怨道。

玩笑开完了总归要谈正事。毛泽东认真地告诉泽民：第二次反“围剿”结束，红军在建宁地区筹款几十万元，部队回师赣南留了 20 万元交给赣南特委书记陈毅保管，现在这笔钱还在，归新成立的临时中央政府财政部管理。银行成立后可以先将财政部的库存现金接过去，作为开办银行的垫底资金。毛泽东还说：银行成立后要做好准备，早日发行自己的货币，尽快结束根据地货币混乱的状况。“你办银行，光你一个不行，你还得找些熟悉财经的人来，这些问题你去找找项英。”

这时，毛泽民才舒展眉头，站了起来，说：“好！大哥，我这就到项英副主席那儿汇报去。”

毛泽民知道，办银行固然要金银财宝做本钱，但更需要有专门知识的人，自己不懂银行知识，但他知道根据地早已办起了闽西工农银行和江西工农银行，那里有人才，他们有学问，尤其是闽西工农银行有个会计科科长叫曹菊如，毛泽民决心要把他调到瑞金来。

毛泽民将这一想法向项英做了汇报。项英非常支持，当即给他写了介绍信。第二天一早，他就带着一名警卫员，骑马赶到汀州城，通过闽西苏维埃政府主席张鼎丞找到了曹菊如。

曹菊如是福建龙岩县人，早年曾在印度尼西亚从事进步活动，1930 年回国后，加入中国共产党。1930 年 9 月，闽西工农银行成立，他担任了会计科科长。1931 年 7 月毛泽民从香港到闽西后，担任过一段时间的闽粤赣军区经理部长，与曹菊如自然是经常来往，彼此成了好朋友，现在自己要筹办国家银行，他立刻想到了曹菊如。

闽西苏维埃政府主席张鼎丞，听毛泽民说明来意并看过项英的介绍信后，满口答应，并说要谁给谁，全力支持！曹菊如也非常乐意给毛泽民当助手，表示尽早将手头工作移交后赴任。

毛泽民没想到这么顺利，心里非常高兴。他迫不及待地跟曹菊如谈起了筹办银行的打算，说到要发行国家银行自己的货币时，他问曹菊如哪里可以找到能设计国家银行货币的人才？曹菊如也毫不隐瞒地向他推荐了黄亚光，不过他提醒毛泽民——要找黄亚光可是要准备冒大风险的。

黄亚光是福建长汀人，大革命时期就投身学生运动，南昌起义部队南下广东途经汀州，他由李立三介绍加入中国共产党。1929 年 3 月，任中共长汀县委宣传部部长，后任中共汀连县委秘书长兼宣传部部长。1932 年，正值闽西大肆开展肃清“社会民主党”运动，黄亚光已作为社会民主党成员被抓了起来并判了死刑。这下毛泽民感到心急如焚，为了人才他火急火燎找到肃清“社会民主党”负责人，提出要黄亚光时，黄亚光已被解往刑场准备执行死刑。就在这千钧一发之际，毛泽民策马赶到，从枪口下把黄亚光救了下来，并找到国家政治保卫局局长邓发签字批准，将黄亚光带回了瑞金。黄亚光被毛泽民救下带回瑞金后没来得及疗养，立刻开始了国家银行纸币的设计工作。

1932 年元旦，曹菊如也来到瑞金，还带来了一个会打算盘、能用阿拉伯数字记账的同志。毛泽民非常高兴。

经过几个月的紧张筹备，1932 年 2 月，国家银行正式成立，5 位创始人分别是：毛泽民，国家银行行长；曹菊如，国家银行会计科科长；赖永烈，国家银行业务科科长；莫均涛，国家银行总务科科长；钱希均，国家银行会计。行址就设在叶坪村姓谢的人家的一栋房子里。这是一栋赣南农村随处可见的砖木结构的普通民房，与临时中央政府办公大厅和毛泽东的住处相距 100 米左右。楼上楼下共两个小厅三个房间，楼上小厅为财政部

中华苏维埃共和国国家银行玉印

库房，楼上两个房间，一间是毛泽民的办公室兼卧室，另一间和小厅前的走廊是曹菊如等人员的宿舍，楼下的小厅为办公室和营业厅。国家银行就是在这样条件简陋、人员稀少的情况下正式对外营业，并在短暂的时间里设计出银行的各种业务账簿、单据表册；草拟了《中华苏维埃共和国国家银行暂行章程》，对国家银行的组织资本、业务决算及红利分配等做出规定；先后制定了《国家银行往来存款暂行规则》《国家银行特别往来存款暂行规则》《国家银行往来透支暂行规则》等规章制度。

中华苏维埃共和国国家银行叶坪旧址

国家银行成立后，业务不断地拓展，开办半年后已发展到 2 个处（业务处、总务处）7 个科和 1 个总金库，共有 10 多个人。

为了培养苏维埃经营人才，中央苏区还在红军大学开设了一个“供给班”，后来又根据毛泽民的意见专门开办了一个银行专修学校，培养苏维埃金融人才。

业务方面，国家银行及各地分行代理国家金库，办理集体和个人存贷款。存款有整存整取、零存整取和活期储蓄，贷款有工业贷款、农业贷款和商业贷款等，还发行面额为壹元、伍角、贰角、壹角、伍分的苏维埃纸币和苏维埃银圆。

随着战争的发展，国家银行后迁至梅岗下陂子梁氏厅下。1934 年 10 月，国家银行大部分工作人员随军长征，少部分人员留下在中央苏区坚持斗争。

项英急邀毛泽东共商赣州解围之策

赣州老城墙

1932 年 3 月 7 日清晨，天空阴沉沉一片，连绵的春雨淅沥沥下个不停。毛泽东一反常态，比往日起得都早。他步出庙门，情不自禁地朝西边的赣州方向远眺，虽然什么也看不见，但攻打赣州一事却惦记在心，都一个月过去了，音讯杳无，战况如何？他一直放心不下。忽然，他隐约看见远处两个人影在雨雾中正朝这边策马奔来，顿时，一种不祥的预感袭上心头。

就在一个多月前，正当红军主力打土围、拔白点战斗犹酣之际，传来了中共临时中央要红军攻打赣州的指令。

毛泽东知道，自从红军打破国民党军第三次“围剿”取得胜利和苏维埃临时中央政府成立后，中共临时中央的“左”倾领导者们被这些喜讯所陶醉，正在酝酿和提出一条充满“左”倾冒险错误的“进攻路线”。他们急于要求将长江南北各块苏区连成一片，急于夺取几个中心城市，急于将中华苏维埃共和国临时中央政府从瑞金搬迁到赣州等中心城市。为此，1931 年 12 月 4 日，他们向全国各苏区红军发出训令：目前红军行动的总方向应该首先是使中央区（闽西在内）与湘赣边连成一片，巩固赣南根据地，然后与湘鄂赣、赣东北两苏区密切地联系起来，造成包围南浔线以争取江西省首先胜利的形势；另一方面，在大江以北应以鄂豫皖苏区为中心，使皖西北鄂西密切联系起来，造成包围京汉铁路南段与威胁长江的整个局面。

对中央苏区，中共临时中央在训令中专门要求：应红军主力配合群众行动向西进攻，迫吉安赣州与湘赣边苏区打成一片，另以少数部队与赤卫队，佯攻宁广南丰以助势并牵制敌人。

为此，毛泽东与中共临时中央产生了很大的意见分歧。红军是按照毛泽东为代理书记的苏区中央局集中打土围、拔白点的决策，还是执行以博古为首的中共临时中央攻打赣州迫吉安的指示，意见一直没有统一。这时，周恩来正好离开上海来到瑞金，首先就攻打赣州问题征求毛泽东的意见。因为他动身前夕，博古交给他的一项重要任务，就是组织红军攻打赣州。

毛泽东是坚决反对红军立即攻打赣州的。他认为赣州三面环水，城墙高坚，素有“铁赣州”之称，易守难攻。赣州城虽然只驻有国民党军第十二师第三十四旅两个团，但赣南 17 县的地主武装大部分集中城内，这些反动势力不可小视，况且赣州北面的吉安驻有国民党军罗卓英、陈诚的第十一师和第十四师等五个师和两个独立旅，南面驻有国民党粤军的几个师。如果红军攻赣，他们势必前来增援，红军将腹背受敌，进退两难。因此，他坚持红军还是按总部原定部署，继续开展赣南闽西北 16 县打土围、拔白点的工作。

原对打赣州持积极态度的周恩来，在听取了毛泽东等人意见后，曾将此情况致电中共临时中央，陈述中央苏区红军目前攻打赣州确实存在困难，但在中共临时中央复电“攻打城市不能动摇，不能打下南昌，至少要求在抚州、吉安、赣州中选择一个城市攻打”的指示后，苏区中央局无奈于1932年1月9日做出了攻打赣州的决议。接着，中革军委根据苏区中央局决定，发布《关于攻取赣州的军事训令》，对攻打赣州做出部署。

1932年2月初，红军攻城部队和地方工作部队各自进入指定位置，红三军团于2月4日到达赣州城东外五里亭、天竺山及西南城郊后，很快完成对赣州的合围，进入攻城阵地。

赣州城守敌为国民党军第三十四旅，旅长马崑。马崑为抵御红军攻打赣州，进行了严密的准备，组建了以地主武装首领肖昇犀为首的民团指挥部，赣南每县编一个大队，共17个大队；同时成立城防办事处，强征物资粮饷，赶制守城器械；设置监听人员，布置兵力1万余人，死死地守在赣州城的东、南、西、北门。1932年2月13日晚，红军的第一次攻城战斗打响，攻城红军在炮火机枪火力掩护下，以十人为一组，架设云梯爬城，从各处城墙同时向敌人猛攻，但每一次猛攻均被守城敌军打退。

赣州守敌利用埋在地下的水缸监听红军挖坑道攻城

爬城强攻未能奏效，就改用坑道爆破攻城。2月23日，攻城部队分别在西津门、南门和东门通过坑道用棺材装满炸药爆破。虽然三处城门先后被炸开，但攻城红军都被守敌强大火力击退，突入城内的大部分红军战士壮烈牺牲。在后来的一些日子里，红军虽然采取挖坑爆破、爬墙攻城的方法，先后发起多次冲锋，但都因敌人调兵增援，防守严密，无法攻克，给红军造成很大的伤亡。虽说赣州守敌暂时占有优势，但旅长马崑还是害怕赣州城失陷，因此，他一面组织部队顽抗死守，一面向蒋介石告急求援。蒋介石接电后急令驻吉安的罗卓英、陈诚部队第十一师、第十四师和两个独立旅共3万余人，火速增援。罗卓英、陈诚部队迅速做出反应，并于2月29日到达赣州城西北部赤珠岭、杨梅渡地区，与守城马崑部队形成了内外夹击之势。

1932年2月23日，被红三军团第二师爆破的赣州城南门缺口

1932年2月23日，被红三军团第七师爆破的赣州城东门

3月7日凌晨4时许，敌军分三路从坑道向攻城红军阵地出击。此时，红一师和红二师指战员在熟睡中被惊醒，部队一片混乱，阵地很快即被敌军攻占。

负责指挥红军攻打赣州战役的中革军委主席朱德，得悉城内敌军向攻城红军出击的消息后，知道情况危急，立即电告在瑞金的临时中央政府副主席项英，力请毛泽东出山，马上赶赴赣州前线商议对策。因此，项英接电后也来不及更多的考虑，带上警卫员策马赶往东华山古庙请毛泽东出山。

毛泽东在东华山古庙里已经住了一段时间，他自从赣南会议后辞去苏区中央局代理书记，心情非常郁闷，身体每况愈下，只好把临时中央政府的工作交给副主席项英主持，告假来到离县城不远的东华山古庙疗养。但是上山前关于攻打赣州的那场争论一直困扰着他，他因为坚持不能打赣州的意见遭到不少同志的批评指责，还有人扬言："打开赣州再和毛泽东算账。"攻打赣州一个多月了，他很想知道战斗进展情况，现在终于有了消息。见项英亲自策马前来告急，他也就不顾自己虚弱的身子，跟着项英冒着风雨立即下山赶到红军学校，通过红校电台告诉朱德，大胆起用红五军团增援攻城部队，掩护撤退。

东华山古庙旧址。1932年3月，毛泽东辞去苏区中央局代理书记后来到瑞金城东的东华山古庙里疗养

3月7日上午，朱德亲率警卫队和红五军团第十三军赶到赣州城外，下午3时，红十三军会合红三军团攻城部队，在赣州城郊天竺山、白云山一线与出城之敌展开肉搏，至傍晚红军才全部撤出阵地。

红军攻赣部队于3月7日傍晚撤围赣州后，3月8日开至赣县江口一带休整。

红军攻赣历时33天，久攻不克，以失败告终，伤亡3000余人，红四军第十一师政治委员张赤男、红五军团第十三军三十七师政治委员欧阳健等10名师团干部牺牲，红一师师长侯中英被俘后遇害。

“仙人”指点，漳州大捷

经闽西感怀

不听仙人指，寻求武夷巅。
越过仙霞岭，早登天台山。
赣闽成一片，直到杭州湾。
出击求巩固，灭敌在此间。

这是30余年后的1964年2月29日，朱德回忆苏区中央局“江口会议”否定毛泽东东出武夷的意见时赋的一首诗。

朱德解释说：这首诗第一句以下的各句，都是毛泽东当时的指示精神。1932年春，王明“左”倾机会主义路线推行攻打中心城市的错误方针，当时以红军一部攻打赣州，结果没有打下来。毛主席针对这种错误方针，提出向闽浙赣地区前进，在那里发展农村革命根据地。但这一正确主张，未被采纳。

1932年3月中旬攻打赣州失败后，在赣县江口上曾屋中革军委驻地，由周恩来主持召开了苏区中央局、中革军委成员和红军各军团负责人参加的苏区中央局扩大会议（史称江口会议），对攻打赣州的失利进行总结，对下一步的行动进行讨论。会上，毛泽东认为：赣州无论如何不能再打；红军主力应向敌人力量较薄弱、党和群众基础较好、地势有利的赣东北和闽西北发展。可是，中央局一些人却将毛泽东的主张斥之为“右倾机会主义”，认为是放弃夺取中心城市，不愿执行中央争取江西首先胜利的指示，坚持主张红军应夹江而下，在赣江东、西两岸活动，将赣江两岸苏区连成一片，以便包围赣州、吉安、樟树，并夺取这些城市，争取江西的首先胜利。江口会议又一次否定了毛泽东的意见，最后决定攻打赣东中心城市抚州，并将部队整编为一、三、五军团，分为中路军和西路军。

3月16日，为攻打抚州，由红一、五军团组成的红军中路军，从赣县长洛出发向宁都方向移动。毛泽东随中路军行动，为了扭转局势，他首先做红一军团总指挥林彪和政治委员聂荣臻的工作，给他们分析当前的形势，认为根据粤军进犯赣南、闽西的动向，红一、五军团应东入福建工作，巩固发展赣南闽西苏区。3月21日，被做通工作的林彪、聂荣臻致信中革军委主席，写道：行动问题，我们完全同意毛主席意见，目前粤方开始派兵入闽赣讨赤情形下，更应采纳毛主席意见。三军团应暂在信丰西南一带工作，一面观察各方情形之变化。五军团应随一军团到东北一带工作，打击福建敌人，速筹大批款子，赤化建、泰、宁及清流等县。

3月27日至28日，周恩来在瑞金召开苏区中央局会议，重新研究中路军行动方针，会上毛泽东的意见终被苏区中央局采纳。会议同意中路军改为东路军，先入闽西活动一个时期，任务是消灭闽西敌军和侵入闽西的国民党粤军陈济棠部，巩固闽西苏区。会上，周恩来还同意，毛泽东以临时中央政府主席身份随东路军入闽指挥作战。

会议开完，毛泽东即赶到长汀，通过中共福建（闽粤赣）省代理书记罗明和福建军区司令员罗炳辉了解到：闽南闽西均无强敌，只有国民党福建省防军张贞第四十九师占据漳州和龙岩，粤军陈济棠部暂未入境；漳州靠近沿海，历史文化底蕴丰厚，又是华侨和台胞之乡，殷实富有，其地形又无险可守，便于攻击。若打下龙岩、漳州，消灭张贞第四十九师，闽东南局面就可打开，红军也可筹得大批物资。

鉴于此，毛泽东果断做出决策，跳出根据地向闽南出击，攻占龙岩，直下漳、泉。3月30日，毛泽东召开红一军团团以上干部会，进行东征动员；同时给瑞金的周恩来发出一份电报，提出：政治上必须直下漳、泉，方能调动敌人求得战争，展开时局。若置于龙岩附近筹款，仍是保守局面，下文很不好做。电报中还建议速命红五军团和第十三军入闽，做保障策应。

1932年4月1日，毛泽东离开长汀抵达上杭，与福建省军区政治委员谭震林和省苏维埃政府主席张鼎丞会合。7日，毛泽东抵达上杭县白沙，与林彪、聂荣臻会合。10日，在毛泽东和林彪、聂荣臻的指挥下，红一军团一举攻占龙岩城，消灭守敌张贞部一个多团，俘敌680余人，缴枪近千支。翌日，毛泽东致电周恩来提出入漳计划，并得到苏区中央局批准。

4月14日，按照中革军委命令，红五军团按时赶到龙岩，与东路军主力会合，18日，毛泽东和林彪、聂荣臻等率部进抵南靖前沿阵地，兵临漳州。19日拂晓战斗打响，红军当天在漳州外围的天宝、南靖一线，歼灭敌张贞第四十九师2个旅主力，俘敌2600多人，缴枪2100多支，炮6门，子弹13万余发，炮弹4900多发，还缴获飞机2架。敌师长张贞率残部狼狈逃向诏安，从此一蹶不振。

红军东路军在漳州战役缴获了大量的战利品

红军入漳后，严格执行毛泽东制定的城市政策，纪律严明，秋毫无犯，深得民众的好评。在保护工商业和海外侨胞利益的同时，红军顺利筹得现款100余万元，此外还筹集了大量布匹、粮食、食盐、胶鞋、药品等物资，还完整地缴获了张贞部的两座兵工厂。毛泽东还意外地获得《资本论》《两个策略》《“左”派幼稚病》等马列著作及一大批报刊资料。漳州战役后，为了把丰厚的战利品搬运回中央苏区，周恩来和福建省委、省苏维埃政府，从苏区动员和组织3000多个民工用了近一个月时间搬运战利品。红军缴获的两架飞机，一架修好后飞回了瑞金，一架未修好的也拆下运了回去。

红军东路军总指挥林彪和政委聂荣臻在攻克漳州后缴获的飞机旁留影

战士们好奇地围观缴获的飞机

红军攻克漳州，不仅歼灭了闽西张贞部的主力，消除了闽西苏区的一大隐患，扩大了红军的声威和政治影响，动摇了闽西南反动统治的基础，更使我军的给养和装备得到了极大的补充，为红军第四次反“围剿”做了军事上、经济上的准备，也证明了“仙人”毛泽东对战场形势判断的正确和“出击求巩固”战略思想的胜利。

中华苏维埃共和国反腐第一枪

工农检察部控告局设立的控告箱

1932 年 5 月 9 日下午 3 时，随着一声枪响，叶坪村苏维埃政府主席谢步升倒在了瑞金城外绵江与古城河交汇处法场的沙滩上。这是中华苏维埃共和国成立后，向腐败分子打响的第一枪。

1931 年 11 月，中华苏维埃共和国建立后，以毛泽东为首的苏维埃共和国临时中央政府，先后多次发布惩治贪污腐化的文件，如 1932 年 2 月，以中央人民委员会名义发布《帮助红军发展战争，实行节俭经济运动》的第三号通令，要求“各级必须坚决执行”“不得稍有玩忽和怠工”。12 月 1 日，中央工农检察人民委员会发布《关于检查苏维埃政权机关和地方武装中阶级异己分子及贪污腐化动摇分子》的第二号训令，从而在中央苏区掀起了一场“反腐、肃贪、倡廉”的红色风暴。

谢步升案就是由叶坪村遭受谢步升之害的妇女朱来娣亲自到中央工农检察部控告局举报的案件。

1932 年初春的一天，时任中央工农检察人民委员会人民委员（部长）的何叔衡早早来到办公室，脚刚踏进门，就被急急忙忙赶来的本部办案员赖世梁叫住，并递上一份紧急报告。何叔衡赶忙接过来打开一看，越看神色越凝重，浓密的眉毛拧成了一个结，突然间他手往桌上一拍，气愤地说：“这还了得，简直是罪大恶极！”于是他马上叫来通信员，要他去县城通知瑞金县工农检察部部长陈有柱和云集区工农检察部部长谢火石，火速赶来叶坪村中央工农检察人民委员部，有要事相商。当两位检察部部长来到何叔衡办公室时，何叔衡马上将材料推到两位部长面前。还未等两位部长把材料看完，何叔衡带着命令的口气说：“你们县检察部马上把谢步升拘押起来，进行全面调查，然后按法定程序送交县裁判部！”

原来，不久前，控告局接到对谢步升的举报后，很快组织了专案组，并由陈紫峰负责带领专案组对谢步升所犯罪行进行侦查。经过周密侦查，发现了谢步升大量的犯罪事实，问题非常严重。陈紫峰不敢怠慢，连夜写好调查报告，并建议何部长采取断然措施对谢步升进行先期羁押，以防他狗急跳墙，并叫本组办案员赖世梁尽快将报告和建议送到何部长手中。

谢步升家境贫穷，12 岁时就给地主打短工，1929 年参加工农武装暴动，1930 年加入中国共产党，担任叶坪村苏维埃政府主席。他虽是一个小小的村苏维埃政府主席，但他所负责的叶坪村是苏维埃临时中央政府和苏区中央局所驻之地，因此，他的身份、地位就显得很不一般，掌握的权力也非同小可。他人脉很广，可以直接跟临时中央政府一些部门打交道。经查实，他利用职权贪污打土豪所得财物，偷盖苏维埃临时中央政府管理科公章，仿造通行证私自贩运物资到白区出售，牟取私利。尤其是道德败坏，生活腐化堕落，诱迫奸淫妇女，为了谋妇夺妻、掠取钱财，他竟然不择手段害死朱来娣的丈夫谢深润，秘密杀害红军军医官。案情非常重大，很快引起了苏区中央和地方各级领导的关注。

时任中共瑞金县委书记的邓小平拍案而起："这是苏维埃临时中央政府成立以来发生的第一桩腐败案，此风不刹，何以了得!"

毛泽东也很关注谢步升案，他力主严惩，并指示：腐败不清除，苏维埃旗帜就打不下去，共产党就会失去威望和民心！与贪污腐化作斗争，是我们共产党人的天职，谁也阻挡不了!

1932 年 5 月 5 日，瑞金县苏维埃裁判部对谢步升进行公审判决，判处其死刑。谢步升不服，向中华苏维埃共和国临时最高法庭提出上诉。

5 月 9 日，以临时中央政府司法人民委员梁柏台为主审的中华苏维埃共和国临时最高法庭二审开庭。经审理，在铁的事实基础上驳回上诉，判决：把谢步升处以枪决，在下午 3 点钟的时间内执行，并没收谢步升个人的一切财产。

这是赤色首都瑞金打响的苏维埃临时中央政府惩治腐败分子的第一枪。谢步升是中共反腐败历史上被枪毙的第一个贪官，也是中华苏维埃共和国临时中央政府工农检察机关查办的第一个贪腐大案。

苏区时期的“植树节”

1932 年 3 月 16 日，中华苏维埃共和国中央人民委员会第十次常委会议做出决定，为了防止水土流失，确保农业生产，着实维护老百姓的切身利益，号召苏区军民开展大规模的植树运动。

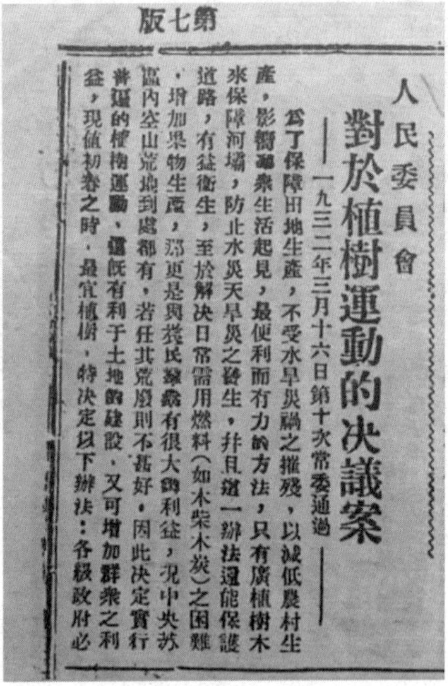

第七版

人民委員會

對於植樹運動的決議案

——一九三二年三月十六日第十次常委通過——

為了保障田地生產，不受水旱災禍之摧殘，以減低農村生產，影響群衆生活起見，最便利而有力的方法，只有廣植樹木來保障河壩，防止水災天旱災之發生，并且這一辦法還能保護道路，有益衛生，至於解決日常需用燃料（如木柴木炭）之困難，增加果物生產，那更是與我民群衆有很大的利益，況中央蘇區內空山荒地到處都有，若任其荒廢則不甚好，因此決定實行普遍的植樹運動，這既有利于土地的建設，又可增加群衆之利益，現值初春之時，最宜植樹，特決定以下辦法：各級政府必

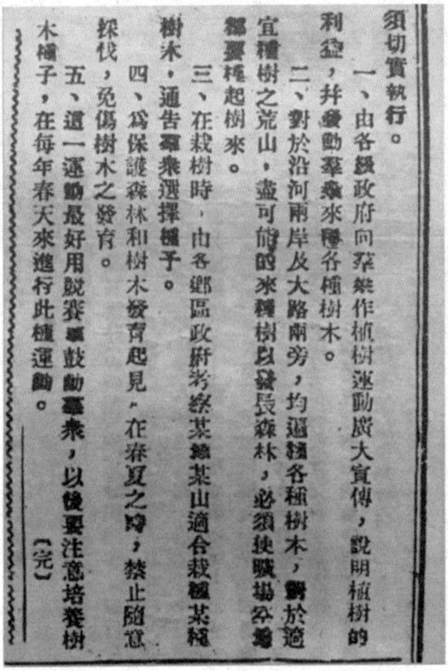

須切實執行。

一、由各級政府向群衆作植樹運動廣大宣傳，說明植樹的利益，并發動群衆來種各種樹木。

二、對於沿河兩岸及大路兩旁，均須遍種各種樹木，對於適宜種樹之荒山，盡可能的來種樹以發展森林，必須使每縣每鄉都要種起樹來。

三、在栽樹時，由各鄉區政府考察某地某山適合栽種某種樹木，通告群衆選擇種子。

四、為保護森林和樹木發育起見，在春夏之時，禁止隨意採伐，免傷樹木之發育。

五、這一運動最好用競賽來鼓動群衆，以後要注意培養樹木種子，在每年春天來進行此種運動。（完）

中央人民委员会对于植树运动的决议案

决定做出后，时任中共苏区中央局委员、少共苏区中央局书记的顾作霖，发表《提倡植树运动》文章，提出倡议：每个青年种一棵树，过“植树节”。农历的“清明节”，就是我们的“植树节”。在这植树运动中，要向青年群众指明，植树造林是为了发展苏维埃经济，帮助红军和革命战争。

江西省苏维埃政府也相继成立了森林培植委员会，专门负责植树运动。中央土地部也发表了《猛烈开展广大植树运动》文告，将怎样开展植树运动更加细化。文告为表达发动植树运动的决心、达成规模以及对运动成果的渴望，破天荒地选用了“猛烈”一词。

随后掀起的一大波宣传鼓动工作，让植树运动在中央苏区“猛烈”起来，成为家喻户晓、人人皆知、全员参与的大事要事，植树运动取得了一定的成就。据统计，仅1933年，中央苏区共开垦荒山500多座，兴国、瑞金和上杭等县，基本消灭了荒山。《红色中华》报刊登的《福建春耕运动的检阅》一文载：“根据1934年对中央苏区部分县植树造林数目的统计，18个县中，瑞金最多，最少的长胜也有102131株，各县平均236013株。”

中央苏区部分县植树造林统计表

县名	株数	县名	株数	总计
兴国	389800	长胜	102131	4248416株
宁化	223784	杨殷	136790	
瑞金	603700	会昌	175876	
赣县	173521	兆征	234578	
登贤	106232	上杭	397826	
宁都	213215	石城	201316	
太雷	213456	万太	246815	
新泉	150432	胜利	245687	
公略	245622	长汀	187456	

1934年中央苏区部分县植树造林数目的统计表（资料书影）

在3月16日通过植树活动决议当天，毛泽东、周恩来、任弼时、朱德等中央领导率先垂范，在叶坪村种下了樟树、冬青树和乌桕等多种树木。

当年毛泽东、周恩来、任弼时、朱德等中央领导种下的小树苗，如今已长成参天大树

朱军长写给邮递员的手令

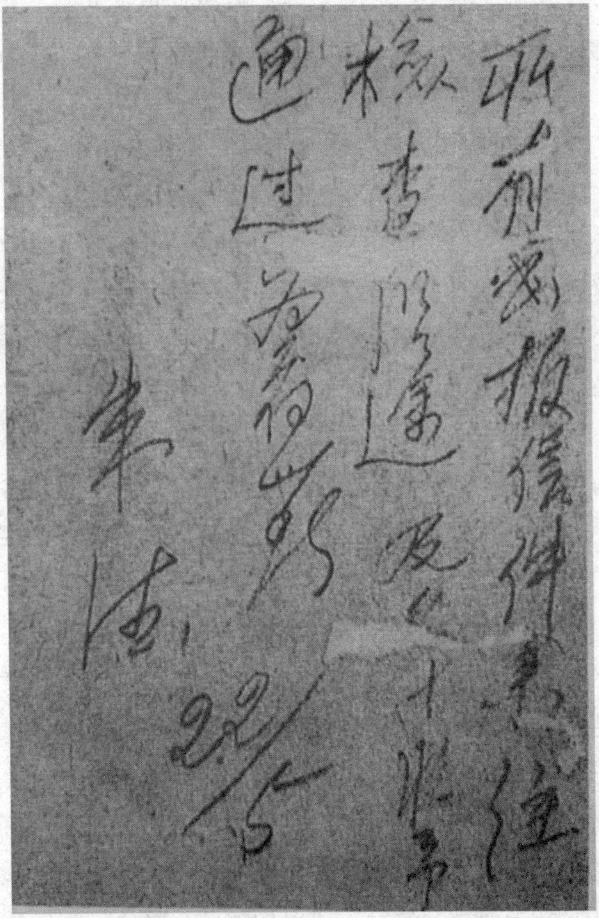

朱德亲笔写给邮递员张辑轩的手令

1929年5月22日，红四军进军龙岩途经上杭县古田村，路遇当地邮递员张辑轩。红军部队中有人拦住他并翻他的邮包强行检查，被朱德军长发现后制止，并向他道歉。朱德同时借机了解到这里的邮件报纸传递不快的原因，主要是沿途检查次数太多。朱德马上从笔记本上撕下一页白纸，用铅笔写了便函：

“所有书报信件来往检查，沿途及□□准予通过为荷。此致　朱德 22/5”

张辑轩接过朱军长的字条，心里万分激动。因为张辑轩有了朱军长这手令，以后每天背着邮包都可一路畅通。

苏区的邮政工作是很艰苦的。当年邮政总局负责人赖绍尧在《中央苏区邮政的历史概况》中说：“总局实行的不是供给制，而是薪金制，不分局长、干部、邮递员、勤杂人员，每人每月一律八元。”工作“最辛苦的是广大邮务工作特别是邮递员，成千累万的信件、包裹，完全依靠人工。递信员们用箩筐、扁担，肩挑背驮，递信员们跋山涉水，奔走在无止境的邮路上，不论三伏天，数九寒冬，风里雨里，马不停蹄地奔波，从无间隙。有时不但衣着单薄，甚至光着脚走，连草鞋都没有。每天三餐，吃的是席包蒸的饭，虽然按个人的需要，分等定量，一般可以吃饱，但对于像递信员一类的劳动强度大的人，有时就难免有不够饱的现象，特别是食盐，吃白锅、吃自熬的硝盐是常事。最困难的时候，每人分得一二两海盐，揣在袋子里，不到万不得已是绝不会吃的。尽管生活是这样艰苦，所有的邮务工作人员，都能以高度的革命责任感，刻苦耐劳，接受考验，不但毫无怨言，处之泰然，还要尽量节衣缩食，减少自己的生活开支，积极捐献”。即便如此，在战争年代，突发性的工作往往还要挤占递信员的邮递工作时间。

那时，古田已经建立苏维埃政权，红军正准备在那里召开红四军代表大会，当地政府动员全体人民投入各项革命活动。张辑轩也接到通知，要他去参加军训和干别的公差。他每天要送信，感到有困难，找到红四军司令部请示怎么办，军长朱德和政治委员毛泽东就在一张“红军第四军司令部用笺”纸上，用毛笔书写签发了“保护邮局　照常转递”的命令，并加盖了红色圆形篆书关防印信：“红军第四军之印”。下面联合署名“军长朱、政治委员毛 卅一”字样。由此，当地政府就不再派他其他公差了，有效地确保了他送信的工作时间，又相应地减轻了他的工作强度。

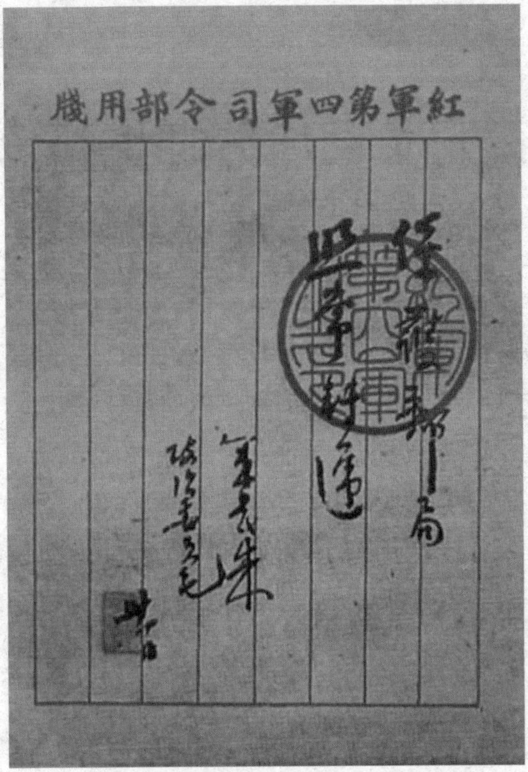
紅軍第四軍司令部用牋

保護郵局
照常轉遞
軍長朱
政治委員毛
卅一

朱德和毛泽东联合签署的“保护邮局 照常转递”的命令

黄亚光设计苏维埃邮票

随着中央苏区邮政的统一，苏维埃邮票的发行迫在眉睫。谁来设计邮票？中华苏维埃共和国临时中央政府副主席项英自然想到了设计苏区纸币的黄亚光，因此把这项任务交给了他。

黄亚光回忆：中华苏维埃共和国在瑞金成立后，“有一天，中央政府总务厅召集我们出版社的同志去商量设计邮票。我原来是搞设计苏维埃纸币工作的，并不是邮政工作人员，由于我会画、会写、会搞图案设计和制版工作，中央人民委员会副主席项英同志要我设计一套邮票图案，送给人民委员会选用”。

黄亚光接受任务后，陷入了沉思。他想，邮票作为邮资，不光是用来通信寄物的，作为苏维埃国家的邮票，那就还必须体现我们共产党带领广大劳苦群众闹革命、求解放、当家做主、建设新中国的斗争特点。他还考虑邮票是政权的象征，苏维埃邮票通过信函在苏区内流通，同时要走出去，走向国内外，宣传红军的存在，宣传苏维埃政权的存在。他知道在中华苏维埃共和国创建之前，在闽赣苏区已建立过“赤色邮政”，也发行了不少邮资不等、图案不一的邮票，虽然这些邮票绘有五角星、镰刀、铁锤和红旗，象征中国共产党领导下的工农革命斗争，但它的寓意还不够深远。邮票又是使用石版印、无齿票，显得有些呆板，使用也不很方便。

黄亚光经过再三思考，认为要设计出大家认可又能充分体现苏维埃特点的邮票，还得多听大家的意见。于是他深入群众，果然收获不小。他听到工农同志们众口一词地说：“把我们的铁锤和镰刀的红旗竖起来，插到全中国、全世界去!”“我们的五角星在苏区已经发出了万丈光芒，它还要普照全球!”“红军是我们最亲爱的人”，等等。黄亚光总是凝神地听着，默默地想着，工农群众对我们中华苏维埃政权是多么引以为豪，与红军又是多么亲密无间啊！他心里暗下决心，一定要把人们想的、说的、喜闻乐见的人和事，表现到邮票上去。

他后来回忆：当时苏区赤卫队用的红旗，就像邮票上的红旗。邮票上红军战士的装束，也是当时的真实情况。戴着红五角星的红军便帽，穿着列宁装的上衣和南方人的短裤，捆着子弹袋，打着裹腿，穿着草鞋。今天看起来，这样的图案是很有意义的。

确实如此，在他设计的苏维埃邮政普通邮票中，在那简单的线条图案里，我们今天仍然能强烈地感受到当时那如火如荼的革命斗争场面。半分面值邮票图案是旗球图，画面中下部为半个地球，地球上画有陆地，并标有经纬线和中国在地球上的位置；上部苏维埃旗帜和红星照耀着中华大地，意味着共产主义一定会胜利。壹分面值邮票图案是战士图，在苏维埃旗帜和闪闪的红星照耀下，持枪的红军战士警惕地保卫着胜利果实。红军战士头戴缀有红五星的八角帽，穿着列宁装的上衣和南方人的短裤，打着绑腿，穿着草鞋，栩栩如生，这种装束就是当年红军战士的生活战斗情景。叁分面值邮票图案是旗帜图，画面是一面迎风招展的苏维埃旗帜，这是苏区和革命的象征。

黄亚光把设计出来的半分、壹分和叁分三种邮票图案草稿直接送给了项英副主席，并得到了他的首肯，同意立即付印。

当时的印刷条件非常有限。由于还没有照相制版设备，在石印机上印制邮票，只能用手工将邮票图案一枚一枚地描画上去，印出来的邮票不能完全一样。半分邮票的光芒线条有疏有密；壹分邮票面值圆圈内有的有斜线，有的无斜线；叁分邮票“蘇维埃邮政”的繁体字“蘇”共有19画，要在不到两毫米见方内描画是十分吃力的，所以黄亚光就把“蘇”字简化为“苏”和“苿”，但因为简化“苿”字出于自己生造，还曾受到毛主席的批评。据黄亚光在一次回忆中说：毛主席在《反对党八股》一文中提到党八股的第三条罪状是“无的放矢，不看对象”，说工人的工字，第二笔不是写的一直，而是弯了两个弯子写工字（工字的一竖写成两个弯），人

黄亚光设计的苏维埃邮票

字呢？在右边一笔加了三撇（在人字的捺笔上加三撇）。此事最先指的就是黄亚光。因为这件事，他懂得了写字也要有群众观点的道理，从此以后他再也不写草字怪字了。

黄亚光的邮票设计稿是分两次完成的。第一次设计的是半分、壹分、叁分三种；第二次设计的是贰分、伍分、捌分和壹角四种。同时还增设了欠资邮票。欠资邮票，主要是递信员向收件人补收现金之用。这几种邮票同第一次设计的邮票比较，人物增多，线条复杂，描绘的工农形象依然是当时的情况。伍分邮票是冲锋图，画面是主力红军在地方赤卫队的配合下冲锋陷阵，曙光在前，我们的队伍向太阳。捌分邮票是宣传图，描绘的是红军为粉碎敌人的围剿，在做战前动员，指战员们同仇敌忾。壹角邮票是工农图，工农联盟团结一致，象征苏维埃政权的巩固。还有叁角邮票，邮票图案是行军图，反映了红军粉碎敌人围剿凯旋的情景。虽然主图只占票面的二分之一，却给人一种逼真的感觉，真实地再现了当年革命战争的火热场面，既有强烈的时代气息，也深受劳苦大众的喜爱。

黄亚光设计的苏维埃补收现金的欠资邮票

1934 年 10 月红军离开中央苏区，中央政府随军长征北上后，苏维埃邮票在中央苏区实际上就停止使用了。苏维埃邮票统一使用的时间虽然较短，却有力地保障了革命战争中的邮路畅通，为苏维埃的建设做出了重大的贡献。

股份制在苏维埃的最早尝试

1931年11月，中华苏维埃共和国临时中央政府成立以后，中央苏区的合作社运动开始蓬勃发展。

中央苏区时期的合作社是一种新型的经济合作模式，它是在群众自愿的原则下，由工农群众入股集资创办和发展起来的。

中央消费合作总社旧址

当时的中央苏区因受敌人的经济封锁，赤白区商品不能很好流通，奸商乘机操纵市价，贱买贵卖，工农劳苦群众为求得日常生活的必需品，只好忍痛受其剥削。农民要想得到生活上必需的工业品，非把所剩余的农产品卖出不可，但因布匹、洋油、洋火、食盐等输入减少，价格日渐高昂；另一方面，内地生产的产品，如米、豆、烟叶、夏布、竹、木等销不出去，价格一跌再跌，工农生活状况日趋恶化。

为冲破国民党的经济封锁，在苏维埃政府的指导和帮助下，根据地内各行业成立了不同的合作社，如消费合作社、教育合作社、犁牛合作社、生产合作社、粮食合作社、信用合作社等。

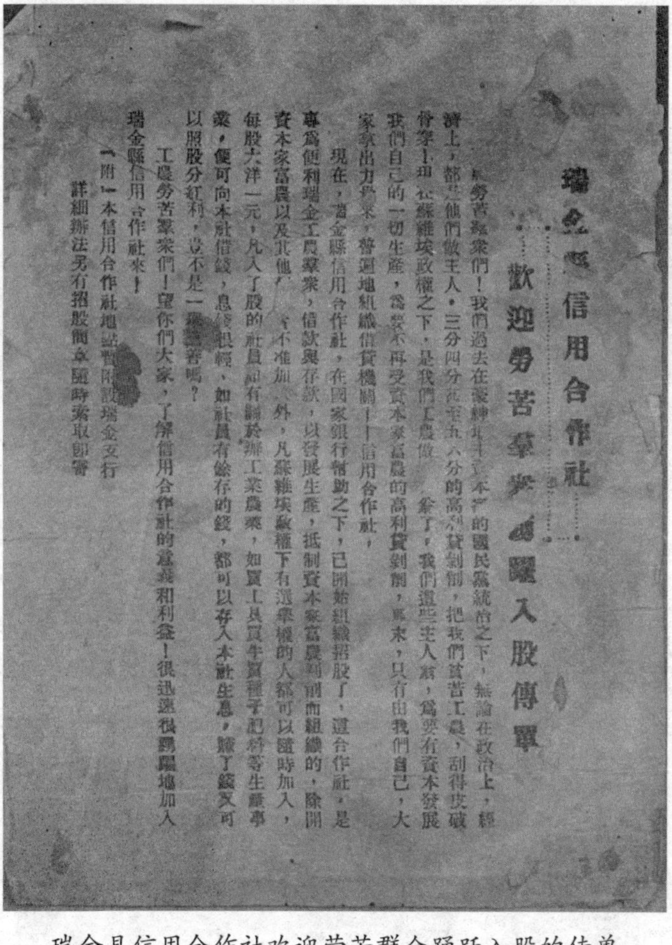

瑞金縣信用合作社

……歡迎勞苦羣衆踴躍入股傳單……

工農勞苦羣衆們！我們過去在豪紳地主資本家的國民黨統治之下，無論在政治上，經濟上，都是他們做主人。三分四分甚至五六分的高利貸剝削，把我們貧苦工農，刮得皮破骨穿！現在蘇維埃政權之下，是我們工農做主人翁了，我們這些主人翁，爲要有資本發展我們自己的一切生產，爲要不再受資本家富農的高利貸剝削，那末，只有由我們自己，大家拿出力量來，普遍地組織借貸機關——信用合作社，

現在，瑞金縣信用合作社，在國家銀行幫助之下，已開始組織招股了，這合作社，是專爲便利瑞金工農羣衆，借款與存款，以發展生產，抵制資本家富農剝削而組織的，除開資本家富農以及其他[illegible]不准加入外，凡蘇維埃政權下有選舉權的人都可以隨時加入，每股大洋一元，凡入了股的社員都有關於辦工業農業，如買工具買牛買種子肥料等生產事業，便可向本社借錢，息錢很輕，如社員有餘存的錢，都可以存入本社生息，賺了錢又可以照股分紅利，豈不是一舉兩得嗎？

工農勞苦羣衆們！望你們大家，了解信用合作社的意義和利益！很迅速很踴躍地加入瑞金縣信用合作社來！

〔附〕本信用合作社地址暫附設瑞金支行

詳細辦法另有招股簡章隨時索取即寄

瑞金县信用合作社欢迎劳苦群众踊跃入股的传单

苏区的合作社发展大致可分为三个阶段，即“一苏”大会前属于初创阶段，发展较为缓慢；“一苏”大会后到1933年8月中央苏区经济建设大会期间为发展阶段，就“消费、粮食、生产三种合作社发展到2300余社，57万余的社员和60余万元的股金”；从1933年8月中央苏区经济建设大会，到1934年1月“二苏”大会以后，中央苏区的合作社运动处于鼎盛时期，这个时期“生产合作社、消费合作社、粮食合作社、信用合作社等即在中央苏区吸收的社员，已达50万人以上”。

合作社创办之初，集股的办法是：“起社时，先规定每股股金多少，每人每户限购股数，然后由群众自愿参股；到年中或一定时候，合作社结算账目后将所赚之钱，留存公积金扩大再生产以及办事人的费用外，盈利部分则按股分红。”

瑞金县瑞林区小里河排乡消费合作社劳苦群众集股印章

合作社的兴起一直备受苏维埃政府的重视，在“一苏”大会上通过的《关于经济政策的决议案》中就指出：为着整个苏维埃贸易与保障劳苦人民的利益为改良劳动群众必需品的供给，苏维埃政府必须极力帮助合作社的组织与发展，苏维埃对于合作社，应该以财政的协助与税的豁免，苏维埃应将一部分没收的房屋与商店交给合作社使用，并且为要保证劳苦群众的供给，苏维埃政府必须提倡公共仓库，储藏粮食，以便实行廉价供给与接济。

中央苏区时期瑞金县瑞林区消费合作社集股证

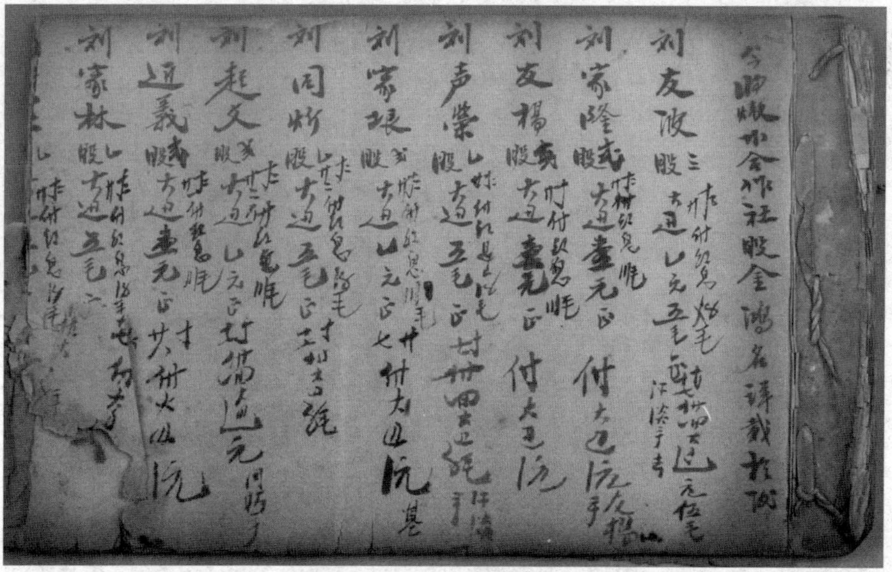

中央苏区时期合作社社员入股簿记

1934 年 4 月 12 日发行的闽赣省纸业合作社股票

瑞金县信用合作社股票

由于合作社的不断发展，各地在集股方式上做法也不一，有的地方还出现有钱的人多买股以致操纵合作社的现象。为此，苏维埃中央政府为了引导各地合作社走上规范化，加强组织管理，于1932 年4 月又颁布了《关于合作社暂行组织条例》，对合作社的集股方式和红利分配做了统一的原则规定。规定：每个社员其入股的数目不能超过10股，每股金额不能超过五元，以防止少数人之操纵。同年，中央政府在《合作社工作纲要》中又明确指出：合作社与股份公司不同，股份公司是剥削别人，所赚之钱归股东，按资本多少分红；合作社则是社员在买卖和劳动过程中，被合作社赚去的钱，仍然自己分回来。还制订了分配原则：规定红利应是除去工资、银利、租金等开销后之所得；在分配上红利的50%为公积金，10%～20%为文化基金，另抽出10%左右作为办事人员的津贴和奖励。除上述以外，余下之红利，则归社员按营业数额为比例分配，但在目前簿记尚未精细以前，消费社可照社员人数平分或照家庭人口平分；在分配时间上，合作社以三个月为一期结算一次，分红则一年或半年分一次，还建议最好于过年过节时买东西或杀猪来分。这样使群众感兴趣与兴奋，而使合作社更快发展。

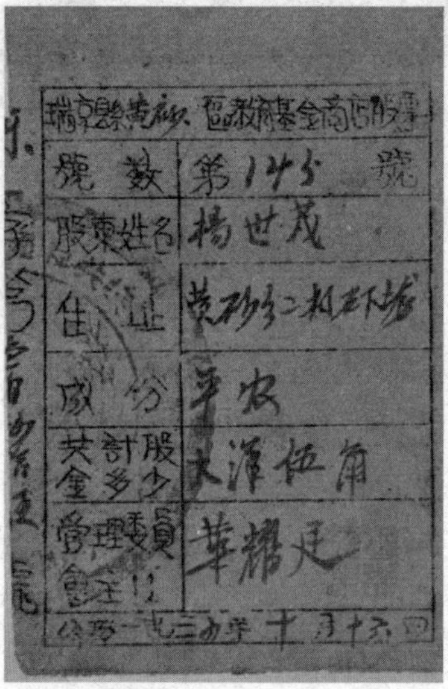

號数	第145號
股東姓名	楊世茂
住址	[illegible]
成份	[illegible]农
共計股金多少	大洋伍角
管理委員會主任	[illegible]

1934年10月16日杨世茂购买的瑞京（金）县黄沙区教育基金商店股票

为使合作社能健康发展，还建立了以民主管理为机制的“管理委员会”和“审查委员会”。管理委员会和审查委员会都是由社员大会民主选举产生的，每星期或每月开会一次，检查清点经营情况和账目；管理委员会或审查委员会，“如有溺职、舞弊、徇私之行为，社员大会均可酌情予以罢名、改组或处分”，重者“可向法庭起诉”，管理委员会还要定期“向社员大会及当地政府做营业报告”等。

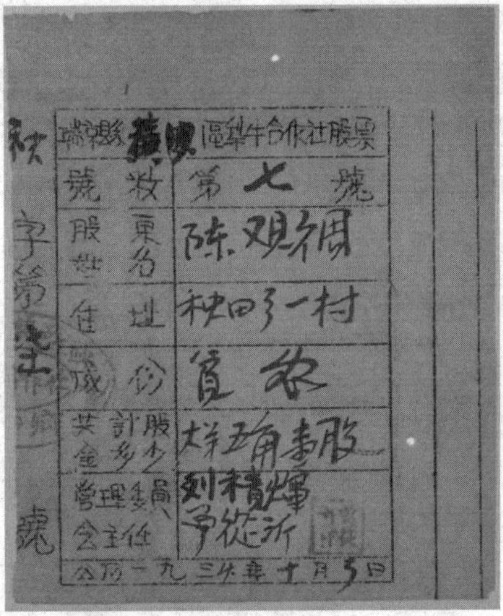

1934 年 10 月 3 日陈观绸购买的瑞京（金）县黄沙区犁牛合作社股票

由于苏区合作社能始终坚持正确的办社方针原则，合作社运动得以持续、稳步地发展，并得到苏区广大工农群众的积极支持，群众由衷地称赞：“合作社第一好！”

毛泽东在 1934 年 1 月的“二苏”大会报告中高度评价了合作社运动的重大作用。他指出：合作社运动的发展，无疑将成为苏区经济发展的枢纽。合作社经济与国营经济配合起来，将成为经济方面极大的力量，在与私人经济作斗争的长时期的过程中，将逐渐取得领导的与优越的地位，而使苏区的经济造成发展到社会主义经济的条件。所以，尽可能地发展国家企业与大规模地发展合作社，应该是与奖励私人经济发展同时并进的。

艺术是我们的武器

我们是工农革命战士，艺术是我们的武器，为苏维埃而斗争！暴露旧社会的黑暗面，指示新社会的光明！创造题材与故事英雄，就在革命与战争，赤色革命的战士。

创造工农大众的艺术，阶级斗争的工具，为苏维埃而斗争！暴露旧社会的黑暗面，指示新社会的光明！创造题材与故事英雄，就在革命与战争，赤色革命的战士。

这是当年中央工农剧社的《社歌》。自从一伙年轻、活泼的男女红军战士进驻赖氏祠堂后，这曲悠扬、激昂的《社歌》旋律，就从这里飘出，飘在赖屋的上空，飘向苏区各个根据地的每个角落，鼓舞和激励着每个红军战士。

1931年11月“一苏”大会召开前夕，一批有较高艺术素养的人才，如李伯钊、钱壮飞、胡底等，先后从上海等地来到瑞金。为庆祝“一苏”大会胜利召开，他们在红一方面军政治部的组织下，成立大会筹备处文娱小组，准备在大会召开期间演出几台戏剧。钱壮飞牵头执笔创作了话剧《最后的晚餐》，李伯钊执笔改编了外国剧目《黑奴吁天录》。他们不仅自己参加演出，还动员何叔衡、郑晓周、唐义贞、蔡纫湘登台，获得了很好的演出效果。

“一苏”大会结束后，李伯钊、钱壮飞等便在红军中央军事政治学校率先成立中央苏区的第一个戏剧团体——八一剧团，随后红军各军团也相继成立业余剧团。“一苏”大会期间的演出活动和八一剧团的成立，标志着苏区的戏剧活动进入了一个新的发展阶段，同时也为中央工农剧社的成立起到推波助澜的作用。

1932年5月16日，八一剧团参加汀州的“欢迎漳州工人参观团晚会”。演出结束后，遵循中央领导的指示，立即着手筹备中央工农剧社，由张爱萍担任剧社党团干事会干事。于是，先后在7月、8月连续两次召开筹备会议，讨论剧社的名称和剧社的章程等问题。9月2日，召开第三次社员大会，定名为中央工农剧社，推举中央教育委员会委员张欣为社长。大会还通过了《工农剧社章程》，宣布中央工农剧社成立，社址设立在瑞金沙洲坝沙前村的赖氏祠堂里。

中央工农剧社旧址——瑞金沙洲坝沙前村赖氏祠堂

《工农剧社章程》明确规定：工农剧社是工人、农民、红军、苏维埃职员等研究革命戏剧的组织，以提高工农劳苦群众政治文化水平，宣传鼓动和动员来积极参加民族革命战争，深入土地革命，反对帝国主义进攻苏联，武装保护苏联，推翻帝国主义国民党的统治，建立苏维埃新中国，激发群众革命的热情，介绍并发扬世界无产阶级的艺术为宗旨。

中央工农剧社正式成立后，开始隶属中央教育部领导，9月后改为由中国工农红军学校领导，1933 年 3 月又改为由全总苏区中央执行局领导，同年 8 月再改隶属中央教育部。历任社长有张欣、倪志侠、洪水、赵品三等。中央工农剧社下设组织部、编审委员会、表演部、舞台部、音乐部、跳舞部、出版部 7 个部门。

工农剧社在中央设总社，各省、县设立分社，工厂、工会、合作社、学校以及各苏维埃政府机关、群众团体设支社。支社隶属各单位的俱乐部，分社隶属省、县教育部社会教育科。省、县分社负责指导支社工作，提供剧本，培养演员。

因此，在苏区各级政府和党团组织的重视下，工农剧社和苏维埃剧团迅速发展。1933 年 5 月，仅一个月时间，汀州、叶坪、红军学校、博生、兴国和江西军区以及许多单位成立了工农剧社，发展社员六七百人。

中央苏区红一军团政治部战士剧社部分同志合影

毛泽东在 1934 年 1 月“二苏”大会报告中就指出：“群众艺术在开始创建中，工农剧社和蓝衫团运动有了发展，江西、福建、粤赣三省的 2931 个乡中，有俱乐部 1656 个”。这就说明中央苏区大部分乡村已普遍开展戏剧运动。

中央工农剧社为了提高苏区剧团的演剧水平，还从各县选拔了40名青年为团员，经过一定专业训练，于1933年4月成立了专业的蓝衫剧团，后改名为中央剧团，由李伯钊任团长。

为了丰富苏区剧团的上演剧目，中央工农剧社成立了负责戏剧创作的“编审委员会”，采用专业创作和业余创作相结合的形式，一方面组织总社的沙可夫、胡底、李伯钊、钱壮飞等编写剧本，另一方面广泛发动群众创作。经过努力，苏区涌现了一大批如七场历史剧《我——红军》、话剧《胜利》和哑剧《武装保卫秋收》等较好的剧目。这些作品生动真实地反映了革命根据地军民的斗争生活，使苏区话剧舞台呈现出绚丽多彩、欣欣向荣的局面。

红一军团政治部战士剧社演员合影

为了系统地培养戏剧人才，中央工农剧社于1933年4月又创建了革命根据地的第一所艺术学校——高尔基戏剧学校，由李伯钊任校长，并从中国工农红军学校中抽调沈乙庚、王普青、石联星、刘月华、施英为专职教员，聘请沙可夫、胡底、钱壮飞等为兼职教员。在教学上制定了理论联系实际的教学计划，设置了唱歌、舞蹈、活报剧、文字课、政治、俱乐部问题、政治常识、戏剧理论等较为正规的教学课程。在短短的一年多时间里，就培训了1000多名学员。这些学员毕业后成为各级工农剧社和苏维埃剧团的骨干力量，为发展苏区戏剧运动输送了一批新生力量，有力地推动了苏维埃戏剧运动的蓬勃发展。

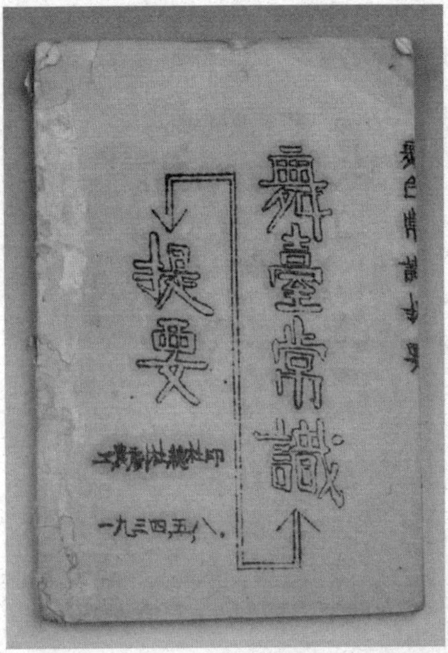

1934 年 5 月 8 日工农剧社总社印制的《舞台常识提要》

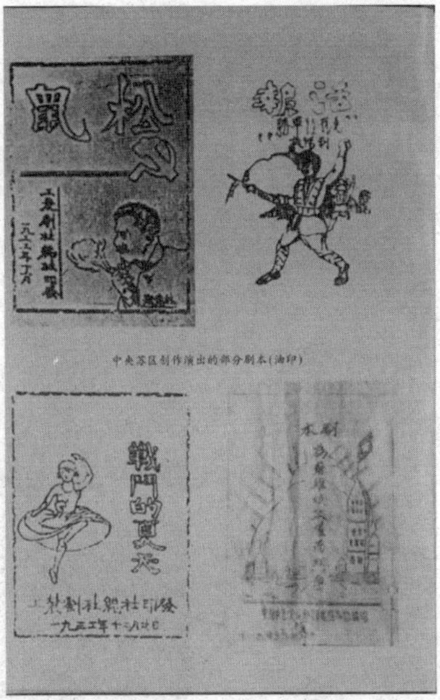

中央苏区创作演出的部分油印剧本

同时，中央工农剧社还针对苏区某些地区出现争演封建旧戏的现象，开展了必要的戏剧批评工作，通过《红色中华》报提出在艺术领域“展开反封建旧戏的斗争”，使苏区戏剧运动得到健康的发展。

1934 年秋，中央革命根据地的主力红军被迫转移。中央工农剧社的一部分人员随主力红军长征，另一部分人员在瞿秋白率领下，分别组成“火星”“红旗”“战号”三个剧团，分赴各战区坚持革命斗争和继续开展戏剧活动。

一面独特的镜子

中央苏区时期中央红军文艺战士演戏时使用过的化装三角镜

这是一面独特的镜子，形状为三角形，但边长不等，形状不一，底边还稍有弧度。镜框不是铝边也不是木头，而是用竹竿框成。这面镜子的镜面虽说显得有些模糊，但其背后却隐藏着一段传奇动人的故事。

1932 年的夏天，石联星同中央工农剧社的演员们一起来到红一军团驻地进行宣传演出。剧场是一块高低不平的露天空地，挤满了红军战士和当地的群众。当节目演到一半时，敌机突然来了，首长指挥大家赶紧隐蔽，当地群众却在慌乱中到处乱跑。突然“咣”的一声，不知是谁把演出化装用的一面镜子给撞碎了。这时，敌机还在头上盘旋，石联星却毫不畏惧地回到现场，看见满地的玻璃碎片，心里很是懊悔和自责，因为这是分配给她携带的表演道具呀！这虽然是一面普通的化装演出的镜子，可对演员们来说就是战斗的武器，怎么能说没就没了呢？石联星从碎片中捡起一块稍大的镜片，感到无比伤心和悲愤，眼泪刷的一下从脸上掉下来。就在这时，身后传来一声大叫："快躲，不要命啦！"随着叫声，石联星也被这人迅速地拉到一处安全地带。等她回过神来，发现站在她身边的原来是红军中央军事政治学校战术教员钟维剑（钟伟剑）。此时，钟维剑看见她手上死死捏着的玻璃残片，一阵责备之后似乎多了几分怜悯。但更让石联星意想不到的是，第二天收拾行装准备出发去下一个点演出时，钟维剑把她叫住，并递给她一面三角镜。石联星激动不已，接过镜子反复观看，这不是昨天自己从碎片中捡起的三角镜片吗？瞬间石联星深情、狐疑的眼神从镜子上移向钟维剑，脸上露出灿烂的微笑。

1932 年，钟维剑与 17 岁的石联星先后从上海来到瑞金中央苏区，两人都被分配到红军中央军事政治学校任教。石联星教文化课兼演员，后来到高尔基戏剧学校任教兼苏维埃剧团演员，钟维剑任技术教员，他们在一起工作。1933 年后钟维剑先后担任第五、六期步兵团团长，同年 10 月，中革军委决定将中央军事政治学校扩编为红军大学等五所红军干部学校，27 岁的钟维剑被任命为红军大学训练部部长。

原来，钟维剑深知石联星为打碎的那面镜子发愁，于是他背着石联星拿着那块三角镜片找到一个老乡家，在老乡的帮助下砍来一根竹子，想把它框起来，但镜片不规整，一边还有弯度，要把整块镜子固定又不会让它脱落，必须要用竹筒同时把它连起来固定。因此，钟维剑就与老乡一起拿来锯子和一把铁扦子，根据碎镜片的长短把竹筒锯成一长一短两节。老乡用刀把长竹筒的中间处削去一半，然后点燃火把将两节竹筒放到火里稍稍烤软后迅速把它按镜片形状折弯定型，最后在底部竹筒两头戳出一个小洞，再把它安装固定，就成了一面完整牢固的三角镜。第二天钟维剑就将这面镜子送给了石联星。没想到这面三角镜竟成了钟维剑与石联星的"红娘"，从此，他俩相识、相知、相爱，最终结成一对革命的伴侣。石联星也把这面三角镜视为生命的一部分，只要外出演出，都要带上它与自己相伴。

时间一天天过去，石联星带着那面三角镜，带着那份对亲人无尽的思念，与剧团的同志们一起，携带简单的演出道具，抱着必胜的革命信念，在艰苦的斗争环境中，用纯朴真实的情感战斗在最简易的苏区舞台上。红军长征后，三个剧团随着留在中央苏区的红军部队分散游击，也就只好解散了，人员被分散到各部队随军游击。石联星的爱人钟维剑随主力红军进入遵义后，在黄花冈阻击战中不幸壮烈牺牲，再也不能回到石联星身边，一起抚摸这面充满友谊和爱情的三角镜了。

农民也有了选举权

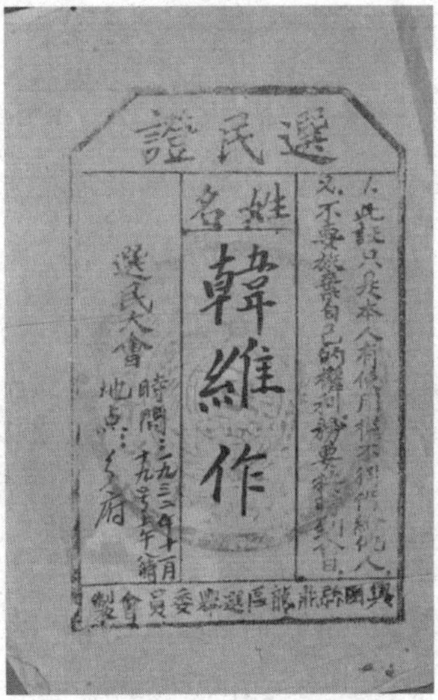
選民證
姓名
韓維作

兴国县鼎龙区韩维作的选民证

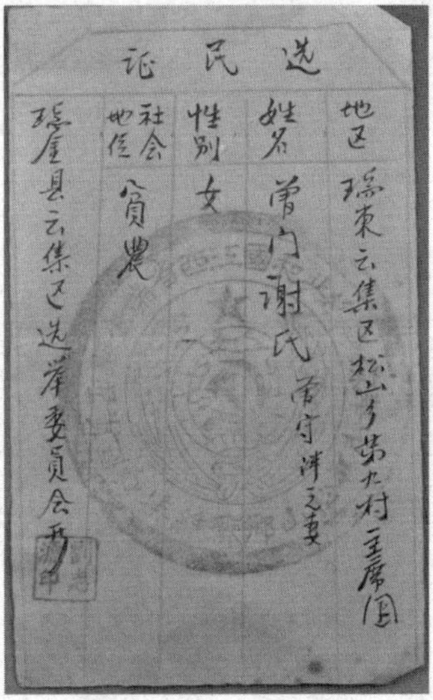
选民证
地区 瑞東云集区松山乡第九村
姓名 曾门谢氏 曾守洋之妻
性别 女
社会地位 貧農
瑞金县云集区选举委员会

瑞金县云集区曾守洋之妻谢氏的选民证

一位农民拿着手中的选票笑眯眯地说：“过去当牛马，今天做主人，自从盘古开天地，这还是头一回，做梦也不敢想，我们也有说话权了！”

自从建立了中央苏区，成立了苏维埃中央政府，根据地的天地就像换了一个。苏维埃是老百姓的政府，所以农民有地位，也有当家做主的权利，可以选政府，更可以按自己的心愿选政府的领导人。这就是苏维埃的选举权。

临时中央政府成立后，有了《宪法》。《宪法》规定了人民的选举权利，所以，苏维埃公民就享有了充分的民主，除《宪法大纲》所赋予的权利外，主要还体现在苏维埃实行的民主选举制度。

中央苏区一共举行了三次规模较大的民主选举运动。

第一次是1931年11月“一苏”大会召开以前，主要是选举出席乡、区、县级工农兵代表大会的代表，选举产生乡、区、县级苏维埃政府工作人员，选举出席“一苏”大会的代表。

第二次是中央政府选举细则等条例颁布以后，从1932年春至1933年春，中央苏区在江西和福建，以及赣东北，又进行了两次选举乡、区、县、省苏维埃代表的民主选举运动。

第三次是1933年10月，中央苏区进行了大规模、全方位的民主选举运动。这次是按照中华苏维埃共和国中央执行委员会于同年6月9日发出的第二十二号训令《关于此次选举运动的指示》，要求：中央苏区必须在9月至11月完成乡苏维埃代表的选举及召开区、县、省苏维埃代表大会，对乡苏、市苏，一直到中央执行委员会，完全实行改选的精神，选举出席第二次全国苏维埃代表大会的代表。

苏维埃政权建设是在实践中的探索，选举法规也是在实践中得以不断地完善。“一苏”大会前的选举，由于没有制定和颁布详细的选举法，居民中有选举权的与没有选举权的没有明白划清，在方法上多使用一种群众大会的方式进行选举，群众的认识还不是很清楚，因此，到会参加选举的就不多。到“一苏”大会以后，中央执行委员会正式通过并颁布了《中华苏维埃共和国的选举细则》（简称《选举细则》）及《中华苏维埃共和国选举委员会的工作细则》，明确规定了享有选举权和被选举权的苏维埃公民范围，同时也明确规定了哪些人不享有苏维埃的选举权和被选举权，明确规定了负责苏维埃选举的机关、选举的程序、选举代表的比例、选举的工作纪律和选举经费等。

1932年1月28日，鉴于全国各苏区的实际情况，中央执行委员会发出第八号训令《关于变更和补充居民与苏维埃代表的比例标准》，重新规定了乡、区、县、市、省、全国苏维埃代表及代表成分的比例。

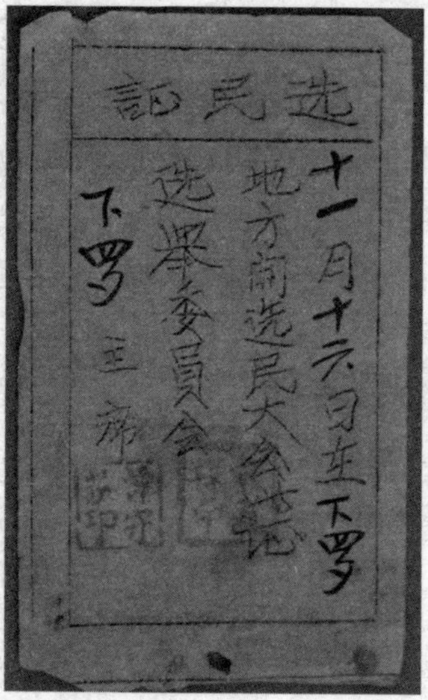

瑞金县下罗区地方选民证

1933 年 6 月 8 日，中央执行委员会又颁布了经过修订的《苏维埃暂行选举法》。此次颁布的《苏维埃暂行选举法》与 1931 年 11 月颁布的《选举细则》等条例相比，更便于选民参加选举，对选举的公正、公平性和透明度，做了更为严格的规定；同时对于红军中的选举手续及代表的标准，做了专门明确的规定；区属、县属、省属、工农武装（地方红军），分别直接选举代表出席区、县、省苏维埃代表大会；方面军直接选举代表出席全国苏维埃代表大会。这次选举对被俘后参加红军的白军士兵军官的选举问题，也专门做了规定：被俘后参加红军的白军士兵，其出身如是工人、雇员、贫农、中农、独立生产者、城市平民等，不论在红军服役时间长短一律享有选举权和被选举权；被俘后参加红军的白军排长须在红军服役一年以上，连长须在红军服役两年以上，营长须在红军服役五年以上，经师政治部考查后证明其是坚决为工农利益而奋斗者，做出正式决议方可享有选举权和被选举权；被俘后参加红军的白军团以上军官，应剥夺其选举权。上述规定有利于对被俘后参加红军的国民党军（白军）士兵的教育和改造，但对国民党军官考验的时间显得长了些，尤其是对团以上军官不区分情况一律剥夺其选举权的做法，是不适当的。

1933 年 9 月 6 日至 9 日，毛泽东在中央苏区南部十八县选举运动大会上做的《今年的选举》报告中写道："苏区的工农群众已经夺取了政权，我们要时时刻刻保护这个政权，发展这个政权，使之能尽打击内外反革命势力，增进工农生活福利的重大作用，要使之能尽这种作用，就要用选举的方法，把大批最觉悟最先进最积极的分子选进苏维埃去，而把旧人员中那些不中用的分子淘汰出来，这是最重要的一件事。"毛泽东还说道：候选名单中首先要注意成分，不但要照着选举法使适当数目的工人及农民当选，而且要依照选举训令至少有占25%的劳动妇女当选。其次，要注意政治表现，凡属贪污腐化、消极怠工，及同地主资本家妥协的分子都不要使他当选，当选的应该全数是工作积极、观念正确的分子。

在第三次的选举运动中，由于宣传动员到位，准备充分，指导有力，第二次全苏大会代表的选举工作得以顺利进行，如期完成。毛泽东对这次选举也感到满意，他亲自对兴国县长冈乡和上杭县才溪乡的选举工作进行了考察，如在才溪乡，介绍候选人情况后，让选民们进行评论；才溪乡的选民，敢评论候选人，在候选人名字下写上"好""不好""同意""消极"，甚至有注上"官僚"字样的。他认为这些做法都很好，让群众充分行使了民主权利。

大家起来做防疫的卫生运动

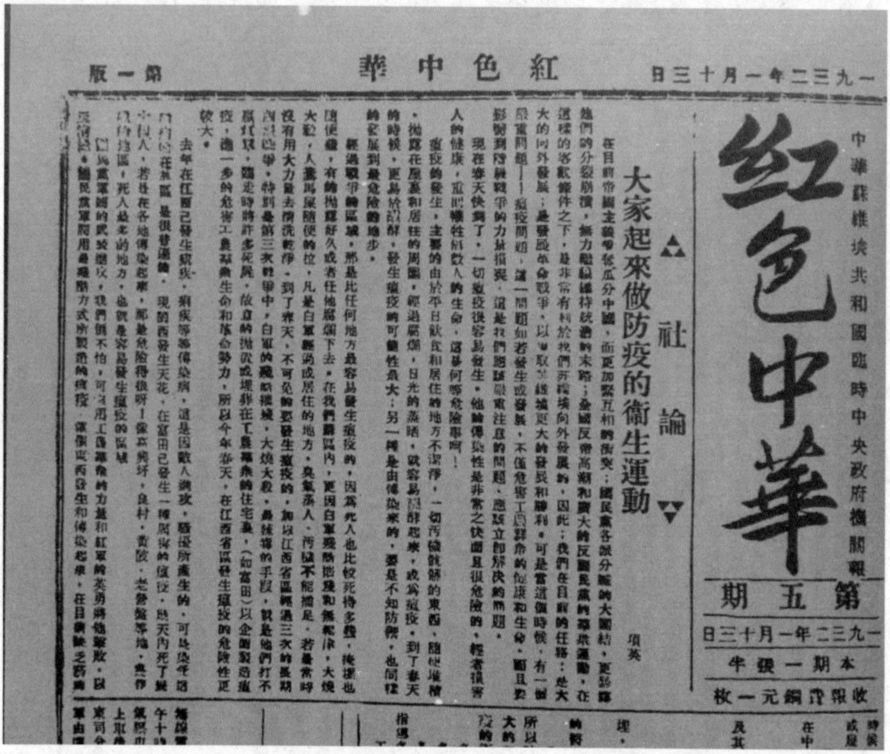

一九三二年一月十三日　紅色中華　第一版

紅色中華

中華蘇維埃共和國臨時中央政府機關報

第五期

一九三二年一月十三日

本期一張半

收報費銅元一枚

△社論▽

大家起來做防疫的衛生運動

項英

在目前帝國主義爭奪瓜分中國，而更加緊互相的衝突；國民黨各派分贓的大團結，更形暴露他們的分裂崩潰，無力繼續維持統治的末路；全國反帝高潮和廣大的反國民黨的革命運動，在這樣的客觀條件之下，是非常有利於我們蘇維埃向外發展的。因此：我們在目前的任務：是大大的向外發展，是發展革命戰爭，以爭取蘇維埃更大的發展和勝利。可是當這個時候，有一個嚴重問題——瘟疫問題，這一問題如若發生或發展，不僅危害工農群眾的健康和生命，而且要影響到階級戰爭的力量損失。這是我們應該嚴重注意的問題，應該立即解決的問題。

現在春天快到了，一切瘟疫很容易發生。他的傳染性是非常之快而且很危險的，輕者損害人的健康，重則犧牲無數人的生命，這是何等危險事啊！

瘟疫的發生，主要的由於平日飲食和居住的地方不清淨，一切污穢腐爛的東西，隨便堆積，拋露在屋裏和居住的周圍，經過腐爛，日光的蒸曬，就容易發酵起來，成爲瘟疫，到了春天的時候，更易於發酵，發生瘟疫的可能性最大；另一種是由傳染來的，要是不知防禦，也同樣的發展到最危險的地步。

經過戰爭的區域，那是比任何地方最容易發生瘟疫的，因爲死人也比較死得多些，掩埋也隨便些，有的拋露好久或者任他腐爛下去，在我們蘇區內，更因白軍殘酷燒殺和無恥的大燒大殺，人畜馬屎隨便的拉，凡是白軍盤踞過或居住的地方，臭氣薰人，污穢不能描寫，若是常時沒有用大力量去掃洗乾淨，到了春天，不可免的要發生瘟疫的，加以江西省區經過三次的長期的戰爭，特別是第三次戰爭中，白軍的殘酷摧殘，大燒大殺，最殘毒的手段，就是他們打不贏紅軍，臨走時將許多死屍，放在的拋沉或埋葬在工農群眾的住宅裏，（如富田）以企圖製造瘟疫，進一步的危害工農群眾生命和革命勢力，所以今年春天，在江西省區發生瘟疫的危險性更較大。

去年在江西已發生瘧疾，痢疾等等傳染病，這是因敵人摧攻，階級所產生的，可是染着這[illegible]在本區是很普遍的。現的西發生天花，在富田已發生一種厲害的瘟疫，幾天內死了幾十個人，若是在各地傳染起來，那是危險得很啊！像東坑，良村，黃陂，老營盤等地，在作戰的地區，死人最多的地方，也就是容易發生瘟疫的區域

國民黨軍閥的武裝進攻，我們倒不怕，可以用工農群眾的力量和紅軍的英勇將他擊敗，但是[illegible]國民黨軍閥用最殘酷方式所製造的瘟疫，來傳染而發生和傳染起來，在目前缺乏藥品

1932 年 1 月 13 日，《红色中华》第五期头版发表苏维埃临时中央政府副主席项英《大家起来做防疫的卫生运动》的文章

在苏维埃政权建立以前，由于文化落后、交通闭塞，落后的旧传统风俗在乡村盛行，尤其是不讲卫生的陋习更是痼疾难改。赣西南、闽西广大

农村喝生水、生病叫魂、停尸不埋、弃婴河内、乱扔死猪死禽等旧恶习极为普遍。在国民党军队大举进犯苏区的频繁战争中，这种状况更为加剧，致使各种烈性传染病在苏区时有发生，严重危害苏区军民的身体健康。这种现象引起了苏维埃政府的关注。

苏维埃中央政府成立后，就提出开展群众性卫生防疫运动，广泛动员和组织群众，破除不卫生的陈规陋习，努力开展疾病预防工作。

1932 年 1 月 13 日，苏维埃中央政府副主席项英在《红色中华》第五期头版发表《大家起来做防疫的卫生运动》的文章。1932 年 5 月，中央内务部颁布了《苏维埃区域暂行防疫条例》，1932 年 7 月，中革军委也发布了开展卫生工作的训令，将防止痢疾、疟疾、溃疡和疥疮四种常见病作为卫生防疫保健工作的重点，并编印成小册子发放给苏区广大军民，进行宣传预防。

但是，由于苏区的卫生领导机构尚未健全，加上支援革命战争和经济建设任务繁重等原因，苏区的群众卫生防疫工作并未引起地方各级苏维埃政府的足够重视。从一份江西省苏维埃政府 1932 年 11 月给临时中央政府的工作报告所述情况看，疫病状况确实令人触目惊心！报告中说：防疫卫生这一工作，各县都未十分注意，有时什么地方瘟疫发生就蔓延一村庄到数村庄，甚至遍地皆是……公略近来瘟疫发生死亡者一千一百六十七人。安远沙含区发生痢症死亡十余人……宁都数月中发生了痢症，被传染者有一千三百余人，固村闵原东山坝等区，因病死者一百余人，兴国在六七月间发生瘟疫，死亡四十余人……赣县白路良口清溪三区死亡极多（数目不详）。

上述数字说明，因地方预防不力，导致疫病蔓延，而且死亡严重。这种情况引起了苏维埃中央政府的高度警觉和重视，于是 1933 年 3 月，中央政府内务部制定和颁布了《苏区卫生运动纲要》。

《苏区卫生运动纲要》首先提出：中央内务人民委员部现在号召全苏区各处地方政府、各地群众团体，领导全体群众，一齐起来，向着污秽和疾病，向着对于污秽和疾病的顽固、守旧、迷信、邋遢的思想习惯，做顽强的坚决的斗争。因此要发起普遍的卫生运动，这卫生运动完全是广大群众的，不花钱而能医病的，要天天做，月月做，年年做，家家做，村村做，乡乡做，个个圩场、个个城市做，这卫生运动是群众生活与生命的保障。并要求迅速建立各级卫生运动组织，具体规定到苏维埃县、区、乡、村、组、户及城市、圩场都必须建立不同的卫生运动组织，划分区域，落实责任；同时在预防方面必须采取各种措施，具体到公共场所、各个村落、房前屋后、室内室外、河道池塘、沟圳水渠以及饮食卫生等，都做了非常详细的预防规定，并在各机关、部队、地方苏维埃开展卫生运动竞赛，促进了苏区的群众卫生运动。

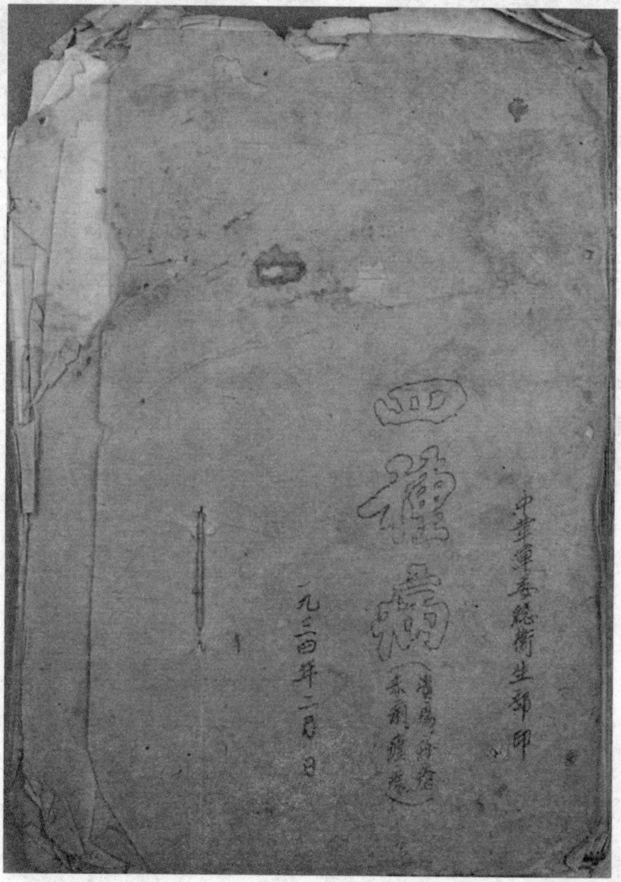

中央革命军事委员会总卫生部编印的四种病（痢疾、疟疾、溃疡、疥疮）预防知识手册

1933年11月，毛泽东在兴国县长冈乡进行调查时了解到，这个乡各村都建立了卫生组织，“虽规定五天大扫除一次，实际七天一次的多，十

天的也有”。对于不讲卫生的人，“发动童团耻笑他，特别那些衣服不洁的”。长冈乡是这样，苏区其他各乡村也大都如此。可见，当时中央苏区的群众卫生运动，确实是广泛深入地开展起来了的。

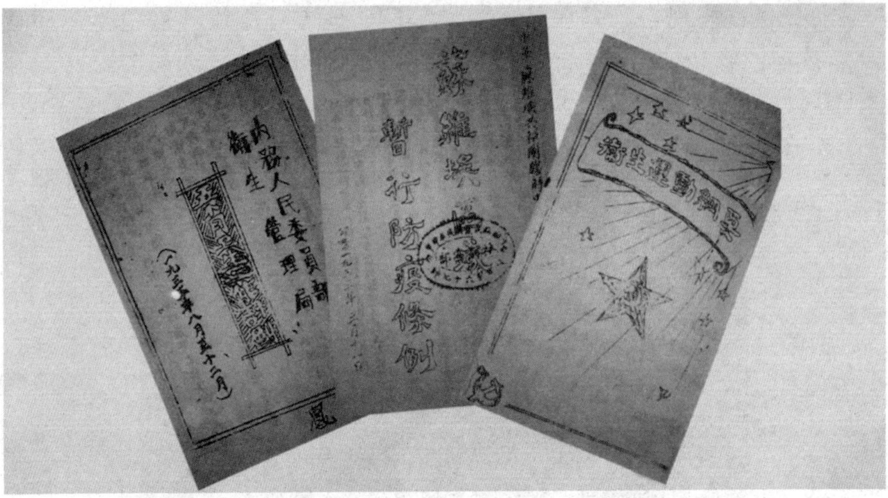

中央内务部颁布的有关卫生工作文件《苏维埃区域暂行防疫条例》《卫生运动纲要》等

1933 年

一条秘密的红色地下交通线

从上海到瑞金的红色地下交通线

这是一条从上海到瑞金的地下交通线，是上海党中央联系瑞金中央苏区的通道，也是重要物资的转运线，更是党中央组织和重要领导人的生命通道。这条通道一直没有遭到敌人的破坏，从建立到结束始终在运行，可以说她充满着神奇，更隐藏着许多鲜为人知的秘密和故事。

早在1929年上半年，毛泽东、朱德率领红四军挺进闽西时，就在龙岩设立了交通局，开展交通的转运和信息的传递等工作。

1930年年底，中共中央根据革命斗争形势的需要，开辟了从上海到闽西、赣南苏维埃区域的新的党内机要交通线，以保证党中央从上海转移干部到苏区的护送任务，配合苏区和红军反“围剿”的斗争。

其实，中共中央交通局设有华东、华南、华北三条机要交通线，其中华南交通线下设湘赣和闽西大站，这条地下交通线的总站设在瑞金。

从上海党中央到中央苏区主要有三条秘密交通线，一条是从广州、韶关、赣州到瑞金；一条是从广州、梅县、会昌到瑞金；一条是从广州、汕头、潮州、大埔、永定、长汀到瑞金。前两条交通线开辟后不久就被破坏中断了，因此第三条线就成为中央苏区与上海党中央联系的主要通道。此外，还有一条更为保密的交通线，就是在第三条线上不经香港、广州，而是从上海直接到汕头，再经大埔到闽西，但这条线一般情况下不使用。

广东大埔与福建交界处的永定县清溪河，是中央秘密交通线在永定境内的开端

当时从上海到中央苏区的具体路线是：从上海乘船到香港，再乘船到广东汕头；然后改乘火车到潮安，再乘汽船到大埔、多宝坑；然后步行经福建永定铁坑、桃坑、永定城、金溪圩、虎岗、大洋坝、坑口、白砂、旧

县、南阳、涂坊、四都、茶坑，最后到瑞金。1932 年以后，从桃坑改道下金、中金、古木督、严坑、丰稔、太拔、茶地、白砂、旧县、南阳、涂坊、元亨、河田、长汀、古城，最后到瑞金。

秘密交通线进入福建的第一站——伯公凹

这条线上设立了闽西交通大站，大站以“闽西工农通讯社”名义做掩护，从事地下秘密交通工作。大站下设十几个站点，每一个站点的人数不等，大站有 20 多人，中站 10 多人，小站 3 ~4 人。大站由苏区中央局直接管辖，并下辖中站和小站，小站由中站直接领导，都保持单线联系，不发生横的关系。小站与小站之间距离约二三十里，一般分设在中共地下党员和可靠的老百姓家里。机要交通站的交通员，绝大多数是经过红军军官学校训练出来的班长以上的干部，都是些年轻机智、勇敢灵活、立场坚定的共产党员。为了不被敌人发现，交通线上沿途开设各种公开合法的机构，如文具店、百货店、药店、电器行、旅社、饭店等，以策应掩护。

机要交通站的主要任务有三项，一是递送党中央与中央苏区之间的来往文件、书信、党报党刊等；二是负责将白区采购来的重要物资、药品、食盐等安全运送到苏区；三是护送中央领导人和重要干部到瑞金，沿途安顿食宿并保障安全。

地下交通员在执行任务时，都携带驳壳短枪，化装成赶圩、探亲、买卖东西的样子。多是两人做伴同行，一个在前一个在后，相距一两里。前者空手，主要看风，后者携带文件；前面有情况，后面就马上逃脱，以保证文件的安全。

当年担任交通员的熊志华回忆道：当时，在这条秘密交通线上工作的有李沛群（当时是闽西交通大站主任）、肖桂昌、曾浪波、黄华（长征时牺牲）、张超（游击战争时牺牲）、雷德兴（病故）等。我们的主要交通线路是由上海经汕头、潮安到达大埔县青溪乡交通中站，再进闽西苏区到中共特委所在地。在中央苏区的边境线上，国民党反动派对苏区的封锁是很严密的，我们每次到达大埔时，住在离县城 20 多里地的一个小村子里。敌情严重时，就跑到后面大山上的草棚里隐蔽起来。每次过封锁线都在晚上 9 时之后，翻山越岭走小路。我们随身都带着手枪，如遇见敌人来不及躲避时就冲过去。1931 年年底，我送一批无线电的重要机件到中央苏区去，在桃坑交通站，因叛徒告密被敌人包围。我和交通站的负责人老赖以及派来接应的武装交通员杨雄初、雷德兴、阿蔡、温仁宝一起边打边突围，电台器材终于送到了中央苏区，而交通员丘寿科为了掩护我们身中三弹，英勇牺牲。

1931 年年底，周恩来等领导人就是从这条交通线进入中央苏区的。

当年周恩来离开上海后，在肖桂昌陪同下，搭乘一艘客货混装的小货轮，到了汕头。随后，化装成一个画像先生，由肖桂昌护送，坐火车到潮安，换乘轮船溯江而上至大埔，再换乘小船，在青溪上岸，到大埔交通站所在地。沿途躲过国民党军队和民团的严密封锁线，进入永定境内的乌石下村，然后经合溪、上杭、长汀，到达瑞金。

自从建立这条秘密通道后，通过闽西这条机要交通线前后从上海进入中央苏区的还有刘少奇、邓小平、叶剑英、聂荣臻、张闻天、陈云、项英、王稼祥、任弼时、博古、董必武、刘伯承、林伯渠、肖劲光、左权、李德等一大批党的重要干部 200 多人。他们乔装打扮，化装成商人、教书先生、画像先生、熟练工人等，在地下交通员的护送下，翻山越岭，昼行夜宿，越过敌人的重重封锁线，安全到达中央苏区首府瑞金。

1934 年 10 月，主力红军长征后，这条交通线仍在坚持斗争，坚守在交通线上的曾昌明、雷德兴、郑启彬等同志，与坚持三年游击战争的陈毅、项英、张鼎丞、邓子恢、谭震林、方方等人取得联系，完成了组织交给的各项任务。通过大埔交通站秘密从闽西根据地转送了陈潭秋、方方等到香港、上海；从赣粤边根据地转送周建屏、陈正人等到香港、上海、陕北苏区或广州等地。1935 年秋末，大埔交通站副站长郑启彬等多人在执行任务时，不幸被捕，受尽折磨，坚定不屈。至死，郑启彬等也没有泄露交通线的秘密。

金砂古木督的交通大站旧址

邓小平主编《红星》报

1933年5月的一天，因支持毛泽东的正确主张而被“左”倾领导者诬陷为“江西罗明路线的创造者”，并撤销一切职务、下放边远山区乐安南村当巡视员的邓小平，突然接到通知，要调他到红军总政治部任秘书长。工作没多久，又被安排到总政治部下属的宣传部任干事并主编《红星》报。

红军总政治部秘书长、《红星》报主编邓小平

《红星》报是红军总政治部的机关报。邓小平来到《红星》报编辑部后，首先想的是如何利用这小小的编辑部来完成军委赋予他的光荣使命。

办报对他来说那是轻车熟路，早在法国勤工俭学时他就获得过“油印博士”的雅称，当瑞金县委书记时又领导创办过《瑞金红旗》报。因此，他一到编辑部，第一件事就是将《红星》报恢复成原来的四开铅印报纸形式，并重编期号，改变了报纸刊期随意、出版周期长、信息传达不及时的现状。第二件事是考虑如何把《红星》报办出自己的特色。邓小平同志以他长期的党务和军队政治工作的经验、非凡敏锐的观察思考能力和生动朴实的文字风格，把《红星》报办成了一份具有很强的思想性、专业性和战斗性的报纸，颇受苏区军民尤其是红军指战员的欢迎。1933 年年底，《红星》报的发行量仅在中央苏区就达 17300 份，在苏区数十种报刊中名列第四。

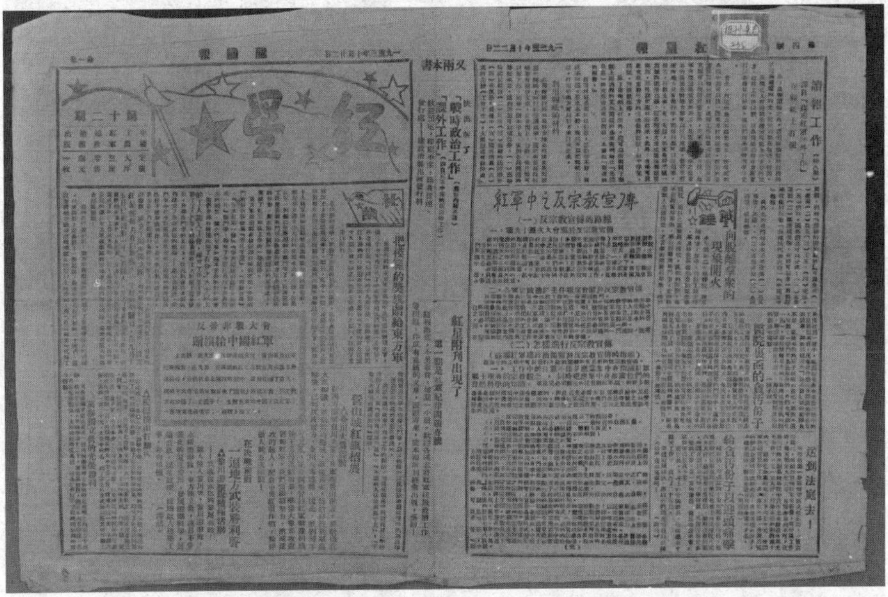

1933 年 10 月 22 日红军总政治部出版的《红星》报第十二期

《红星》报报道战场上指挥作战的指挥员，更不会忘记在战斗中表现英勇的红军战士。如第三十一期中的“前线通讯”，总题为《三甲嶂上的英雄》，分别以《可钦可佩的模范战士》《机断专行的班长》《炸弹与石头》《为苏维埃奋斗到底的青年团员》为标题，记述了一团二营四连战士梁者科在三甲嶂阵地守卫战中，当全班只剩下他一人时，仍顽强地与敌人

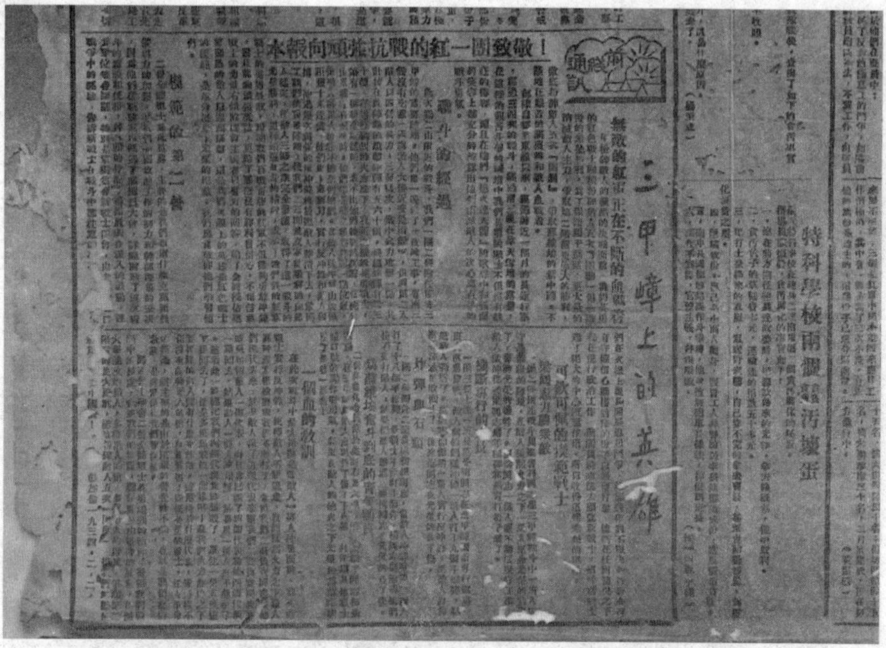

本報向頑強抗戰的紅一團致敬！

前線通訊

三甲嶂上的英雄

1934 年 3 月 4 日红军总政治部出版的《红星》报第三十一期

展开肉搏战，终于打垮敌人的英雄事迹；二班长杨初根带领战士用炸弹和石头砸退敌人的动人场面；二营营部传令员伟公生、六连战士庐根才这两位共青团员，带伤坚持杀敌，为苏维埃献出了最后一滴血等可歌可泣的英雄壮举，大大地激发了广大红军战士为苏维埃而战的革命热情和同仇敌忾的战斗精神。

邓小平还采用社论、署名文章、专题报道和开辟“党的生活”“ 支部通讯”等不同形式，从各个侧面反映红军党的建设、青年工作、政治工作、群众工作、教育训练、文化娱乐等方面的情况，总结交流经验，指导部队建设，使《红星》报真正成为“红军政治工作指导员”和“红军政治工作的讨论会”，有效地促进了红军战斗力的提高。

《红星》报的诸多栏目中，引人注目的还有“铁锤”“自我批评”等专栏。这些栏目刊登的文章以犀利的笔触、揭露红军中存在的种种不良现象，变消极因素为积极因素。《红星》报还敢于碰硬，无论是普通干部、战士，还是高级将领，只要有不良行为，都毫不含糊，指名道姓，列举事例公开曝光，在苏区军民中引起很大震动。

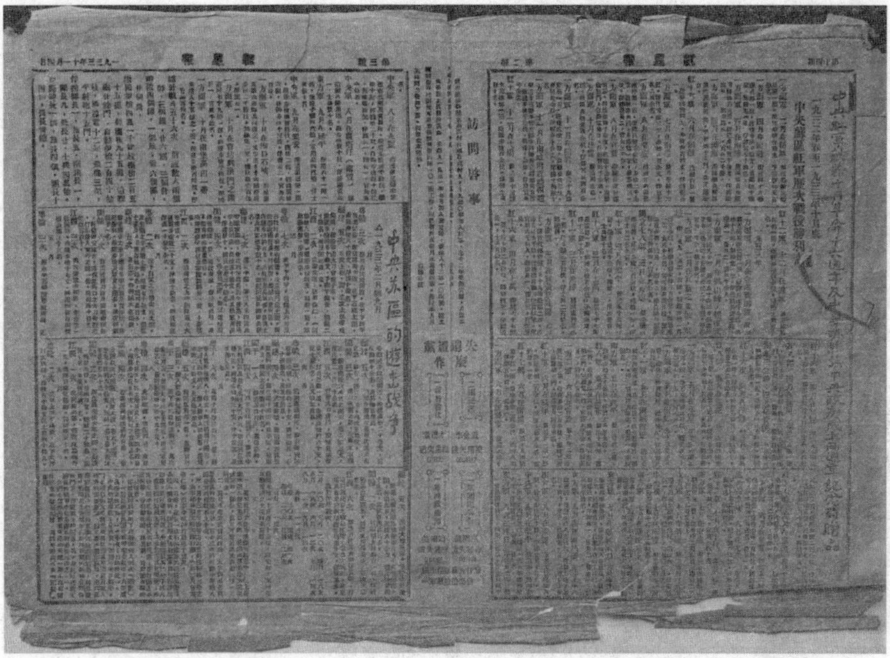

1933年11月5日红军总政治部出版的《红星》报第十四期

《红星》报还设有“卫生常识”“猜谜”“小玩意”“算术游戏”“诗歌”等专栏，内容都紧紧联系部队的生活、战斗等。如第三十二期“算术游戏”专栏：“某次战斗中，某连有一、二两排，每3个人缴得1杆枪，第三排每个人缴得3杆枪，全连人数100人，共缴得100杆枪，问：第一、二两排合共几多人，共缴得几杆枪，第三排多少人，缴得几杆枪？”

又如第四十七期“小玩意”专栏有四首歌词：

其一，《莫走反》：

莫走反，莫走反！你跑前面白匪站。
不如转身打敌人，涌入红军更大胆。
千千万万上战场，五次胜利能圆满。

其二，《快打火》：

快打火，快打火！白匪来了不要躲。
梭镖土炮好武器，游击战争更稳妥。
战争形势万万急，我不杀敌敌杀我。

其三，《为自由》：

有老公，有老婆，打破封建旧绳索。
心肝妹，心肝哥，战争胜利欢娱多。

其四，《快莳田》：

快莳田，快莳田，夏耕夏种切莫延。
老幼妇女都记着，优待红军摆在前。
壮丁齐到红军去，前方胜利后方收割两相连！

这些栏目以浓厚的生活气息，寓教于乐，调动一切积极因素为部队建设服务。

为了办好《红星》报，邓小平倾注了自己全部的心血。作为红军总政治部的机关报，整个编辑部只有两个人，除他自己任主编，只有一名通讯员给他当帮手；报纸每隔五天就要出版一期，从组稿到编辑，从版面设计到校对，几乎全由他一人包干，同时他还要经常为报纸编发社论或重要文章。为了定期出版，他建立了一支拥有500多人的通讯员队伍，其中既有基层连队的普通战士，又有党政机关和红军部队中的领导者和指挥者，如罗荣桓、罗瑞卿、肖华、张爱萍、聂荣臻、袁国平、向仲华、舒同等。毛泽东、朱德、周恩来、贺昌、博古等人也为《红星》报写过不少社论和文章。

在瑞金沙洲坝时，《红星》报编辑部与红军总政治部同在白屋子村，《红星》报的印刷地点却在中革军委机关所在地乌石龙村，两地相距约四里，中间隔着一片田野，弯弯曲曲的窄小田埂实在难走。每期报纸编好后，邓小平都要从白屋子村送到军委印刷所去。条件艰苦，工作劳累，他却始终充满革命乐观主义精神，走路时常哼着苏区小调。

红军总政治部旧址——沙洲坝白屋子村

位于红军总政治部旧址处的邓小平卧室兼《红星》报编辑部

1934 年 9 月下旬的一天，邓小平坐在光线暗淡的窗前，正在准备《红星》报第六十七期的稿件，突然得到紧急通知：《红星》报停止出刊，他被编入中央第一野战纵队（红星纵队）第二梯队，马上随军战略转移。由此，邓小平随中央主力红军一道，踏上了漫漫的长征之路。

四破铁围奇中奇

千崖万壑供野宿，羊肠鸟道笑津迷。
半夜松涛动山岳，中天月色照须眉。
工农儿子惯征战，四破铁围奇中奇。

这是第四次反“围剿”战争结束后，陈毅欣然赋诗称颂战役的胜利。第四次反“围剿”战争的胜利，是与国民党斗智斗勇、对“左”倾领导“抗命不从”，在从被动转化为主动的严峻情势下取得的。

1932年10月，蒋介石对鄂豫皖、湘鄂西两个苏区的军事进攻得手后，开始将进攻重点转向中央苏区，将20个师的40万重兵调到中央苏区周围，准备围剿红军。

国民党军对中央苏区实行了四面包围，由设在南昌的“闽粤赣剿匪总司令部”总司令何应钦指挥。此时的主力红军分布在国民党占领的南丰邻县广昌一带，因毛泽东已离开前线回到后方，负责战事的前方中央局只有周恩来、朱德、王稼祥三位成员，他们根据战场形势分析，认为何应钦此次对红军采取左、中、右三路包围的态势，目前各方大半是扼守据点，阻我主力出击，再稳步推进，实行合围。

三路四面相比而言，北线最为空虚，驻守建宁、黎川、泰宁的只有国民党的新编第二师、新编第四旅等，力量相对较弱，同时结合毛泽东离开前提出主力红军应向东北方向出击的战略决策，他们决定向建宁、泰宁方向行进，先把敌人的合围冲出一个口子。

10 月 15 日，红一方面军总部下达了建黎泰战役计划。周恩来在签发这一计划时特别注明：“如有便，请送给毛主席一阅。”毛泽东虽被解除军职，但他的战略思想仍然在前方发挥着重要作用。10 月 16 日，红一方面军从广昌出发，发起建黎泰战役。红军势如破竹，9 天之内，连克 5 座县城，虽然未能歼灭敌人的有生力量，却打通了与赣东北苏区的联系。

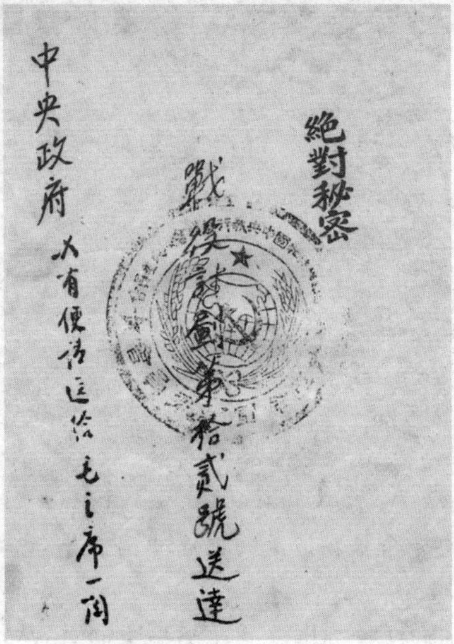

周恩来在送达后方中央局的作战计划上签注“如有便请送给毛主席一阅”

何应钦看到红军主力云集于抚河流域，赶紧将赣中、赣西两线的部分部队调过来，欲将红军拖住围歼。

1933 年 2 月 6 日，蒋介石亲抵南昌部署对中央苏区的“围剿”计划，以陈诚指挥 10 个师为中路主攻军，寻找红军主力决战。

周恩来、朱德、王稼祥在研究了敌我态势后，欲率主力红军北上贵溪，与闽浙赣红十军配合动作，调动临川、抚河两岸的敌军，于运动中寻机歼敌。可是，这一计划遭到了后方中央局的否定，后方中央局仍要求红军主力先击南丰县城。

恰在这时，博古等人已从上海来到瑞金，下车伊始就干预前方战事。

1933 年 1 月 24 日，博古直接发电报给周恩来，要求他与前方同志必须站在一致路线上，执行占领南丰城的计划。

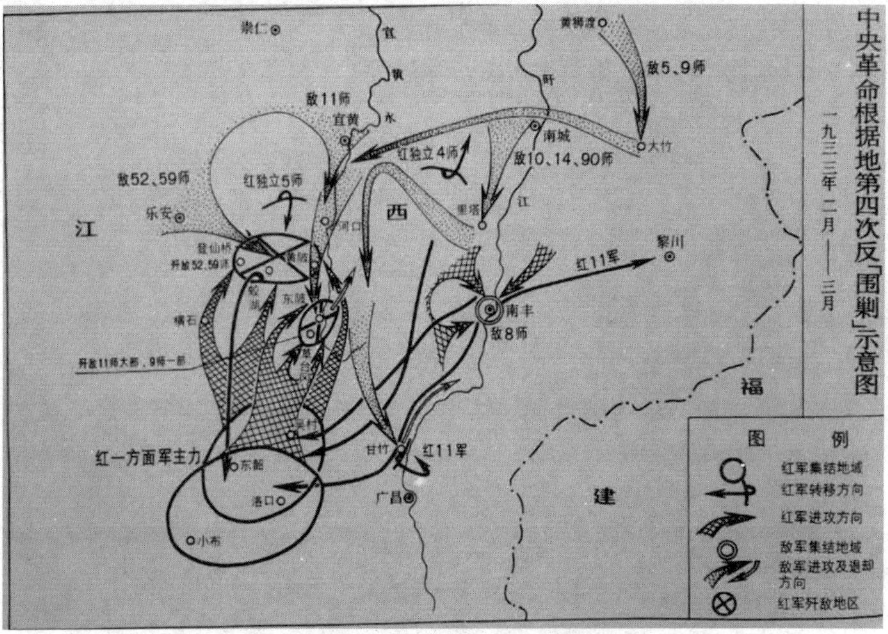

中央革命根据地第四次反“围剿”示意图

前方的周恩来他们认真分析后，认为南丰城一有重兵把守，二有坚固的工事，红军进行这样的攻坚战，必然败多胜少。1 月 27 日、30 日，周恩来两次致电后方中央局和博古，强调只能在抚河西岸连续求得运动战以歼灭敌人，不可轻易过河攻城。

然而，后方中央局根本听不进周恩来的意见，反而在电报中严厉指责：必须攻下南城、南丰、抚州，此计划经中央通过，不容更改！

后方中央局态度强硬，不论周恩来再怎么致电要求后方中央局须给前方以机断余地和应有职权，都遭到后方中央局和博古的拒绝。无奈之下只得下令红军强攻南丰县城，结果造成红军惨重的损失。红三军团在第一次冲击中就伤亡了 400 余人，第三师师长彭遨和两个团长阵亡，其他部队也是打得极为艰难。更为严重的是南丰攻坚战一打响，周围各敌纷纷直驱而来，大有拖住红军加以围歼的架势。

面对攻城红军就要陷入强敌内外夹击的危险，前方中央局当机立断，不待请示博古和任弼时等人，于2月13日下午下令撤围南丰，改强攻为佯攻，主力渐次秘密西移宁都北部的东韶、洛口一带。

反“围剿”中的红军战士

红军进行第四次反“围剿”战斗

撤围南丰，隐蔽在宁都北部待机歼敌，是红军第四次反“围剿”中具有决定性意义的举措。战局也正如周恩来和朱德所预见的那样发展着。

没有了后方的干预，前方机断地充分运用第一、二、三次反“围剿”的成功经验，声东击西，调动敌军，机动灵活，捕捉战机，阵地伏击，伺机歼敌，有效地扭转了以前战场被动的局面，成功地取得了黄陂、草台岗大捷。

宜黄县黄陂蛟湖。中央红军在周恩来、朱德同志指挥下，1933 年 2 月 28 日在此歼敌李明一个师

黄陂战斗歼敌第五十二、五十九两个师 8000 余人，缴获各种枪支 8000 余支，电台 1 部。敌第五十二师师长李明被俘后自杀毙命。敌第五十九师师长陈时骥躲在螺峰山上的小庙，被红一军团电台班的战士俘获。

黄陂霍源。1933 年 2 月 28 日中央红军在此歼敌陈时骥一个师

1933年2月28日，红军第四次反“围剿”黄陂大捷俘虏的敌第五十九师师长陈时骥（左三）

草台岗战役歼敌第十一师5个团、第九师1个团共8000余人，缴获步枪1万余支，机枪100多挺，电台1部。敌师长肖乾被击伤，后在南昌死亡，敌一个师参谋长和一个旅长亦被击伤，3个团长被击毙。清查俘虏时，红军发现第十一师士兵每人都带着一条绳索，经追问后，俘虏回答说：“上峰叫我们用绳索捆绑红军回去领赏的。”红军战士们听了哈哈大笑。

黄陂、草台岗大捷，战绩辉煌。两役中击溃了蒋介石嫡系部队三个精锐之师，消灭了敌人“围剿”苏区的有生力量，至此，蒋介石的第四次“围剿”被彻底粉碎。

红军在这次反“围剿”中，既充分运用了毛泽东领导的第一、二、三次反“围剿”的丰富经验，又首次成功地创造了大兵团伏击战法，对集群敌军予以围歼并获得重大胜利，在红军战争史上写下了重重的一笔。毛泽东曾称赞第四次反“围剿”取得了“空前光荣伟大胜利”，给“蒋介石以最致命的打击”。

武阳区成为春耕生产的模范了

中华苏维埃共和国临时中央政府赠予瑞金县武阳区的“春耕模范”锦旗

1933 年 5 月 19 日上午，清风拂面，艳阳高照，在武阳邹氏宗祠门口大樟树下的宽阔空坪上，人头攒动，红旗飘扬，到处洋溢着喜庆、热烈的气氛。原来今天苏维埃中央政府在这里召开赠旗表彰大会，表彰武阳区和石水乡的春耕生产做得好，并授予“春耕模范”锦旗。武阳区成为春耕生产的模范了。

苏维埃中央政府春耕生产运动赠旗大会旧址——武阳邹氏祠堂

武阳区地处瑞金县南部，是瑞金县的一个行政区。1933 年春耕生产中，该区、乡苏维埃政府采用各种形式，广泛深入宣传搞好春耕、发展农业生产的重要意义，积极采取措施帮助农民解决春耕中遇到的困难，全区春耕动手早，进度快，质量好。该区石水乡建立了50 多个贫农小组和一个总干事会，组织领导春耕。区、乡妇女生活改善委员会动员妇女积极参加劳动，犁田、耙田、莳田、铲草皮、挖塘泥、挑肥粪、修陂圳，样样农活都参加。乡村设立了若干分队，分队下面设立小组，每个小组有队员 10 人左右，全乡耕田队员共千余人。犁牛合作社也建立起来了，调剂了耕牛农具。中共武阳区委和区苏维埃政府还提早做好春耕准备，早在 1932 年冬就提出每亩下足 100 担肥料的要求；还成立了水利委员会，修整新建了一批水利工程，并且组织开垦荒田，增加了农田面积。这些经验和做法早就引起了苏区中央的关注。

1933 年 4 月 22 日，《红色中华》报登载的中央土地部《夏耕运动大纲》中提到，在毛泽东和苏维埃中央政府的倡导下，中央苏区各地普遍办起了“耕田队”和“耕田大队”。如瑞金县武阳区石水乡男子耕田队全乡一个大队，有大队长、队员 520 多人，女子耕田队 400 多人。男女耕田队共约千人，是专为耕种红军公田与帮助红军家属、苏维埃工作人员的田而组织的。

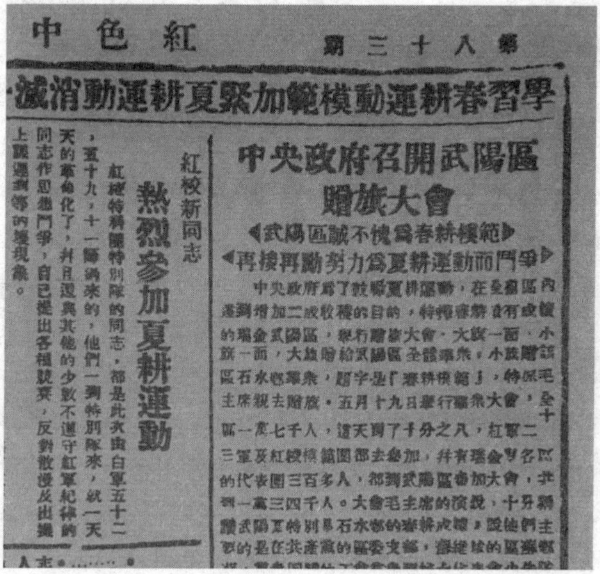

紅色中華　第八十三期

學習春耕運動模範加緊夏耕運動消滅

中央政府召開武陽區贈旗大會

《武陽區誠不愧爲春耕模範》

《再接再勵努力爲夏耕運動而鬥爭》

中央政府爲了鼓勵夏耕運動，在全蘇區內達到增加二成收穫的目的，特將春耕有成績的瑞金武陽區，舉行贈旗大會。大旗一面、小旗一面，大旗贈給武陽區全體群衆，小旗贈該區石水鄉群衆，題字爲「春耕模範」，特派毛主席親去贈旗。五月十九日舉行群衆大會，全區一萬七千人，這天到了十分之八，紅軍二三軍及紅校模範團都去參加，并有瑞金另各區的代表團三百多人，都到武陽區參加大會，共到一萬三四千人。大會毛主席的演說，十分稱贊武陽區特別是石水鄉的春耕成績，說他們主要的是在共產黨的區委支部，……

紅校新同志

熱烈參加夏耕運動

紅校特科營特別隊的同志，都是此次由白軍五十二，五十九，十一師過來的，他們一到特別隊來，就一天天的革命化了，并且還與其他的少數不遵守紅軍紀律的同志作思想鬥爭，自己提出各種競賽，反對散漫及出操上課遲到等的壞現象。

1933 年 6 月 4 日《红色中华》刊登中央政府召开武阳区赠旗大会的盛况

1933 年 11 月，毛泽东在《长冈乡调查》中关于解决根据地缺少耕牛的问题时提出：根据瑞金石水乡（无牛的百分之三十）、兴国长冈乡（无牛的百分之二十五）、上杭才溪乡（无牛的百分之二十）三处的材料可以知道，农民中完全无牛的，平均要占百分之二十五，这是一个绝大的问题。解决办法，莫妙于领导群众组织犁牛合作社，共同集股买牛。

创办犁牛合作社，最早是瑞金县石水乡的群众提出来的。1932 年 2 月，苏维埃中央政府在《关于春耕问题的训令》中，就总结了石水乡的经验，指示各级苏维埃政府要帮助农民设立犁牛站，以解决春耕中耕牛和农器不足的问题。

为了提高农业产量，苏维埃政府积极组织造肥、改良土壤。中央政府在 1933 年 4 月的《夏耕运动大纲》中指出：关于肥料，瑞金武阳区石水乡及云集区县前乡，截至四月半止，比去年增加肥料百分之七十，他们还在继续增加中，这是很可学习的例子。他们增加来的肥料，主要是铲草皮、割卤箕、开塘泥、烧火土、垫草灰、捡狗粪。早稻的第一次下肥已经过去，要立即准备耘田的时候补肥及点禾。各种主要肥料下得不足的，要靠点禾补救，“多耘多点”是夏耕要诀。要赶快准备番稻积肥料，草皮、卤箕、火土、草灰是主要项目。不论早稻番稻，石灰是重要肥料，县区政府要指导有原料的地方烧石灰窑。特别肥料如菜枯、石枯、木子枯、骨灰、烟骨子、硫黄、头发，凡能办到的都应去办。

在推动妇女参加农业生产劳动方面，1934 年 5 月 28 日《红色中华》报道：“瑞金模范的武阳区，去冬时，只有两个妇女会犁耙，现在就有一百零四名会犁耙了，还有一百九十四人正在学习。”

就是这一个个事例使武阳区成为苏区春耕生产的模范。1933 年 4 月 20 日《红色中华》第七十一期和 5 月 5 日第七十六期以《武阳区印象记——春耕运动的实际材料》为题，做了长篇连载报道。这次会议就是对武阳区春耕生产运动的充分肯定和表彰。

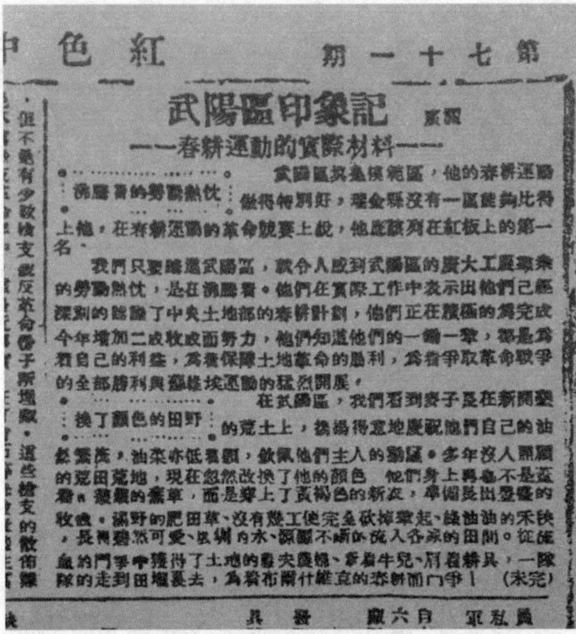

紅色中(華)　第七十一期

武陽區印象記　廣瀾

——春耕運動的實際材料——

沸騰着的勞動熱忱

武陽區是模範區，他的春耕運動做得特別好，瑞金縣沒有一區能夠比得上他，在春耕運動的革命競賽上說，他應該列在紅板上的第一名。

我們只要踏進武陽區，就令人感到武陽區的廣大工農群衆的勞動熱忱，是在沸騰着。他們在實際工作中表示出他們已經深刻的認識了中央土地部的春耕計劃，他們正在積極的為完成今年增加二成收成而努力，他們知道他們的一鋤一犂，都是為着自己的利益，為着保障土地革命的勝利，為着爭取革命戰爭的全部勝利與蘇維埃運動的猛烈開展。

換了顏色的田野

在武陽區，我們看到麥子是在新開墾的荒土上，搖搖得意地慶祝他們自己的油綠繁茂，油菜亦低着頭，欽佩他們主人的勤勞。多年沒人照顧的荒田荒地，現在忽然改換了他的顏色，他們身上再也不是蓋着蘿蘿的蕪草，而是穿上了黃褐色的新衣，準備長出豐盛的收穫。滿野的肥田草、沒有幾天便完全砍掉犂起、綠油油的禾秧，長得碧然可愛、山圳的水、源源不斷的流入各家的田間。從流血的鬥爭中獲得了土地的農夫農婦、牽着牛兒、荷着耕具，一隊隊的走到田壟裏去，為發布爾什維克的春耕而鬥爭！（未完）

《红色中华》报连载记者广澜的文章《武阳区印象记——春耕运动的实际材料》

苏维埃中央政府十分重视这次大会的召开。毛泽东主席亲临大会指导，还亲自授旗和讲话，中央土地部代部长胡海等出席大会。于都、兴国、会昌、宁都、石城、广昌、长汀等县苏维埃政府主席和土地部部长，瑞金县、区、乡三级苏维埃政府主席，武阳区各群众团体以及红二十三军、中国工农红军学校模范团的代表和附近群众共一万四千余人参加了群众大会。这次会议开了三天。会议的第二天在邹氏宗祠召开，由毛泽东亲自主持并在会上做春耕生产动员报告。中共武阳区委书记谢涵贤、石水乡苏维埃政府主席周邦池在大会上分别介绍了春耕生产运动的经验，瑞金县苏维埃土地部部长杨世珠和检察部陈有初分别做了关于查田运动和改造区苏维埃和群众团体的报告。最后，到会代表一致通过了武阳区和石水乡提议的劳动竞赛公约。

会议期间，武阳区还准备了两个晚上的演出，石水、武阳、龙岗、螺石乡俱乐部为大会演出了十几个新剧，深受会议代表和当地群众的欢迎。

一万虎犊带吴钩

位于瑞金沙洲坝下肖村的中国共产主义青年团（少共）中央局旧址

少年有志报神州，一万虎犊带吴钩。
浴血闽赣锐无敌，长征路上显身手。

原少共国际师政委、开国上将肖华一首脍炙人口、风靡全国、久演不衰的《长征组歌》，再现了万里长征历史画卷，而他的另一首《忆少共国际师》的诗句，更是真真切切地描述了当年奋战在中央苏区的一支生龙活虎的少年红军队伍的英勇事迹。这些少年红军战士，为了理想，义无反顾地走向保卫苏区的战场，用他们的青春和热情，在革命斗争史上写下了光辉而悲壮的一页。

1933年8月5日，在江西博生（今宁都），为响应党和苏维埃政府的号召，扩大红军队伍，壮大武装力量，粉碎敌人的疯狂“围剿”，保卫革命根据地，中央红军组建了一支由周恩来亲自授旗、全部由模范青少年组成的特殊部队——“中国工农红军少共国际师”。全师共一万余人，党团员占70%，下辖三个团，归红一方面军总部直接指挥。这些由少男少女组成的娃娃部队，当时平均年龄不足18岁。师政委肖华上任时，年仅17岁。就是这么一群热血青少年，满怀壮志，高喊着“一切为了苏维埃而斗争”的口号，驰骋在战火硝烟的疆场上。

长征途中，新战士吴宗汉去给肖华当警卫员。第一次见面时，他由于胆小不敢抬头。肖华问：“多大了?”“二十。”“嘿！比我还大一岁咧!”吴宗汉抬头一看，眼前的首长果然年轻，不禁心想：他这么小就当首长啦!

在中央苏区，青年团、赤少队不光是补充红军队伍的有生力量，也是各级苏维埃建设的得力助手，因此，青少年的工作一直受到党中央的关注和重视。1932年2月15日，中共临时中央政治局就通过《中共中央关于青年团工作的决议》，共青团中央成立后还开办《青年实话》刊物，指导苏区的青年工作。

1930年年底，共青团中央为加强对中央革命根据地青年工作的领导，派出两人前往江西苏区，筹备成立了共青团苏区中央局。同年4月中旬，原共青团中央组织部部长顾作霖，受中央委派与任弼时、王稼祥一起来到宁都县青塘乡后，就正式成立了共青团苏区中央局，并担任了共青团苏区中央局书记。共青团苏区中央局成立后，机关从宁都青塘到瑞金县叶坪区庙背村，再到沙洲坝下肖村及瑞金梅岗区田心乡上老屋场，多次搬迁。1932年1月15日至20日，在瑞金召开苏区共青团第一次代表大会，选举顾作霖继续担任书记，张爱萍任秘书长，胡均鹤任组织部部长，陆定一任宣传部部长。1933年1月，设在上海的共青团中央机关迁入瑞金，与少共苏区中央局会合后，改称少共中央局（亦称共青团中央局），由顾作霖、凯丰（何克全）相继任书记，胡耀邦任秘书长，刘英任组织部部长和宣传部部长。在这一批平均年龄不满 24 周岁的青年领导者的卓越领导下，不仅在中央苏区，而且在湘赣根据地、湘鄂赣根据地、赣东北根据地、鄂豫皖根据地等，都相继成立了从省到地方的各级共青团组织，青年工作十分活跃，尤其是在扩大红军、支援革命战争方面，更是发挥了重大的作用。参加红军的绝大部分都是青年人，其中共青团员一般占 20% 以上。1933 年 4 月，中央苏区提出“创造百万铁红军”的口号。8 月 5 日，由红军总政治部和少共中央局决定成立的“少共国际师”就是由青年党员、共青团员、少先队员和青年组成的革命队伍。

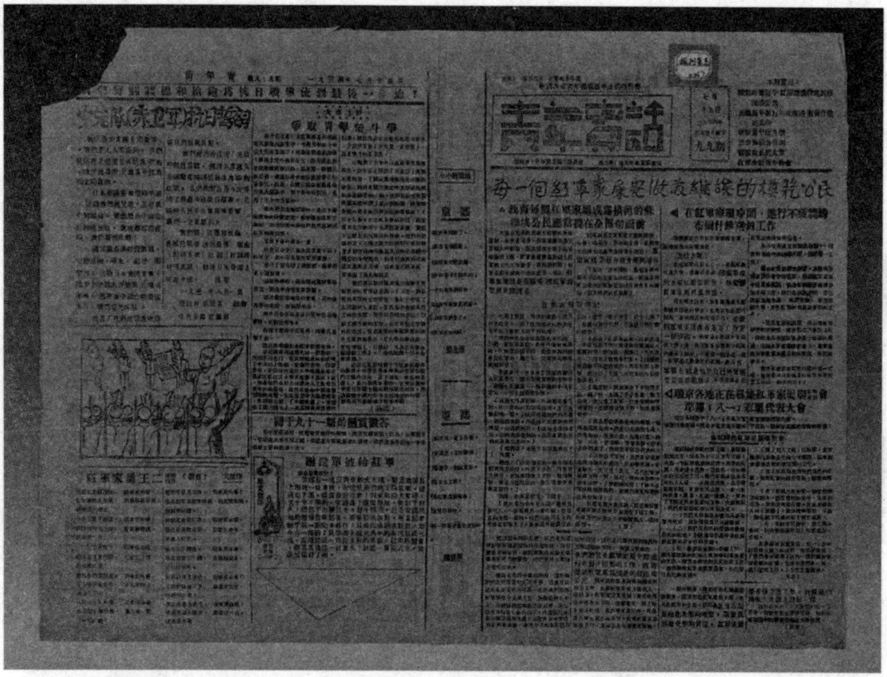

1934 年 6 月 25 日少共中央局出版的《青年实话》第九十五期

中央苏区时期，为加强共青团、少先队、儿童团的工作，在少共苏区中央局成立时就设置了组织部（部长王盛荣）、宣传部（部长陆定一，后刘英）、儿童局（书记陈丕显）、少年先锋队总队部（总队长张爱萍）、秘书处（秘书长胡耀邦）和《青年实话》编委会等机构。苏区时期的少年先锋队，既是苏区青年的半军事化组织，又是共青团的附属组织，队员年龄都在16岁－23岁，亦受共青团直接领导。儿童团组织，也是极其广泛的儿童组织，除地主、富农、资本家的子女外，其余7岁－14岁儿童都可加入。而各级共青团组织都设有儿童局，少共中央儿童局书记胡耀邦就曾经率领儿童团前往叶坪参加“一苏”大会的阅兵典礼。少共中央局还组织青少年开展拥护苏维埃和红军、拥护革命、宣传新思想新风尚，反对封建迷信、吸鸦片、赌博、不讲卫生等旧风俗、旧习惯，学习简单的军事知识，臂戴红袖章，手持红缨枪，担负一定的站岗放哨任务。至今在瑞金还流传着少先队员查毛主席路条的故事。

1932年国际青年节苏区共产儿童团大检阅照

1932年的一天，细雨蒙蒙，时任中央执行委员会主席的毛泽东，身着便衣，打着油纸伞，和警卫员一起，踏着泥泞小路，前往瑞金叶坪云集区做调查。行至一条三岔路口，突然从路旁一棵古樟树上跳下两个少年。他们一高一矮，光溜溜的头上只有额前留着一撮乌黑的头发，两双瞪得大大的眼睛直视着毛泽东和警卫员，每人手执一杆梭镖，大声说道：“请拿出你的路条！”

毛泽东看见他们手臂上戴着红色袖章，知道他们是少年先锋队，赶忙拉开警卫员，上前一步，热情地向他们打招呼。两个少年一听他是外地口音，更加警惕地喝道："站住，快把路条拿出来！"毛泽东看着他们那股虎劲，心里格外高兴，故意考验他们说："哎呀！路条不小心在路途中掉了，你们就让我们过去吧！"

高个儿少年是云集区少先队队长，他严肃地说："不行，没有路条，谁也不能过去，你就跟我们到区政府去说清楚吧！"说完，两个少年就上前来一个推一个拉。

警卫员见状，急忙拿出路条说："这是我们的毛主席。""毛主席？"两个少年不约而同地叫了出来，然后你看看我，我看看你，小手抓着头上那一小撮头发，涨红着脸，尴尬极了。毛主席见状哈哈笑着说："你们这些小鬼，真厉害！"后来毛主席在会议上高度评价少共中央局领导的少年先锋队是一支机警的少年先锋队。

中央苏区少先队集队准备前往漳州参观照

自带伙食参加首次全国运动会

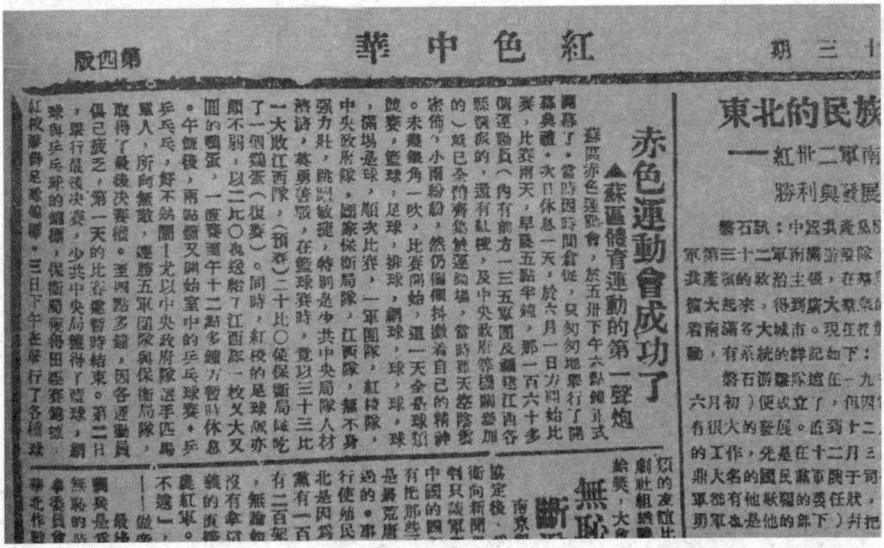
紅色中華

第四版

赤色運動會成功了

▲蘇區體育運動的第一聲炮

蘇區赤色運動會，於五卅下午六點鐘正式開幕了。當時因時間倉促，只匆匆地舉行了開幕典禮。次日休息一天，於六月一日才開始比賽，比賽兩天，早晨五點半鐘，那一百六十多個運動員（內有前方一三五軍團及福建江西各縣預備的，還有紅校，及中央政府等機關參加的）就已全體齊集於運動場，當時雖天老陰雲密佈，小雨紛紛，然仍個個抖擻着自己的精神。未幾號角一吹，比賽開始，這一天全是球類競賽，籃球，足球，排球，網球，……，備場是球，順次比賽，一軍團隊，紅校隊，中央政府隊，國家保衛局隊，江西隊，無不身強力壯，跳躍敏捷，特別是少共中央局隊人材濟濟，英勇善戰，在籃球賽時，竟以三十三比一大敗江西隊，（預賽）二十比〇使保衛局隊吃了一個雞蛋（復賽）。同時，紅校的足球隊亦頗不弱，以二比〇也送給了江西隊一枚又大又圓的鴨蛋，一直賽到午十二點多鐘方暫時休息。午飯後，兩點鐘又開始室中的乒乓球賽，乒乓乒乓，好不熱鬧！尤以中央政府隊選手西鶚軍人，所向無敵，連勝五軍團隊與保衛局隊，取得了最後決賽權。至四點多鐘，因各運動員俱已疲乏，第一天的比賽暫時結束。第二日，舉行最後決賽，少共中央局獲得了籃球，網球與乒乓球的錦標，保衛局獲得田徑賽錦標，紅校獲得足球錦標。三日下午舉行了各種球

1933 年 6 月 4 日《红色中华》以《赤色运动会成功了——苏区体育运动的第一声炮》为题的纪实报道

自备伙食参加首次全国运动会，还真没听说过，可这事确确实实发生在中央苏区。中华苏维埃共和国临时中央政府举办的第一次全国赤色体育运动大会，就是运动员自带伙食参加的比赛。

伴随着苏维埃中央政府的成立，中央苏区的体育活动进入迅猛发展的时期。为检阅全苏区体育运动的成绩，促进苏区体育运动的深入开展，1933 年 5 月 5 日，中华苏维埃共和国临时中央政府决定举办中央苏区第一

次体育运动大会。这次大会定在 5 月 30 日召开，意在纪念五卅运动 8 周年，故又称“中华苏维埃共和国五卅赤色体育运动会”。

为了开好这次运动大会，苏维埃中央政府专门成立了筹备会，并向全国发出通电。电文如下：

中共中央转全国工农群众：在争取完全粉碎帝国主义国民党四次围攻时，发展赤色体育运动，养成工农群众的集团精神与健强体格，适合阶级斗争需要，是非常必需的。

因此，决定于“五卅”在赤色首都举行全苏区运动会，向敌人作总示威，要求各苏区于25 日前派选手热烈出席（伙食自备）比赛，特此通电。

自带伙食原来是中央政府规定的，运动员们也毫无怨言，纷纷报名参加比赛。大家跃跃欲试，都想在这次比赛中显露一下自己的本事。

经过紧张的筹备，这次规模盛大的体育运动大会于 1933 年 5 月 30 日下午 6 时在瑞金隆重开幕。

参加运动会的运动员，有红军各军团、江西和福建两省以及中央政府各机关的选手，共 180 多名，他们都是经过层层选拔产生的优秀运动员。比赛项目共 18 项，其中球类的有篮球、足球、排球、网球、羽毛球、乒乓球，田径项目有跳高、跳远、撑竿跳、三级跳、铁球、铁饼、标枪、越障，五十米、百米、二百米、四百米赛跑。

大会推举博古、邓颖超、王盛荣、项英、张爱萍、何长工、杨尚昆 7 人组成运动大会主席团；聘请博古为总评判主任，洛甫（张闻天）、邓颖超、凯丰、毛泽东、项英、杨尚昆、陈云、何长工 8 人为总评判员。

运动大会开幕式在瑞金叶坪的中央运动场（飞机场）隆重举行，驻瑞金的各机关部队和群众代表近万人参加了开幕式。5 月 31 日全体运动员休息，做 1 天的准备，6 月 1 日比赛正式开始。《红色中华》纪实报道这次运动会盛况时写道：

早晨五点半钟，那一百六十多位运动员就已全体齐集于运动场，当时虽天空阴云密布，小雨纷纷，然仍个个抖擞着自己的精神。未几银角一吹，比赛开始，这一天全是球类竞赛，篮球，足球，排球，网球，球，球，球，球，满场是球，顺次比赛，一军团队，红校队，中央政府队，国家保卫局队，江西队，无不身强力壮，跳跃敏捷，特别是少共中央局队人才济济，英勇善战，在篮球赛时，竟以三十三比一大败江西队，（预赛）二十比〇使保卫局吃了一个鸡蛋（复赛）。同时，红校的足球队亦颇不弱，以二比〇也送给了江西队一枚又大又圆的鸭蛋，一直赛至午十二点多钟方暂时休息。午饭后，两点钟又开始室中的乒乓球赛，乒乒乓乓，好不热闹！尤以中央政府队选手匹马单人，所向无敌，连胜五军团队与保卫局队，取得了最后决赛权。至四点多钟，因各运动员俱已疲乏，第一天的比赛遂暂时结束。第二日，举行最后决赛，少共中央局获得了篮球，网球与乒乓球的锦标，保卫局获得田径赛锦标，红校获得足球锦标。

中华苏维埃共和国“五卅”运动大会足球冠、亚军运动员合影

6 月 3 日上午，全部项目比赛结束。下午举行篮球和足球表演赛。表演赛结束后，中革军委在红军学校俱乐部热情招待全体运动员会餐，项英

致辞祝贺运动大会圆满成功。席间宣布中华苏维埃共和国赤色体育委员会正式成立，推举项英、王盛荣、邓发、张爱萍、施碧晨五人为委员。随后全体运动员摄影留念，并冒雨前往瑞金县城游行示威，欢呼运动大会成功。当晚，在中央工农剧社举行运动大会闭幕式。大会主席团给成绩优胜的运动员颁发奖状和奖品，工农剧社演出精彩节目，慰劳全体运动员。

中华苏维埃共和国“五卅”运动大会排球（据张爱萍确认，“排球”应改为“篮球”）冠军——少共中央局篮球队员合影。左起：施碧晨、陈良友、张爱萍、林飘萍、王盛荣、曾光、杨尚昆（裁判员）

1933年5月30日中华苏维埃共和国第一次运动大会全体运动员合影

中央苏区第一次体育运动大会的圆满成功和中华苏维埃共和国赤色体育委员会的正式成立，标志着中央苏区的体育运动进入了一个新的发展阶段，体育运动成绩也达到了一定的水平。1934 年 1 月下旬至 2 月上旬“二苏”大会召开期间，红都瑞金的中央机关和出席“二苏”大会的代表团，几乎每天都举行各类体育竞赛或表演赛，给出席大会的代表们留下了深刻印象。

“坚决革命的同志”赵博生

“坚决革命的同志!”这是毛泽东对赵博生的评价。

赵博生，原名赵恩溥，1897 年出生在河北省黄骅县。17 岁考入保定陆军军官学校，20 岁毕业入伍。受五四运动的影响，赵博生立志做个模范军人，但因军阀混战，赵博生几次易伍，后听说冯玉祥的部队纪律严明，风气正，遂于1924 年初加入冯部，备受冯玉祥器重，晋升为第二集团军第二十三军参谋长。在这期间与中国共产党人有过接触，他对国民党背叛革命、大肆屠杀共产党人表示强烈愤慨，从此在心里埋下了一颗向往共产党的种子。

1930 年，中原大战结束后，冯玉祥主力被蒋介石收编。赵博生痛恨军阀混战，不愿屈从，决定率领特种兵旅教导大队摆脱军阀的控制，建立一支真正为老百姓而战斗、为救国救民而战斗的爱国军队。他对教导大队的官兵们说道：我们不能缴枪投降，投降不过是由一个军阀转到另一个军阀手中，继续为他们卖命。参加军阀混战，打来打去，祸国殃民，这是违背吾辈革命军人的良心的。

宁都起义将领赵博生

他号召大家离开西安，“另谋一条革命的道路”，得到官兵们的响应。官兵们一致推举赵博生为司令员，成立三民主义救国军，拟入汉中，开辟革命新路。但在部队行进途中，遭遇土匪武装袭击，因寡不敌众，部队退守深山，之后在种种困难的压迫下，只好解散，相约待机再举。之后受第二十六路军总指挥孙连仲的邀请，赵博生担任了孙部的参谋长，奉命南下参加对中央根据地的第二、三次“围剿”，均遭失败，被困于江西宁都。因对蒋介石打内战极为不满，在蒋介石对中央苏区进行第二次“围剿”前夕，赵博生就曾派人到上海设法与共产党取得联系。他没想到这些举动已被第二十六路军中共地下党组织所关注，并派中共地下党员罗亚平及时与他联系并建立关系。1931 年 9 月，党组织批准他为中共党员，实现了他多年的夙愿。

九一八事变后，赵博生曾请求北上抗日，被蒋介石拒绝并遭其处处刁难。然而他抗日之心愈加强烈，于是秘密团结了对共产党心怀钦佩的第七十三旅旅长董振堂和对蒋介石积有旧怨的第七十四旅旅长季振同。不久，他们就派人与红军总司令朱德取得联系，打算举兵起义加入红军。

1931 年 11 月 14 日晚，在共产党的领导下，赵博生、董振堂、季振同等人正式宣布起义。第二天一大早，他们带领一万七千多名起义将士，扯下了帽子上的国民党党徽，撕碎了国民党青天白日旗帜，浩浩荡荡开往苏区，沿途受到了老百姓的热烈欢迎。中央革命军事委员会的代表王稼祥、刘伯坚、左权等同志到宁都城东南 30 公里的固厚圩迎接他们的到来。

部队经过整编后成立了中国工农红军第五军团，赵博生担任红五军团参谋长兼第十四军军长，随后相继参加了攻打赣州、漳州以及宜黄、乐安、建宁等战斗。赵博生在每次战斗中，都表现出一贯的勇敢、坚定、沉着。水口战斗中他左臂受伤，同志们劝他下去休息，他说：“流血很少，微伤何足虑。”在他的感召下，全军战士奋起向前，重创敌军，有力地配合了红一、三军团的反“围剿”作战。这期间，他改任红五军团副总指挥、第十三军军长。因指挥作战有功，红五军团成立一周年时，中华苏维埃共和国临时中央政府下令嘉奖赵博生，并授予他一枚红旗勋章。

1933 年 1 月，蒋介石的主力第九十、二十七师和十五师向金溪、南城一带苏区进犯，企图歼灭我红军主力一、三军团。为保障红军主力于黄狮渡歼灭敌人，赵博生奉命率四个团在长员庙吸引和钳制三倍于己的敌人，自己则亲赴一三五团这处最前线、最危险的阵地上。

黄狮渡战役赵博生牺牲地纪念碑

敌人经过喘息，立马集中力量向两翼阵地轮番发起冲锋。子弹打完了，手榴弹扔完了，赵博生就指挥战士们用石块猛砸敌人。部队伤亡增大，阵地发生了动摇。赵博生亲自带领军官组成最后突击队，向疯狂的敌人发起猛烈的反冲锋。赵博生在距敌百米远的地方，一边指挥，一边回击敌人，不幸头部中弹，壮烈牺牲，时年36岁。

赵博生牺牲后，中华苏维埃共和国临时中央政府于1933年1月13日，将宁都县改为博生县，并为他举行追悼大会。1934年1月召开“二苏”大会前夕，中央政府决定在瑞金叶坪红军广场上建造博生堡，朱德为其题写“博生堡”三字，并以中华苏维埃共和国中央政府名义题刻碑文，以示对他永远的纪念。

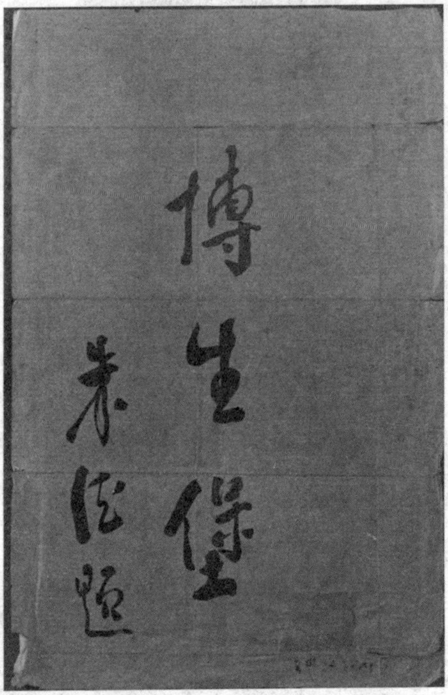

朱德题写的“博生堡”三字

不怕“雷公打”的苏区妇女

苏区妇女参加互助社，集体下田参加劳动

在中央苏区，广大贫苦农民在土地革命斗争中分得了土地后，生产积极性空前高涨，加之苏维埃政府对农业生产给予了极大的扶持，苏区的农业生产因而获得连年丰收。但面临的另一个问题又出现了，因为国民党对中央苏区进行大肆“围剿”，青壮年男子大批参加红军或外出工作，留在后方农村的男劳力大量减少，不少家庭甚至没有留下一名男子在家耕田。如闽西上杭县才溪乡，88%的青壮年男子外出参军支前，全乡只剩69个男劳力。农村劳力缺乏成为当务之急，这必然严重影响苏区农业生产的发展。

为克服这一困难，各地苏维埃政府都费尽心思寻找解决劳力不足的办法。1930年春，闽西苏区上杭县才溪乡最先想出一个主意，就是把有限的劳力和资源集中组织起来，进行合理调配使用，创办了根据地内的第一个耕田队。

耕田队是在本村内以四五户或七八户为单位自愿联合，劳力互相调剂使用，除主要帮助红军家属外，还帮助缺少劳力的孤寡老人。还约定帮助红军家属劳动时，个人自带饭包、工具，不收工钱，红军家属只供菜和茶水。帮助孤寡老人耕田时，由主家供给饭菜和茶水；实行群众互助时，议定每天工钱两毫；群众之间互助时，对劳动技能高的还适当增加工钱。这样的耕田队组织起来后，发挥了很大的作用，全乡农户不论家中有无劳力，农时都没有耽误。1930年6月，毛泽东到才溪乡视察工作了解这种做法后，充分肯定了才溪乡耕田队的创举，并提议将耕田队扩大为“互助社”。

到第二年的夏收时，才溪乡根据毛泽东的提议，把耕田队发展成为“劳动互助社”。这是一种在耕田队基础上规模更大、范围更广，且有组织、有计划地调剂劳力的群众性组织，互助范围也扩大到邻村及外乡，深得苏区群众的欢迎。同时，才溪乡创办耕田队、互助社的经验，也逐渐在闽西、赣南地区推广开来。

1933年秋，苏维埃中央政府认真总结了苏区群众创造的经验，正式颁布了《劳动互助社组织纲要》（以下简称《纲要》），规范了劳动互助社的组织和管理。《纲要》规定：劳动互助社一般以村为单位组织，最大的以乡为单位组织。加入互助社以户为单位，凡农民及其他有选举权的人，不论男女老幼，都可加入，但地主、富农、资本家及其他无选举权的，不准入社。劳动互助社以社员大会为最高权力机关。劳动互助社的劳力实行有计划的调剂分配和有偿服务，以工付酬，可以谷物折算，也可以工换工。跨乡、跨村的劳力调剂，也按此原则办理。红军公田和红军家属耕田的工日，按有关规定予以照顾和优惠，但劳力由劳动互助社分配。

《红色中华》刊登的苏区妇女工作漫画

耕田队和劳动互助社的创办和发展，有效地解决了苏区农业劳力的余缺矛盾，增强了农民之间的团结互助精神，在不变更个体所有制的前提下，调整了生产关系，对恢复和发展苏区农业生产起了重要作用。

互助社解决了劳力平衡问题，但毕竟是因参军支前而产生的男劳力不足的问题，因此，党和苏维埃政府采取许多措施，动员和组织广大妇女加入互助社，要求出人出力参加农业生产，学犁、耙田。起初效果并不明显，参加互助社的没几个人，参加的也多半是红军家属。原来，当地有一种迷信说法："妇娘学犁，母鸡学啼，触犯天理，要遭雷劈。"所以，大多数妇女都不敢摸犁耙。苏维埃政府了解到这种情况后，认为这完全是长期受男尊女卑、足不出户封建思想的影响，因此，就组织妇女教育委员会，组织宣传队，编排节目，走村串户，宣传科学思想，动员她们冲破"妇娘学犁，要遭雷劈"的封建习俗，赤脚下田参加农业劳动，承担犁田、耙田、栽禾、割禾等重活。中共江西省委妇委书记蔡畅，来到田间并率先挽起裤脚，下田拜老农为师学习犁田、耙田。她学会操作后，又把各乡妇女代表集中起来分批轮训，请老农传授犁耙技术。苏区妇女本来就是土生土长的乡里人，很快就学会了犁田、耙田，妇女代表们回到各乡后又推动了本乡本村的妇女下田。在苏维埃政府的努力下，妇女们终于放下包袱，大胆地参加互助社，下田劳动，承担农活。这样使广大的苏区妇女进一步获得解放，使农村劳动力得到了大量增加。

为了鼓励广大妇女参加劳动，苏维埃政府还组织各种劳动竞赛和奖励先进活动。兴国县长冈乡的妇女耕田队队长李玉英，是中央苏区著名的劳动模范，受到苏维埃中央政府的嘉奖，奖给了两头水牛和一条围裙，引起了强烈的轰动。自兴国县长冈乡的经验迅速推广到江西全省苏区后，全省迅速形成了妇女犁田耙田的高潮，适时地播了种，插了秧，当年就取得了丰收。全省也没有一个妇女"遭雷公打"。从此，妇女再也不受封建迷信的愚弄了，后来人们称江西妇女是"不怕雷公打"的英雄。

《红色中华》1934 年 5 月报道："在福建今年的春耕中，已学会犁耙和莳田的妇女有一千六百多。在兴国今年一月全县还只有三百三十六个妇女会犁耙，到四月就有一千零八十多人了。瑞金全县学习犁耙与莳田的妇女，共有一千四百八十八名，学会的已有三百四十八人。这里的比较也是

紅色中華

春耕運動總結與夏耕運動的佈置

今年春耕運動的成績

為什麼得到成績？

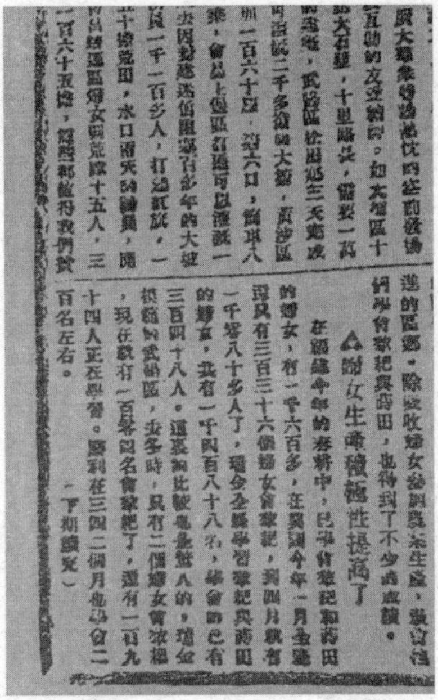

△婦女生產積極性提高了

在瑞金今年的春耕中，已學會犂耙和蒔田的婦女，有一千六百多，在興國今年一月全縣只有三百三十六個婦女會犂耙，到四月就有一千零八十多人了，瑞金全縣學習犂耙與蒔田的婦女，共有一千四百八十八名，學會的已有三百四十八人。這裏面比較更驚人的，瑞金模範的武陽區，去冬時，只有二個婦女會犂耙，現在就有一百零四名會犂耙了，還有一百九十四人正在學習。勝利在三四二個月也學會二百名左右。

（下期續完）

《红色中华》1934 年 5 月 28 日报道了苏区妇女学犁耙的情况

惊人的，瑞金模范的武阳区，去冬时，只有两个妇女会犁耙，现在就有一百零四名会犁耙了，还有一百九十四人正在学习。”

拿起笔做刀枪

1931年中央苏区美术工作者为中华苏维埃共和国临时中央政府主席毛泽东画像

《青年实话》刊登的王稼祥木刻像

拿起笔做刀枪，拿起纸当战场。
冲冲冲，杀杀杀，
我们也是革命的好儿郎。

这首苏区歌谣，是反映苏区的文学、美术工作者用笔做武器、用纸当战场，一直驰骋在纸张、墙壁、树木的特殊战场上，与敌人宣战、与封建思想斗争的生活写照。尤其是苏区的美术作品，用那生动活泼、通俗易懂、形象感人的画面，在革命战争时期起到了鼓舞斗志、辨别真伪、明确真理、打击敌人的战斗作用。

中央苏区的美术，主要是以宣传画、漫画创作为主。

在苏区创建之初，由于红军部队中擅长绘画的人才奇缺，红军宣传人员极少以绘画形式进行革命宣传。到 1930 年后，随着红军和根据地的扩大，红军中的美术人才逐渐增多，苏区的美术创作开始日益活跃。1931 年 11 月苏维埃中央政府成立和国民党第二十六路军宁都起义部队加入红军后，黄亚光、赵品三、农尚智、沈乙庚、黄镇、黄奇彦、松林、张廷竹、张冰崖等一大批美术工作者和业余美术爱好者齐聚瑞金，中央苏区的美术事业由此进入迅速发展的阶段。广大美术工作者和业余美术爱好者们，紧密配合苏区各项斗争，拿起画笔、木炭，创作了一幅幅宣传画、漫画，书写了一幅幅宣传标语，或发表在苏区报纸、刊物中，或描绘在城里城外房屋的墙壁上，或出现在各类教科书和各类读本中，甚至出现在大树上。这些美术作品，尽管线条简单，色彩单一，艺术技巧不高，但都具有鲜明的革命性、强烈的战斗性、广泛的群众性和形式的多样性，既受到苏区军民的热烈欢迎，也起到了动摇、瓦解敌人军心的效果。

1932 年 12 月红星报社编辑出版的《红星画报》，1933 年 2 月中央土地部创办的《春耕运动画报》，1933 年 4 月中央苏区革命互济总会编辑出版的《互济画报》，1933 年 10 月出版的苏区第一本画集《革命画集》……这些画报、画集出版发行后，苏区军民无不争相传看，爱不释手。

1933 年 3 月 5 日，在中央苏区工农剧社总社设立了工农剧社美术部，任务是为工农剧社演出的戏剧、歌舞等节目进行舞台美术设计、绘制舞台布景，并编辑出版少量画报，同时创作一些美术作品供报刊采用。1933 年 9 月，中央教育部又着手筹备成立工农美术社，为此，先后召开过四次筹备会议。1933 年 12 月 11 日，工农美术社正式在瑞金县城天后宫成立。这是中华苏维埃共和国第一个美术出版、展览和研究机构，直属中央教育部艺术局领导。工农美术社有美术专业人员 10 余人，负责人为蔡乾。美术社

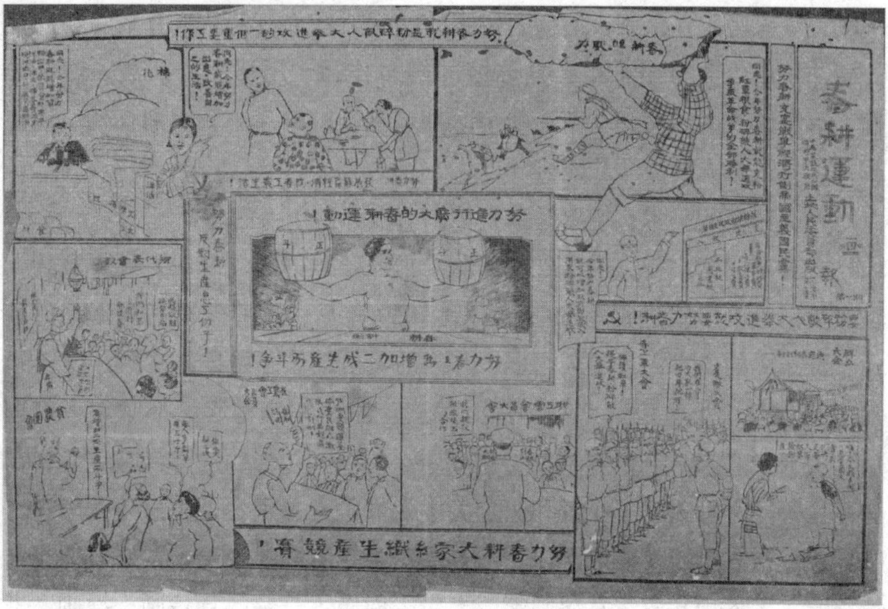

1933 年 2 月 15 日中华苏维埃共和国临时中央政府土地部出版的《春耕运动画报》第一期

成立当天，举行了苏区第一次工农美术作品展览会，获得圆满成功。同时在各级机关，区、乡俱乐部管理委员会，列宁室干事会都设立了墙报委员会或编辑组，从事简单的板报美术绘画的宣传工作。

工农美术社的成立和苏区第一次工农美术作品展览会的成功举办，有力地推动了苏区美术事业的发展。1934 年夏，工农美术社出版了《革命美术作品选》，收入数十幅优秀漫画、版画、速写作品。同时，为了让苏区军民了解其他社会主义国家的斗争生活，在瑞金还出版了《苏联社会主义建设画集》和苏联的《青年画集》，向苏区军民介绍苏联的美术成就。

1934 年 10 月，中央主力红军长征后，红军画家在艰苦的环境中，始终没有忘记自己的使命，继续以美术武器投入战斗。像黄镇就在长征路上创作出反映红军长征艰苦战斗生活的速写作品数十幅，将那艰难岁月定格在共和国美术事业的画册里。这些不朽的美术作品，成为中国现代美术事业的宝贵财富。那些用笔当武器的英雄故事，同样成为当今中国美术创作用之不竭的源泉。

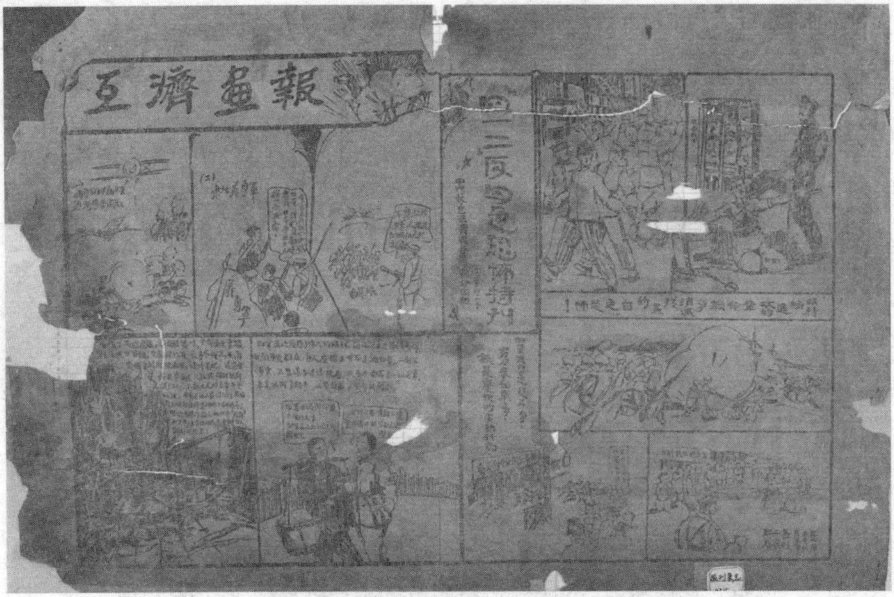

1933 年 4 月中央苏区革命互济总会编辑出版的《互济画报（四一二反白色恐怖特刊）》

中央苏区时期出版的《加紧大检阅》画报

苏区有了自己的图书馆

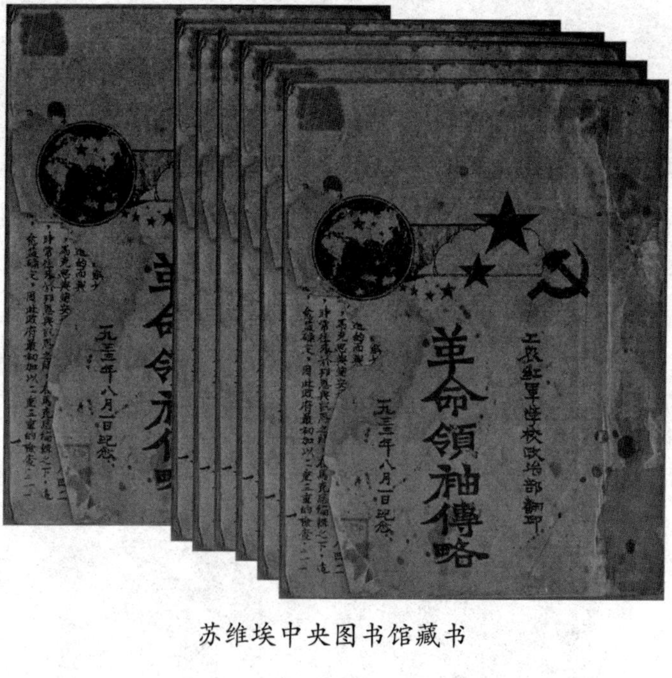

苏维埃中央图书馆藏书

中华苏维埃共和国诞生后，在中央苏区的首府瑞金建立了中央图书馆。从此，苏区有了自己的图书馆。

1931 年 11 月，苏维埃中央教育部为发展苏区文化工作，专设有社会教育局（省、县设社会教育科），负责管理俱乐部、书报阅览所、图书馆、博物馆、巡回演讲等工作，由此，建立图书馆成为苏区文化教育事业的重要组成部分。

中央苏区的图书馆分为公共图书馆、机关学校图书馆和农村俱乐部阅

中央图书馆印章

览室三大类。公共图书馆可算是中央图书馆规模最大的部分。建立这么大的图书馆，还真是毛泽东的功绩。毛泽东从长沙师范毕业后，和萧子升、李维汉、罗章龙等24名青年坐火车第一次走出湖南来到北京，会同蔡和森等，开始赴法勤工俭学的准备工作。毛泽东因故留在北京，经杨昌济介绍，认识了当时任北大图书馆主任的李大钊，李大钊安排他到图书馆当一名助理员。每天的工作除打扫外，便是在第二阅览室登记新到的报刊和前来阅览者的姓名，管理15种中外报纸。当时北大教授的月薪大多为二三百元，而毛泽东每月薪金只有8元，但这个工作对他来说是相当称心的，因为可以阅读各种新出书刊、结识名流学者和有志青年。

此时北京的新文化运动已空前高涨，这种氛围是毛泽东在湖南根本无法接触到的。毛泽东利用一切时间空隙，在接受那些著名人物的思想观点的同时，如饥似渴地在书本里寻找答案，在图书馆里寻求真知。就是因为有了在图书馆工作的机会，他读到了许多过去从未读过的书刊，接触到许多过去从未接触过的人物，尤其是李大钊的言论和情谊，自然更给他以最直接的影响。毛泽东在图书馆里看到了李大钊刊登在《新青年》杂志上的《布尔什维主义的胜利》文章，在天安门广场聆听了李大钊《庶民的胜利》的演说，从而使他开始具体地了解十月革命和马克思主义。

1932年4月间，毛泽东指挥红军东路军攻占福建南部重镇漳州，缴获了国民党当局的一大批图书报刊。在有些战士眼里，这一摞摞、一捆捆书报，可是糊墙贴壁包东西的好材料，可在酷爱读书的毛泽东眼里却如获至宝。他当即指示必须保护好这些书籍，并亲自参与挑选，组织红军和赤卫队将挑选出来的大部分书报运回瑞金，然后以此为基础，在中央政府所在地叶坪建立起了中央图书馆，并配备了专职管理人员。后来，苏维埃中央教育部又发动苏区各机关部队和广大军民，向中央图书馆捐赠了一批书报，从而丰富了馆藏。

中央图书室（馆）藏书

中央图书馆藏书

中央图书馆借书章

中央图书馆对全体军民开放，为了规范管理，颁布了《图书阅览规则》《阅书借书规则》等条例。毛泽东、周恩来等中央领导人，经常到中央图书馆借阅书籍。1932 年冬，毛泽东在长汀福音医院治病休养期间，开了一张书单，专门派警卫员陈昌奉回瑞金，请中央教育部代部长徐特立到中央图书馆借了《两个策略》《“左”派幼稚病》等几十本书，带回医院进行阅读。瞿秋白到瑞金后也非常关心中央图书馆的建设，经常到图书馆借书阅读并指导工作。

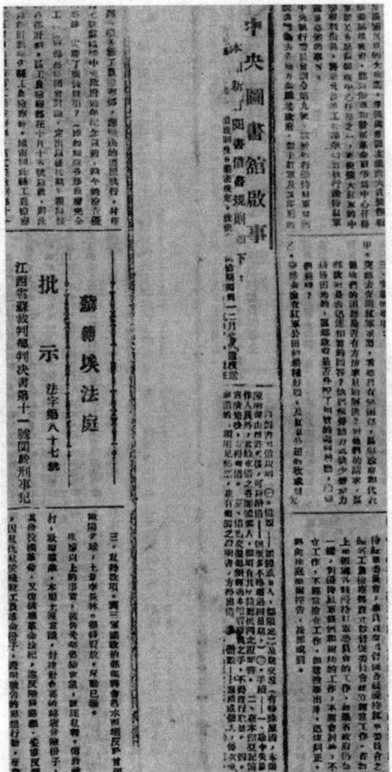
中央圖書館啟事

閱書借書規則

蘇維埃法庭

批示

法字第八十七號

江西省蘇維埃裁判部判決書第十一號關於刑事犯

《红色中华》刊登的中央图书馆启事《阅书借书规则》

1934 年 10 月红军主力长征后，中央图书馆的全部图书报刊装箱，隐藏于瑞金西部的高陂村，后被国民党军发现，掠走 33 箱。幸存的加盖有“中华苏维埃中央图书馆”印章的 1429 册图书和 303 件报纸，几经周折终于保存了下来，现藏于瑞金中央革命根据地纪念馆内。

中华苏维埃共和国的第一个博物馆

中央革命博物馆旧址（瑞金沙洲坝新茶厅）

1933 年 5 月，苏维埃中央政府开始筹建中央革命博物馆，并于 1933 年 5 月 25 日以中央教育人民委员部名义发出《中央革命博物馆征集陈列品启事》，要求各机关、团体及个人帮助收集下列各种物品，寄中央革命博物馆筹备处：（1）革命文件（1933 年以前的），包括标语（贴在壁上的标语，或标语稿本）；各种决议案、指示信、报告；传单画报、杂志报纸、政治剪报；革命的印刷品或抄本；统计图表等。（2）反动文件（敌人进攻的计划书、反动传单品、反革命政治派别的各种文件等）。（3）私人物品，革命领袖的、烈士的、反革命首领的。

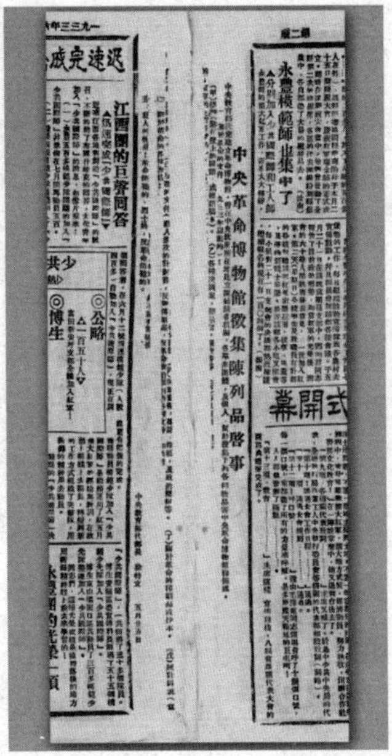
中央革命博物館徵集陳列品啓事

《红色中华》刊登《中央革命博物馆征集陈列品启事》

文告发出后，苏区军民热情高涨，带着物品纷纷前往筹备处。有的拿着欠地主的欠条，有的拿着童养媳的婚约，都说“红军来了，欠地主、富农的债不要还了，欠条留着它没用，放在政府、盖上章，有公章撑腰我更放心”。一位老农说：“妇女都解放了，都取消带童养媳了，姑娘早就自由结婚都生崽了，这些婚约留它有什么用？政府要，我留给你们吧！”一位老大娘拿着儿子的烈士证交给筹备处的同志说：“我儿子死了，村上有的人说我儿子是做生意死掉的，这都有证明，是政府发的，放在你们这里，他们就可以看得到，我儿子是怎么死的，他是光荣死的啊！”有的还拿着打草鞋的木棰，有的拿着做斗笠削竹篾的刀，也捐给了筹备处。

“一苏”大会通过的《中国工农红军优待条例》中就已要求各地应将牺牲或病故的红军战士的遗物收集起来，规定“死亡战士之遗物，应由红军机关或政府收集，在革命历史博物馆中，陈列以表纪念”。1931 年 11 月“一苏”大会召开期间，中央政府在瑞金叶坪举办了一次红军战利品展览，将红军在第一、二、三次反“围剿”战争中缴获的战利品，其中包括国民党军第十八师师长张辉瓒穿的黄呢军衣、军裤，国民党军第二十八师师长

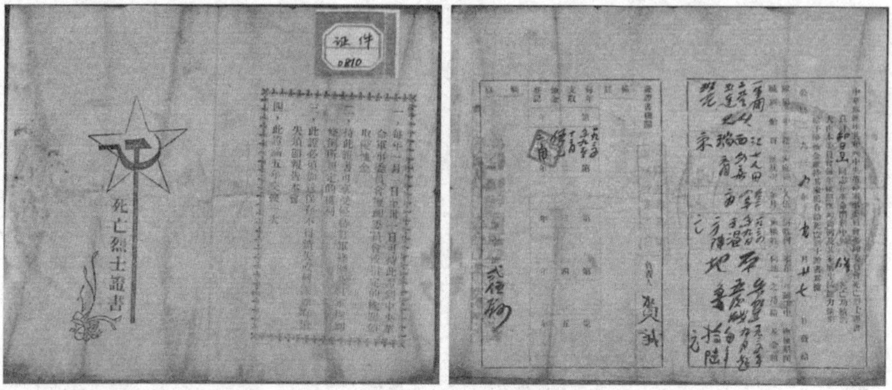

中央革命博物馆收藏的中国工农红军总抚恤委员会颁发的“死亡烈士证书”

公秉藩的私人印章，以及部分武器装备，陈列展出给代表们参观。江西省苏维埃政府在1932年5月召开的全省工农兵第一次代表大会通过的《文化教育工作决议》中也明确要求：各地方遇有新旧书籍、标本仪器、古物及革命的遗迹，应由当地政府投送省文化部处理与保管。

中央革命博物馆收藏的“红军参军光荣证”

1932年冬，中央土地部和中央教育部联合筹办中央农产品展览所，展出200多种农业优良品种和农产品，吸引了许多农民参观。当时老百姓感到很稀奇，他们不懂得什么叫展览，更不懂博物馆是什么，只知道围着好多人看东西，这种场面农村叫“赶交流”，这个展览不同的就是只能看不能买，但老百姓也高兴，认为开了眼界，从此也就知道了这叫博物馆的展览。

1933 年 3 月，中国工农红军学校也开始筹建模型室，这实际上是一个粗具规模的小型军事博物馆，分为“军士门”“政治门”“文化门”等门类 。其中“军士门”包括各种战术图解、各种兵器模型（实物）、各种旧式武器，并兼收各种可供纪念的战利品等。1933 年 4 月 30 日，红军学校模型室正式开幕展出，吸引了众多军民前来参观。

1934 年 1 月，“二苏”大会召开期间，经过半年多时间筹办的中央革命博物馆，在大礼堂附近新茶厅的一栋民房里正式对外开放，会议代表和苏区军民踊跃前往参观，深受教育。

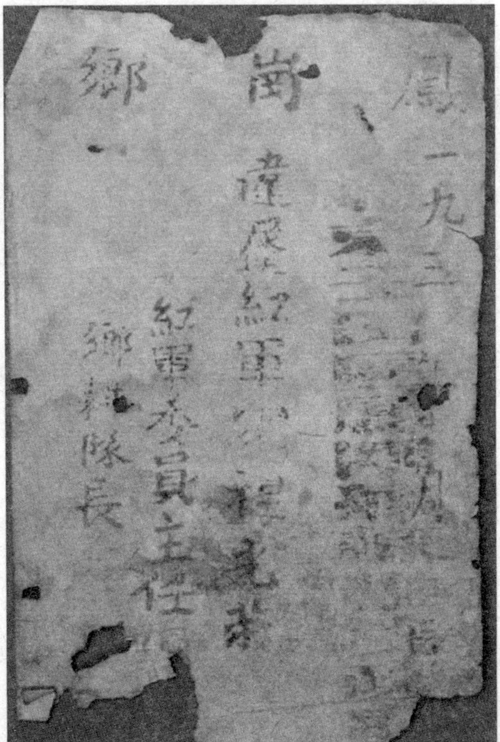

中央革命博物馆收藏的“红军参军光荣证”

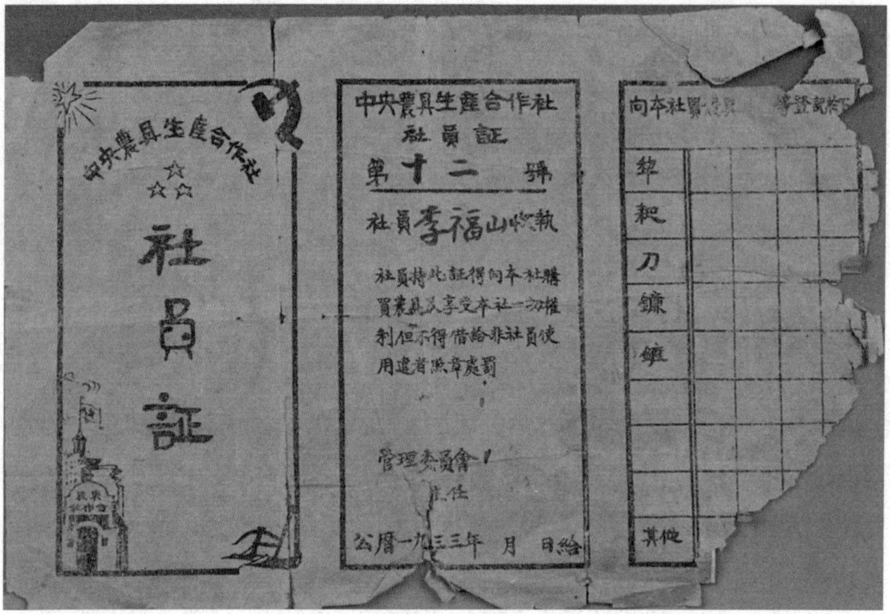

中央革命博物馆收藏的1933年中央农具生产合作社颁发的“社员证”

苏区博物馆虽然条件简陋，规模不大，展品不全，但在革命战争的险恶环境中能如此操办，实属不易。这也是中国共产党人对文化事业的探索和追求。

1934 年

苏区的节省运动

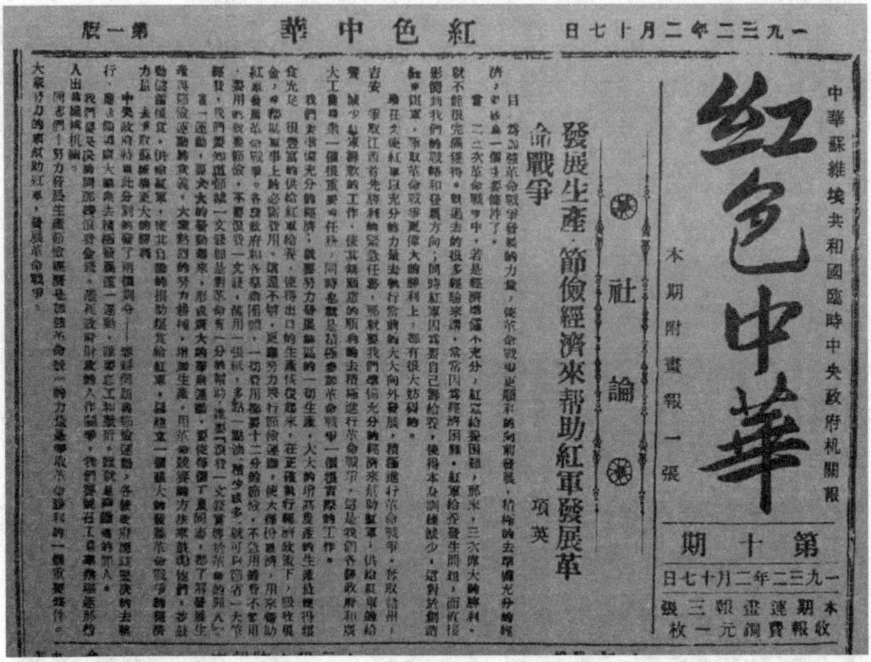
紅色中華 第一版
一九三二年二月十七日
中華蘇維埃共和國臨時中央政府机關報
紅色中華
本期附畫報一張
第十期
一九三二年二月十七日
本期連畫報三張 收報費洋一元一枚
社論
發展生產·節儉經濟來帮助紅軍發展革命戰爭
項英

1932年2月17日，中华苏维埃临时中央政府副主席项英在《红色中华》发表题为《发展生产，节俭经济来帮助红军发展革命战争》的社论

1934年春，中央苏区曾掀起过一轮群众性节省运动的浪潮。

在苏维埃中央政府诞生伊始，一些地方政府和群众团体曾出现“随意滥用”革命经费、大手大脚的浪费现象。另外，由于战争频繁加上国民党的经济封锁，广大军民的物质生活还很艰苦。为了支援革命战争和反贪倡廉，苏维埃中央政府号召苏区各级党政机关和广大工作人员带头开展节约运动。

1932 年 2 月 17 日，临时中央政府副主席项英在《红色中华》报发表题为《发展生产，节俭经济来帮助红军发展革命战争》的社论，号召全区军民开展增产节约运动。他特别要求：各级政府和各群众团体，一切费用都要十二分的节俭，不急用的费不要用，要用的就要节俭，不要浪费一文钱，滥用一张纸，多点一点油，积少成多，就可以节省一大笔经费。我们要知道节减一文钱即是对革命有一文钱的帮助，谁要“浪费一文钱实等于革命的罪人”。中央人民委员会于同一天发出第三号通令《帮助红军发展革命战争，实行节俭经济运动》。此后，“节省每一个铜板为着革命战争”，就成为苏区军民尤其是苏区各级干部的自觉行动。

1934 年春，随着第五次反“围剿”战争日益紧张激烈，根据地范围日益缩小，苏区的财政经济状况日益恶化。面对这种情况，为全力支援反“围剿”战争，苏维埃中央政府通过《红色中华》于 1934 年 3 月 13 日发出“为四个月节省八十万元而斗争”的号召。

紅色中華
中華蘇維埃共和國中央政府機關報
第一六一期
一九三四年三月十三日
社論
一切節省給予戰爭！
然之

苏维埃中央政府于 1934 年 3 月 13 日《红色中华》上刊登《一切节省给予战争!》一文，发出“为四个月节省八十万元而斗争”的号召

《红色中华》的节省号召发出后，得到了中央党政机关的率先响应。《红色中华》当天就报道说：中央政府总务厅经全体工作人员热烈讨论，“决定在伙食上每人每天节省二两米充裕红军的给养”；中央国民经济部全体工作人员“请求人民委员会以后减发苏维埃工作人员的伙食，每人每天油盐菜钱减至三分（原来四分），食米减至一斤（原来一斤二两）”；中央粮食部“决定今后该部工作人员每人每天节省二两米，并实行每人种二十头菜，节省一分菜钱来更充分的保证红军给养”；中央劳动部决定自3月11日起即每人每天少吃二两米，“同时又要求免发夏衣”；中央土地部除每人每天节约二两米、节省一分菜钱外，还决定“设置节省箱，每人每日自动把钱投节省箱并用纸包好，写上自己的名字，每七天总结一次，书面发表，以鼓励节省”，并“一致举手通过今年不要公家发单衣（个别未分到田的同志，个别解决）”。

《红色中华》报刊登的宣传画《节省八十万行政费为作革命战争经费》

1934年3月20日《红色中华》第一百六十四期，又大量报道了中央机关带头响应节省运动号召的情况：中央财政部、中央教育部、中央工农检察委员会全体工作人员，表示每天节省二两米外，还决定自己开荒种菜，减少伙食费开支。中央工农检察委员会过去有15盏灯，现决定二人共用一盏，可减少一半。中央发行部决定3月份内节省19元（工作人员16人）。

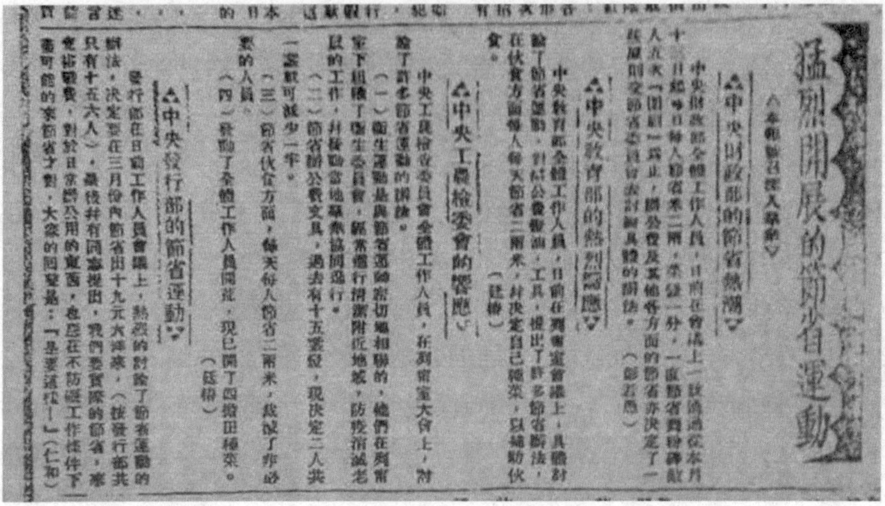

猛烈開展的節省運動

〈本報號召深入羣衆〉

△中央財政部的節省熱潮▽

中央財政部全體工作人員，日前在會議上一致的通過從本月十二日起每日每人節省米二兩，至發一分，一直節省到粉碎敵人五次"圍剿"為止，關於公費及其他各方面的節省亦決定了一些具體的辦法。（彭若愚）

△中央教育部的熱烈響應▽

中央教育部全體工作人員，日前在列甯室會議上，具體討論了節省運動，對於公費燈油，工具，提出了許多節省辦法，在伙食方面每人每天節省二兩米，並決定自己種菜，以補助伙食。（廷梅）

△中央工農檢委會的響應▽

中央工農檢查委員會全體工作人員，在列甯室大會上，討論了許多節省運動的辦法。

（一）衛生運動是與節省運動密切關聯的，他們在列甯室下組織了衛生委員會，經常進行掃除附近地域，防疫消滅老鼠的工作，並協助當地羣衆協同進行。

（二）節省辦公費文具，過去有十五塊錢，現決定二人共一塊錢可減少一半。

（三）節省伙食方面，每天每人節省二兩米，裁減了非必要的人員。

（四）發動了全體工作人員開荒，現已開了四擔田種菜。（廷梅）

△中央發行部的節省運動▽

發行部在日前工作人員會議上，熱烈的討論了節省運動的辦法，決定要在三月份內節省出十九元大洋來，（按發行部共只有十五六人），最後並有同志提出，我們要實際的節省，來充裕戰費，對於日常辦公用的東西，也應在不防礙工作條件下盡可能的來節省才對。大家的回答是：「是要這樣！」（仁和）

1934年3月20日《红色中华》第一百六十四期，报道了中央财政部、中央教育部、中央工农检察委员会、中央发行部等中央机关带头响应节省运动号召的情况

尤为引人瞩目的是，该报当日还报道了中共中央机关博古等23位同志响应节约运动给《红色中华》报的信，信中写道：

我们是从白区来的，我们在苏区没有分田，但是我们为着革命战争，使我们能在持久战中取得彻底胜利，愿意：

（一）每天节省二两米，使前方红军吃饱饭，好打胜仗；

（二）今年公家不发我们热天衣服，把这些衣服给新战士穿。

我们要求其他白区来的同志，和在苏区分了田的同志，都同我们一起，来响应红色中华的节省号召！

签名人：左觉农、陆定一、余长生、邓颖超、博古、刘群先、陈云、毛泽覃、朱琪、谭伯益、林恺、郭香玉、刘自升、彭儒、廖昔昆、成仿吾、刘素珠、罗迈、阿金、潘汉年、赵婉媛、陈一新、贾拓夫。

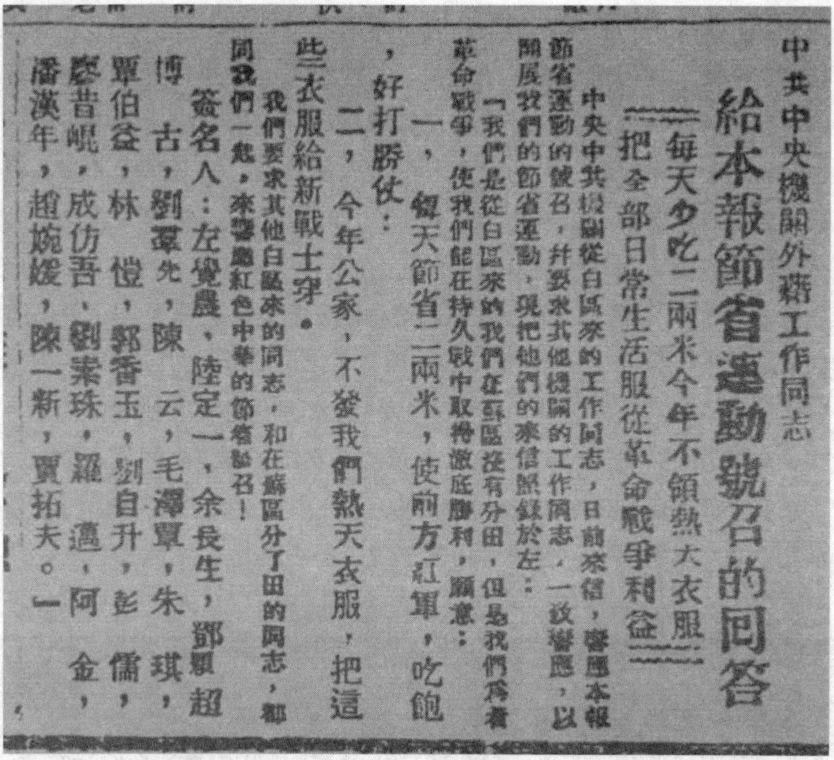
中共中央機關外籍工作同志

給本報節省運動號召的回答

——每天少吃二兩米今年不領熱天衣服

——把全部日常生活服從革命戰爭利益

中央中共機關從白區來的工作同志，日前來信，響應本報節省運動的號召，并要求其他機關的工作同志，一致響應，以開展我們的節省運動，現把他們的來信照錄於左：

「我們是從白區來的我們在蘇區沒有分田，但是我們爲着革命戰爭，使我們能在持久戰中取得澈底勝利，願意：

一，每天節省二兩米，使前方紅軍，吃飽，好打勝仗；

二，今年公家，不發我們熱天衣服，把這些衣服給新戰士穿。

我們要求其他白區來的同志，和在蘇區分了田的同志，都同我們一起，來響應紅色中華的節省號召！

簽名人：左覺農，陸定一，余長生，鄧穎超

博 古，劉羣先，陳 云，毛澤覃，朱 琪，

覃伯谷，林 愷，郭香玉，劉自升，彭 儒，

廖昔昵，成仿吾，劉素珠，羅 邁，阿 金，

潘漢年，趙婉媛，陳一新，賈拓夫。一

1934 年 3 月 20 日《红色中华》第一百六十四期刊登，中共中央机关博古等同志响应节约运动给《红色中华》报的信

由此，苏区的节省运动在中央领导的带领下，经中央机关和中央苏区广大干部的努力，不到一个月，就“得到了许多成绩”：特别是中央政府各部，在三月份及最近半个月来的节省运动，起着更伟大的成绩，行政经费一般的做到比二月份减少百分之四十以上，普遍地实现了每人节省二两米、一分菜又一个铜板（有的是两个铜板）；苏维埃菜园大大地开辟，并进行养猪、养鸡等等生产工作，国家企业的工人和职员都热烈的大部分或全部地节省工资和津贴；由于节省运动的开展，反贪污浪费斗争的深入，最高度地发扬了工作人员的劳动热忱，在工作的进行上不但不因人员的裁减而使工作有多少妨害，而且更增高了工作的速度与效能，发扬了工作人员的创造性。

1934 年 4 月 19 日，中央人民委员会为进一步推动节省运动更广泛深

入地开展，又专门向各级苏维埃政府主席团及后方各军事机关负责同志发出指示信，要求加强对节省运动的领导与检查督促，并且进一步在全苏区干部群众中开展每人节省三升米支援红军运动。此信发出后，中央苏区群众性节省运动又掀起新一轮的浪潮。广大农民群众，乃至少年儿童，都积极投入到节省运动中。

1934 年 9 月 11 日，中央审计委员会在审计中央各部 5 月至 8 月的经费开支后，发布了《关于四个月节省运动总结》报告，公布了四个月节省运动的成绩：不仅完成了 80 万元计划，而且可以说将近超过一倍即一百三十万以上，其中仅行政办公费用开支以 1934 年 2 月份开支数比较，四个月总计减少 625876 元。节省夏衣方面，仅保卫局系统不领夏衣的就有 2066 人，红军总卫生部各医院不领夏衣的有 5000 人，中央党政机关各部门工作人员，几乎全部不领夏衣。仅这一项就节省经费三四万元。

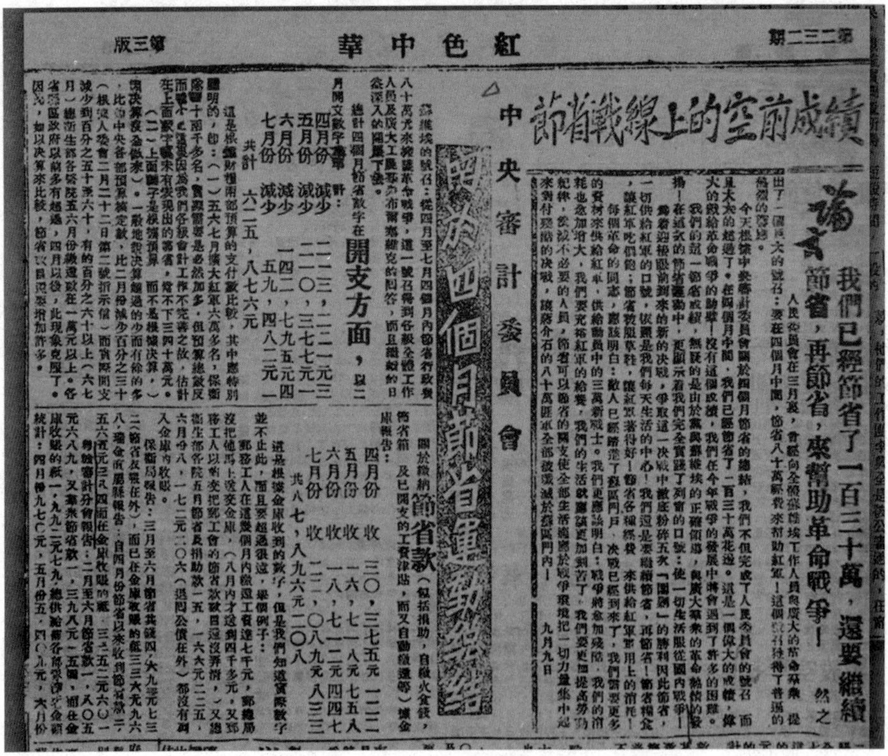
紅色中華 第二三二期 第三版

節省戰線上的空前成績

論 我們已經節省了一百三十萬，還要繼續節省，再節省，來幫助革命戰爭！

中央審計委員會 關於四個月節省運動總結

開支方面

節省款

《关于四个月节省运动总结》的情况公告

中央审计委员会在审计报告中自豪地写道：

只有苏维埃是空前的真正的廉洁政府。尤其在争取国内战争“无论如何要顺利”的上面，存在着伟大的实际意义。

借谷给红军去

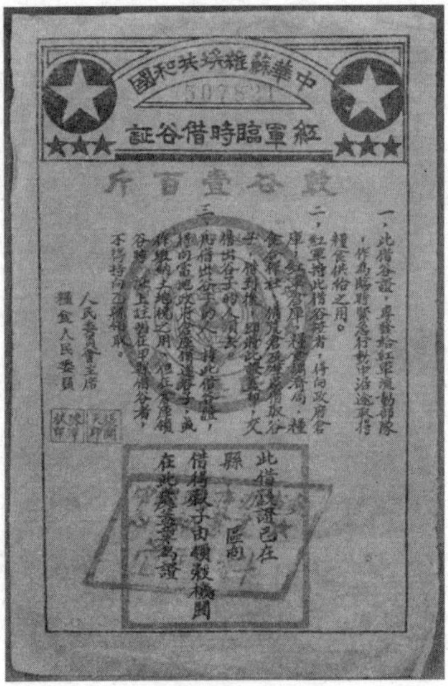

中華蘇維埃共和國

紅軍臨時借谷証

乾谷壹百斤

1934 年中华苏维埃共和国临时中央政府粮食部发行的“乾谷壹百斤”借谷证

乾谷伍百斤

1934 年中华苏维埃共和国临时中央政府粮食部发行的“乾谷伍百斤”借谷证

“借谷给红军去！”这既是苏区群众说的一句话，也是苏维埃政府发动借谷运动张贴的宣传标语。

由于国民党反动派对中央苏区发动五次军事“围剿”，对根据地进行多年的全面经济封锁，使得苏区内的物资十分紧缺，苏区内各类物资几乎消耗殆尽，尤其是到1934年六七月间，中央苏区出现了粮食空前紧张的严峻局面。

王明“左”倾教条主义使红军第五次反“围剿”连连失利。1934年4月下旬广昌失守后，前方战事更加吃紧，中央苏区面积日益缩小。为了解决扩红运动中已经急剧增加的红军粮食问题，以及后来战略转移所需的军粮，中共中央、中央政府于1934年六七月间，在中央苏区掀起两次大规模的粮食征集运动。

1934年6月2日，中共中央执行委员会、中央人民委员会联合发出《为紧急动员二十四万担粮食供给红军致各级党部及苏维埃的信》。信中对各级党部和苏维埃提出要求：第一，真正开展群众性的节省三升米运动，从节省中得到七万五千担谷子；第二，必须没收地主、征收富农的粮食六万五千担；第三，必须努力发动群众，借谷十万担给红军。呼吁和指令各级党部和苏维埃政府竭尽全力“为二十四万担粮食而斗争”，指出：为着战争的胜利，我们无论如何要得到二十四万担谷子……为粮食而斗争，也就是为着前线胜利而斗争。

苏区各级党组织和苏维埃政府，为响应党中央和中华苏维埃共和国临时中央人民政府的号召，保障红军的粮食供应，在全苏区内掀起了声势浩大的群众性节约运动。少年先锋队中央总队部要求各县队部和全体队员节省伙食，每个队员节省三升米，总队部的同志首先每人每天少吃二两米。瑞金县苏维埃粮食部召集各区部长联席会议，提出借谷，并着重于贫农团的动员。苏区广大群众为节约粮食支援红军，改一天三餐为两餐，改吃干粮为吃稀饭，改吃米饭为杂粮主粮混吃。许多少年先锋队队员则尽量吃蔬菜以节省粮食，蔬菜不够吃就上山挖野菜。苏区广大干部也纷纷从家里拿米或带饭去办公。就这样，苏区军民按政府“竭尽全力”的要求去完成任务。

到7月下旬，形势更加吃紧。7月19日，正值夏粮收获季节，于是，中央粮食部召集各县粮食部部长与仓库主任会议。会上，中华苏维埃共和国中央执行委员会主席毛泽东，做了《目前形势与粮食部的工作》的报告，中央粮食部部长陈潭秋做了《征收和借谷》的动员报告。与此同时，中央执行委员会和中央人民委员会做出《关于在今年秋收中借谷六十万担及征收土地税的决定》，确定除借谷六十万担外，另买谷子十万担，加上征收土地税买谷，一共收集一百万担的粮食，要求 9 月中旬前完成。在这次粮食工作会上，各县订立了秋收借谷运动的竞赛条约，并推举毛泽东、罗迈、陈潭秋、王首道等为公证人。

要完成任务，首先必须抓好夏收工作，使丰收的粮食颗粒归仓。为了不让敌人抢走一粒谷子，各级苏维埃都成立了保卫夏收委员会，采取各种措施确保夏收工作。其次是继续发动苏区人民，尽一切力量借谷给红军，支援革命战争！

因此，在这次借谷运动中，各地党团员和苏维埃干部确确实实地起到了模范带头的作用。如共产党员、赤上乡苏维埃政府主席黄振明，在借谷动员大会上，抢先提出借谷十担，接着江下乡党支部书记表示借谷十九担，其他一些乡苏维埃政府和支部负责人也都提出要完成借谷十担以上的任务。党员干部带了头，广大群众纷纷报名借谷给红军。80 多岁的码头女工吕冬秀提出节省谷子五十担借给红军。此外，一些苏维埃干部还把政府规定减免的土地税也上交给政府，支援红军。

这次借谷六十万担，可以说是比头一次借谷二十四万担更为艰巨的任务，然而，在各级党组织、苏维埃政府和广大人民群众的共同努力下，到 9 月 30 日止，实际收集借谷五十八万余担，征收土地税及归还借谷近十二万担，红军公谷五千余担，没收反革命的谷子七千余担。

1934 年中华苏维埃共和国临时中央政府粮食部发行的“乾谷伍拾斤”借谷票

中央粮食部部长陈潭秋在秋后总结时说道：“动员的经过与事实的推演，完全证明了中央估计与指示的绝对正确，同时正因为各级党部与苏维埃一般的坚定的执行了中央的正确指示，粮食动员才得到伟大的胜利……借谷动员六十八万八千余担，收集五十八万二千余担（未收集的大部分是迟熟的地方，还未割禾）……虽然还没有达到要求的总数目，然我们绝不能否认这次动员的伟大胜利，特别是借谷动员的胜利。”

尽管苏区物资匮乏，群众余粮不多，但苏区群众在苏维埃“借谷给红军去”的宣传动员下，忍饥挨饿，从嘴里抠出一点点粮食，积攒起来借给红军，既缓解了战场粮食的困难，也为红军大转移准备了充足的粮食。而他们手中的“借谷票”，也永远地留在了历史的档案里。

毛主席题写“模范兴国”

1934年1月第二次全国苏维埃代表大会召开期间，为表彰兴国的工作，毛泽东主席亲笔写下“模范兴国”四个大字送给兴国县苏维埃政府。

1934年1月毛泽东主席亲笔题写“模范兴国”送给兴国县苏维埃政府

兴国县是中央苏区时期先进县、区、乡的突出代表，该县的苏维埃工作成为全苏区的模范。

兴国是赣南最早实现全县赤化的县份，早在1926年9月，兴国就建立了中国共产党支部。土地革命初期，在该县著名共产党人陈奇涵、黄家煌、胡灿、肖华等领导下，1928年进行过两次农民武装暴动，开始建立地方革命武装。1929年3月成立中共兴国县委，同年4月成立县革命委员会，1930年3月成立兴国县苏维埃政府。当年全县大部分地区都分配了土地，建立了区、乡苏维埃政权。自1929年4月起，毛泽东、朱德、陈毅、彭德怀和周恩来、任弼时、项英、王稼祥、叶剑英、李富春、曾山、贺昌等红军统帅和党政领导人，多次亲临兴国指导工作。1931 年 12 月至 1933 年 1 月，中共江西省委和江西省苏维埃政府机关设在兴国县城，兴国县的各项工作得到省委、省政府的直接领导。兴国县的广大共产党员和苏维埃干部，带领全县人民艰苦奋斗，努力创造“第一等的工作”，使全县各方面的工作都走在全苏区前列，多次受到苏维埃中央政府，中共江西省委、江西省苏维埃政府的表扬和毛泽东主席的称赞，成为全苏区学习的榜样。

创造“第一等的工作”的兴国县苏维埃干部

兴国是历次反“围剿”的主要战场之一，战争的创伤、支前的压力、政权的建设、群众的生产生活，成为兴国县苏维埃政府的工作重心。

1933 年 5 月，中央提出“扩大百万铁红军”的号召后，仅红五月扩红突击中，兴国模范师全师 5161 人，全体报名加入红军，编为红三军团第六师。这一壮举震动全苏区，带动全苏区兴起赤卫军模范师整团整师加入红军的扩红热潮，被苏维埃中央政府誉为“创造百万红军的先驱”。据统计，兴国全县参加红军的青壮年就有 55000 余人，约占当年全县总人口的 25%，全县革命烈士达 23200 余人。

为了支援革命战争，兴国县积极组织担架队、救护队、向导队、破坏队、运输队，合计 24379 人；组织地方武装模范师、少年先锋队、模范少先队、赤卫军，共计 41502 人。这些都是支前参战的组织和队伍，总数占全县总人口的1/6。1933年9月，中共江西省委授予该县一面印有“一切力量给予战争”的支前参战工作优胜奖旗。

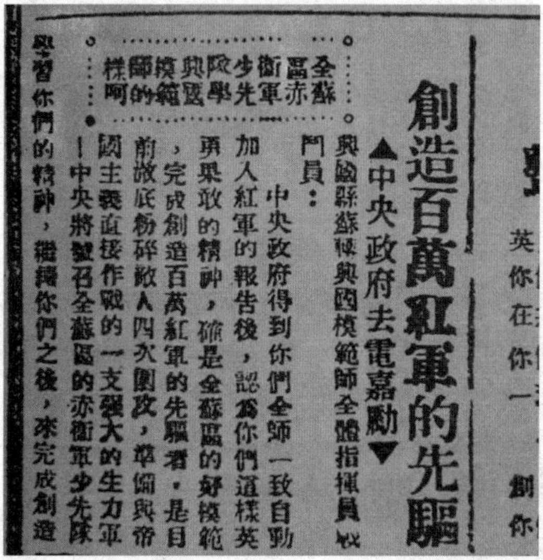

創造百萬紅軍的先驅

▲中央政府去電嘉勵▼

興國縣蘇樣與國模範師全體指揮員、戰鬥員：

中央政府得到你們全師一致自動加入紅軍的報告後，認為你們這樣英勇果敢的精神，確是全蘇區的好模範，完成創造百萬紅軍的先驅者，是目前徹底粉碎敵人四次圍攻，準備與帝國主義直接作戰的一支強大的生力軍！中央將號召全蘇區的赤衛軍少先隊學習你們的精神，繼續你們之後，來完成創造

全蘇區赤衛軍少先隊學習模範師的榜樣呵

1933年5月17日《红色中华》第八十期报道中央政府去电嘉励兴国模范师整师加入红军

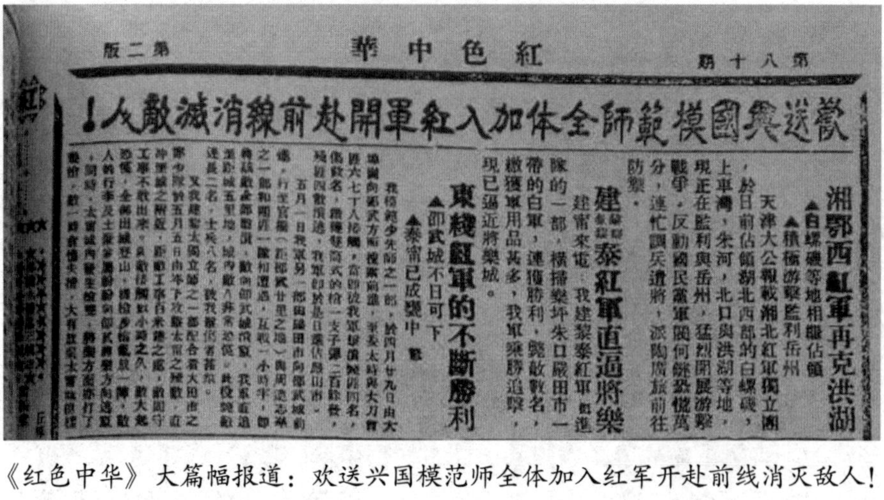

紅色中華　第八十期　第二版

歡送興國模範師全体加入紅軍開赴前線消滅敵人！

湘鄂西紅軍再克洪湖

▲白螺磯等地相繼佔領

▲積極游擊監利岳州

天津大公報載湘北紅軍獨立團，於日前佔領湖北西部的白螺磯，上車灣，朱河，北口與洪湖等地，現正在監利與岳州，猛烈開展游擊戰爭，反動國民黨軍閥何鍵恐慌萬分，連忙調兵遣將，派陶廣旅前往防禦。

建黎泰紅軍直逼將樂

建寧來電：我建黎泰紅軍一部，掃蕩梅口朱口歸田市一帶的白軍，連獲勝利，斃敵數名，繳獲軍用品甚多，我軍乘勝追擊，現已逼近將樂城。

東綫紅軍的不斷勝利

▲泰寧已成甕中鱉

▲邵武城不日可下

《红色中华》大篇幅报道：欢送兴国模范师全体加入红军开赴前线消灭敌人！

为了红军打胜仗，确保物资的供应，他们组织慰劳队送鸡蛋、送果品蔬菜、送草鞋，仅1932年7、8、9三个月，送去的草鞋就有8600多双、果品蔬菜8300多担。还有红军伤病员前后约数万人在兴国红军医院和休养院治疗休养，医院和休养院的砍柴、洗衣等勤务，全由兴国当地赤卫队包了下来。《红色中华》报经常刊载文章，称赞兴国是“慰劳红军的模范县”。

1934年6月初，中央内务部代部长梁柏台赴兴国检查优待红军家属工作后，撰写文章表扬时说道：兴国的优红工作，比较别的县市更有成绩。兴国的红军家属比哪一个县都要多，到今年四月底止，已有一万八千零五十九家，人数有六万一千六百七十名。但是红军家属的人数虽然有这么多，红军家属的困难却比别处更少。这可见他们优待红军家属工作的成绩了。

紅色中華　一九三四年六月十六日

興國的優待紅軍家屬工作

（柏台）

興國的優紅工作，比較別的縣市要更有成績。興國的紅軍家屬比那一個縣都要多，他到今年四月底止，已有一萬八千〇五十九家，人數有六萬一千六百七十名。但是紅屬的人數雖然有這樣多，紅屬的困難却比別處更少，這可見他們優待紅屬工作的成績了。現將興國優紅的工作作簡單的介紹：

在組織方面，一般的能按照人民委員會的優待條例去組織。如優紅委員會，縣，區，鄉，村四級都有組織，而且在實際工作中能起作用。耕田隊，擔架隊，檢查隊，亦多能按優紅條例去編制。對於擔架隊更有詳細的分工，如犂牛班，砍柴班，挑水班，慰問班等分工負責。因此紅屬的日常事務不至於發生困難。

在幫助紅屬勞動力方面，一般的是先耕紅屬的田，後耕自己的田，全縣沒有紅屬的荒田，而且能做夠三犂三耙。在勞動力缺少的地方，能夠吸收婦女參加生產，組織紅屬，使紅屬來幫助紅屬，在勞動力上得到互相調劑。

對於紅屬的糧食，油鹽，柴等問題的解決，同樣得到了不少的成績。

優紅谷倉現在全縣已建立了六十九只，已集中了四百二十二擔二斗五升谷子。這是由羣衆節省來的，他們提出每人節省三升谷子來優待紅屬的口號，上面優紅谷倉的谷子，就是節省三升谷子所收集來的。

優紅商店，全縣建立了十七只，共收集了資本一千八百九十九元五角，又谷子七十九担。這些優紅商店，除便宜的賣給紅屬油鹽之外，所賺的紅利完全拿來幫助紅屬。

柴廠全縣已建立六十八只
六工作所斫的柴存到廠裏去，分給他們。在這些柴廠裏經常
合作社百分之五的優紅紅
的九五或九三折扣已經實行。
織。光榮牌，田牌子，多數地
他爲什麼能得到這樣大的
（一）能按時執行檢查，
作中起了作用。經常的召集紅
紅工作。檢查到對優紅條例不
份子，向他們開展思想鬥爭，糾正他們的錯誤。

（二）對不執行優紅條例
工農份子，一次不執行勞動工
要他去補做。二次不去則下發
衆會來向他做鬥爭，亦須補做
工。四次則由羣衆大會來決定
爲地主富農，一次警告，二次則交給裁判部去裁判。

（三）優紅的組織比較的
實際上能擔負起責任來。

興國的優紅工作有了以上
興國的優紅工作能夠比別的縣
的優紅工作，應當來學習興國
優紅的工作，能夠配合着擴大
，不使有一個紅軍家屬發生困

1934年6月16日《红色中华》刊载中央内务部代部长梁柏台撰写的《兴国的优待红军家属工作》文章

推销公债是充裕战争经费的需要，在中央苏区发行总额480万元的第一、二期革命战争公债和经济建设公债中，兴国县就购买了47.36万元，占全苏区任务总数的近十分之一，是购买最多、完成任务最好的苏区县。1934年6月中央苏区紧急动员借谷24万担，分配给兴国的任务是12000担，结果该县完成20291担。1934年7月，中共中央和中央政府又决定征集粮食60万担，分配给兴国5万担，全县实际完成51000担，走在全苏区前列，中央人民委员会授予兴国县一块红匾："布尔什维克的粮食动员"。

无论是创办合作社、开展节省运动，还是文化教育方面，兴国县总是走在前头。在1933年12月5日召开的中央苏区与消费合作社第一次代表大会上，兴国县上社区消费合作社被评为苏区四个模范合作社之一。对兴国的节省运动，1934年4月3日中央财政部公布各地上交节省经费数目时，兴国是节省经费数目最多的县。

在文化教育中，毛泽东在"二苏"大会的工作报告里，对兴国的文化教育工作，尤其扫除文盲工作给予了极高的评价和热情赞扬。毛泽东统计：兴国学龄儿童总数二万零九百六十九人（内男一二零七六，女八八九三），进入列宁小学的一万二千八百零六人（内男八八二五，女生三九八一），失学的八千一百六十三人（内男三二五一，女四九一二），入学与失学的比例为百分之六十与四十。这在苏区的入学比例中是最高的。

干部作风更是受人称赞。兴国县苏区各级党政干部在工作中深入实际，充分发动和依靠群众完成各项任务，关心群众生活，注意工作方法，起模范带头作用，创造了党员干部"十带头"的好风尚，即政治学习带头、军事训练带头、执行勤务带头、参军参战带头、遵纪守法带头、购买公债带头、节省粮食带头、优待红属带头、发展生产带头、移风易俗带头。

兴国模范县的工作，受到苏维埃中央政府主席毛泽东的充分肯定和高度称赞。1934年1月27日，毛泽东在"二苏"大会做总结时，热情洋溢地说道：兴国的同志们创造了第一等的工作，值得我们称赞他们为模范工作者……像兴国和赣东北的同志们，他们把群众生活和革命战争联系起来，他们把革命的工作方法问题和革命的工作任务问题同时解决了。他们是认真地在那里进行工作，他们是仔细地在那里解决问题，他们在革命面前是真正负起了责任，他们是革命战争的良好的组织者和领导者，他们又是群众生活的良好的组织者和领导者。

毛泽东在“二苏”大会期间，不光为兴国县苏维埃政府亲笔题写“模范兴国”予以褒奖，还在大会上号召苏区干部要向兴国县学习，要造成“几十个兴国县”，作为我们“巩固的阵地”。

领袖风范二三事

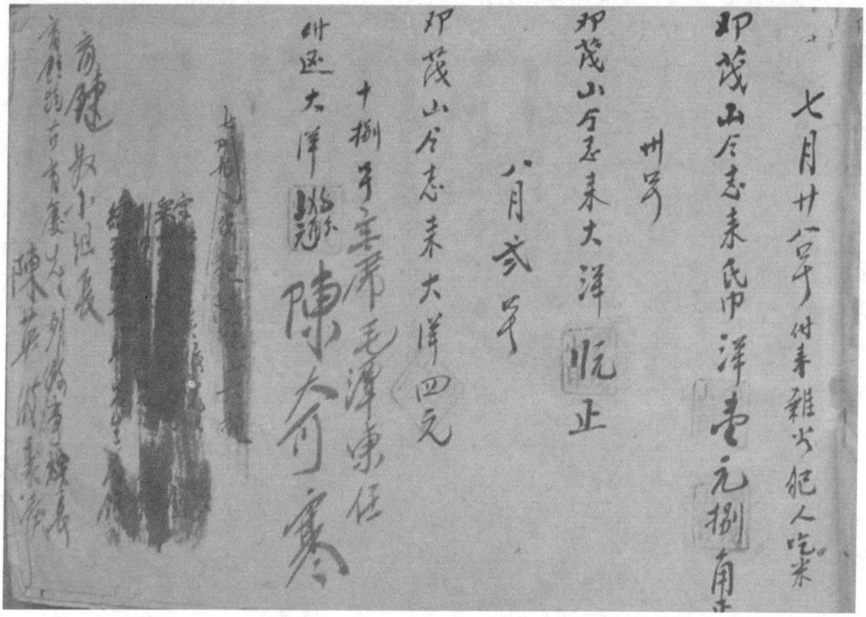

陈奇寒（涵）代毛泽东缴纳的食宿费账本

红军为什么能打天下，是因为有共产党的领导；红军队伍为什么能壮大，是因为有老百姓的支持！苏维埃有凝聚力，红军有凝聚力，更是因为有领袖和苏区干部的廉洁风范。他们为苏维埃战斗，为老百姓着想，在中央苏区从自己做起，从小事做起，演绎了一个个感人的故事。

1934 年 8 月的一天，毛泽东同江西省军区参谋长陈奇寒（陈奇涵）一行四人，身背干粮袋，脚穿草鞋，来到江西苏区长胜县铲田区进行调查研究。区政府主席钟赤轱听说毛泽东来到村里，急忙四处寻找，最后在红军家属许大娘家里找到了。他埋怨道：“毛主席，你们进村来也不事先打个招呼，好让我们有个准备啊！”毛泽东拍着钟赤轱的肩膀笑着说：“我们又不是皇帝出宫，来个鸣锣开道，我们是来做群众调查的，说来就来，如果兴师动众，到哪儿去了解情况？打招呼不利工作，要不得、要不得！”说得钟赤轱有些不好意思，只能点头称是。

经过一天繁忙的调查，晚上毛泽东等人住进了区政府一所破旧的招待所里，晚饭也就在区政府吃了一餐红薯粥。

次日清晨，毛泽东和警卫员要赶回瑞金中央政府，临行前，毛泽东对警卫员小吴说：“你去区政府财政部按照规定把伙食费和住宿费结了，我们先走一步，你随后赶来。”小吴应声而去。

在区财政部，长工出身的老部长听说毛泽东他们在这里住了一宿，也要交付食宿费，急得涨红了脸，说什么也不肯收。警卫员推辞不下，只好收回钱匆匆上路追赶前面的毛主席。毛泽东见了小吴忙问：“费用结算了吗?”小吴吞吞吐吐地说明区干部退钱的事，毛泽东听后，大为生气，立即要他再次赶回铲田重交食宿费。陈奇涵参谋长看离村庄已远，便笑着说：“毛主席，还是由我来办这件事吧，你们赶路要紧。”毛泽东想了想，也只好同意这么做。他紧握陈奇涵的手叮嘱道：“老陈，这件事你一定要办！我们是领导干部，在执行财政纪律方面，更要严格遵守和做出表率，人民才会拥护我们。”

陈奇涵点了点头，向毛泽东握别，赶回铲田区，代表毛泽东向区财政部交了食宿费。老部长见这情景，感叹不已，只好拿出用毛边纸制作的财政部账本，慎重地在账本上记上“十捌号，主席毛泽东住四（人）还大洋 1 元 8 角”。在后面经手栏上，陈奇涵也端正地签上了自己的名字“陈奇寒”。

朱德是红军的总司令，又是中革军委主席。忠厚朴实的他，看上去就像一位老农民，又像是位“伙夫头”。有一次敌人追赶朱德，就误把他当成伙夫放了过去，后来朱德捡起路上的木炭在墙壁上写下“伙夫就是朱德，朱德就是伙夫”的字样，气得国民党兵只好往天上乱放几枪以此解恨。所以，在中央苏区到处流传着敌人找朱德找错人的故事。朱德爱兵如子，爱民如子。有一次，兴国县籍红军战士严德胜（当年是红一方面军总司令特务大队战士）在红军第一次反“围剿”前夕行军时，脚上穿的草鞋磨破不能穿了，他便脱下丢在路旁，光着脚丫子走路。这事被朱德总司令看见了，他不声不响地捡起严德胜丢掉的烂草鞋，当晚宿营时亲自动手将它编织补好，然后将补好的草鞋悄悄地放回到正在熟睡的严德胜身旁。第二天早上起床时，严德胜发现床前放着自己丢掉的烂草鞋，破烂的地方已经补好了，惊喜不已，忙打听是谁做的好事。特务大队何排长告诉他，是朱总司令将破草鞋捡回补好的。严德胜听了心中感激，愧疚不已。这件事对战士们教育极深，此后在特务大队捡烂草鞋、补草鞋成了战士们的传统习惯。

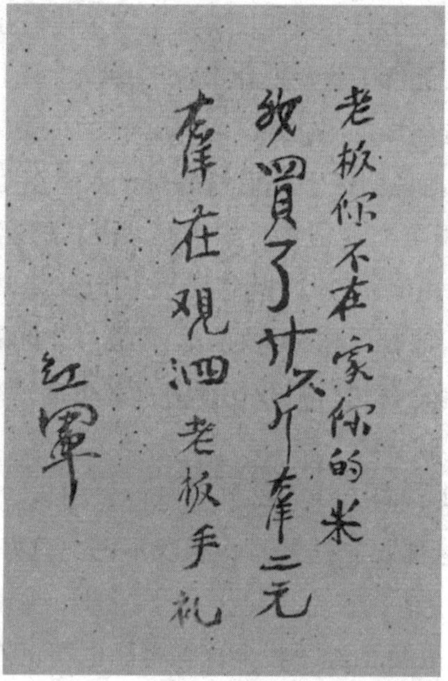
老板你不在家你的米
我買了廿六斤大洋二元
大洋在观泗 老板手礼
红軍

红军在福建漳平县的杨美村上埔山农民苏和家中留下买米的“留款信”

在福建漳平县的杨美村上埔山农民苏和家中，珍藏着一幅红军写在墙上的留款信：“老板你不在家，你的米我买了二十六斤，大洋二元，大洋在观泗老板手礼（里）。　红军”这是1929年8月朱德率红四军第二、三纵队出击闽西，途经这个村子时写下的。当时红军断粮，发现苏和家中留有大米，而房东苏和一家因听信反动派谣言已避往山中。朱德命司务长将米过秤，留下买米的大洋请苏和的邻居苏观泗老人代转，在苏和家中墙上写下了这封留款信。后来，这封留款信成为红军纪律严明、朱德爱民守信的见证。

周恩来，红军总政委、中共苏区中央局书记、中革军委副主席。他到中央苏区时，正值第四次反“围剿”，司令部长时间设在建宁，他经常通宵达旦地工作。他当年的警卫员郭应春回忆说“周副主席在建宁，生活很朴素。睡的是门板床，再铺上几把稻草。盖的是一条很旧的灰毛毯”“床上没有枕头，就捡了一块砖头垫上”“洗面没有毛巾，用一块破布抹一下”“打仗缴来的战利品，我们想多照顾一下周副主席的生活，他都不要，‘都说归公，给我干什么’”。周恩来总是与同志们同甘共苦，从不特殊，亲临第一线，哪怕身体再虚弱，可是总与战友们一起，充满着革命的乐观主义精神。此外，张闻天、博古、陈云以及刘少奇、项英、彭德怀、邓颖超等中央党政军的领导同志，无不是艰苦朴素的表率。

1933年11月在福建建宁的合影。右起：袁国平、滕代远、周恩来、李克农、张纯清、刘伯坚、杨尚昆、彭德怀、叶剑英

在毛泽东、朱德、周恩来等中央领导人的影响下，广大苏区干部也处处起到模范带头作用。

“苏区干部好作风，自带干粮去办公。日着草鞋干革命，夜打灯笼访贫农。”这是一首在苏区广为流传、颂扬苏区干部好作风的山歌，也是当时苏区的真实写照。1934 年 3 月 13 日，《红色中华》报发出“为四个月节省八十万元而斗争”的号召。为响应这个号召，节省经费支援革命战争，家住本地的许多苏区干部纷纷表示，自带伙食来办公，不要公家发伙食费。江西省苏维埃政府主席刘启耀，就是从家中背米去省苏维埃机关吃，不要公家发伙食费。他的妻子一时不理解，埋怨说：“当个主席，连饭都赚不到吃，真没有用。”刘启耀耐心解释，说明共产党人当官不是为发财，而是为老百姓谋利益。后来妻子的思想逐渐通了，还主动从兴国老家背来大米，进门见到刘启耀就开口笑道：“老公老公，饭要我供。”刘启耀得到妻子的理解，心里很是高兴，也笑着回答：“革命成功，吃穿不穷。”

红军主力长征后，刘启耀在领导游击战争时被敌人打散，与组织失去联络，不敢回兴国老家，就隐藏在遂川县一带的山林之中。他虽然衣衫褴褛，乞讨度日，但谁也不知道他衣间竟藏有一包作为党的活动经费的金条。可是他无论多艰难，一厘一毫也没去动用过。1937 年年初，他联络了一批隐蔽在各地的苏区领导干部，开会成立中共江西临时省委，被推选为临时省委书记。这时，他才将珍藏三年之久的金条拿出来，供党组织办公使用。

当红军，你们八兄弟都去

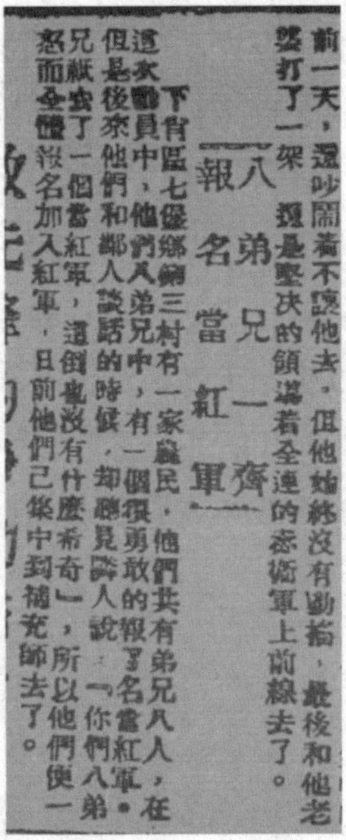

前一天，還吵鬧着不讓他去，但他始終沒有勸阻，最後和他老婆打了一架，還是堅決的領導着全連的赤衛軍上前線去了。

八弟兄一齊報名當紅軍

下肖區七堡鄉第三村有一家農民，他們共有弟兄八人，在這家體員中，他們八弟兄中，有一個很勇敢的報了名當紅軍，但是後來他們和鄰人談話的時候，卻聽見鄰人說：「你們八弟兄祇去了一個當紅軍，這倒毫沒有什麼希奇」，所以他們便一怒而全體報名加入紅軍，日前他們已集中到補充師去了。

《八兄弟当红军》的宣传画和《八弟兄一齐报名当红军》的消息

“当红军，你们八兄弟都去。”这是杨荣显老人的决定。

随后，1934 年 5 月 30 日《红色中华》刊登了这幅《八兄弟当红军》的宣传画，同时刊发了《八弟兄一齐报名当红军》的消息。

这不是虚假的宣传报道，而是真实发生在瑞金县下肖区七堡乡第三村农民杨荣显家的故事。

1933 年秋开始，蒋介石对中央苏区发动了第五次“围剿”，调集 50 万兵力向中央苏区逼近。前线告急，中央苏区的红军人数仅有敌人的1/5，扩大红军队伍成了当时的紧迫任务。

瑞金县是中央政府直属县，苏区时总人口24万人，全县参加红军的有4.9万人，参加支前作战的有5万人，历来是扩红先进县之一。1934年5月14日，中共中央和中革军委发出“五六七三个月全苏区扩大红军5万名的号召”，分别给瑞金、兴国、胜利、博生、于都等县分配任务各2000名。

为了响应中央的号召，广泛深入动员，确保扩红任务的完成，中革军委总武装动员部副部长金维映，亲率一支扩红突击队到瑞金县，协助瑞金县委、县苏维埃政府开展扩红动员。全县党政群团组织也全力上阵，深入做好扩大红军宣传动员工作和优待红军工作。

这次扩红运动中，干部带头报名当红军是瑞金扩红的一大特点。为起表率作用，瑞金县委、县苏维埃机关干部和各区、乡干部积极带头报名当红军。1934年5月30日，《红色中华》报以《县一级七个干部首先报名》为题，报道：中共瑞京（金）县委宣传部长杨保康，副部长邹汝南，军事部长朱学偶，少共瑞京（金）县委书记刘忠林，县队部参谋长阙彪林；中央局实习生谢玉昆，县苏军事部一科长邢世松，首先踊跃报名，并向全瑞京（金）的共产党员们、青年团员们、工人们和农民们号召：“我们七人已报名加入红军，暂时参加扩大红军的突击，一到突击完成，即上前线。”

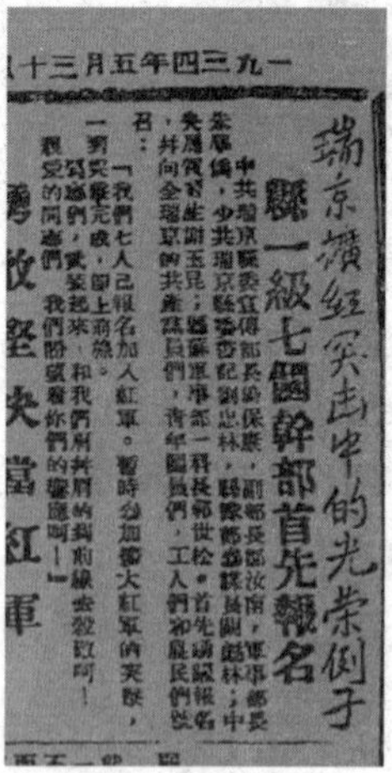

《红色中华》刊登《县一级七个干部首先报名》的消息

在强大的宣传鼓动下，各县迅速出现扩红热潮，并涌现出许多一家兄弟三人、兄弟四人报名当红军的热烈场景，下肖区兄弟八人一起报名当红军更是成为苏区的先进典型，流传着一段佳话。

在这次的扩红中，下肖区的任务是280名。说实在地，敌人对中央苏区的大举进攻已经是第五次了，为了补充兵源，下肖区已经有不少人参加红军，也有不少人牺牲在战场上，尤其是这第五次反“围剿”，村子里就已经抱回来了几块烈士牌。这次扩红是需要人员最多的，要动员这么多人去当红军，确实有不少困难。然而，下肖区的宣传动员工作已组成多个工作分队，深入每个村落，宣传发动，设点报名。

这一天，下肖村的老祠堂里，挤着不少人，只见祠堂的上厅摆着一张八仙桌，桌上放着笔墨盒和一叠毛边纸。两个苏维埃干部向围拢来的群众大声说着：“老乡们，现在我们每家每户都分了田，田里莳了禾，也种了菜，每年收到很多谷子和番薯芋子，我们已经不愁吃。红军家属都免了租金，家里的田又有耕田队帮忙耕种，这是为什么？这都是红军来了以后我们才有今天。大家说是不是啊？”

“是是是，没有错，没有错！”“对！如果不是有了红军，我家哪有田地呀？想都不敢想喔。”群众中一片回应声。

这时，苏维埃干部接着说：“可是，国民党白狗子不甘心哪！因为分了他们的田，分了他们的地，他们这次就调了很多兵来围攻我们苏区，就是想夺回田地，不让我们过好日子。乡亲们，我们要守住这个好日子，我们应该怎么办？”

“消灭他们，把他们赶出去！”人群中回应道。

“对！”苏维埃干部挥着手坚定地说：“消灭他们，我们坚决地要消灭他们，但是要消灭他们就需要人，要好多的人，所以，今天我们就放下锄头拿起枪当红军去跟他们拼！来吧！大家就来报名当红军吧！”

话音刚落，一位二十多岁的青年手里挥舞着一把割草刀，大声说道：“我去！把我的名字写上去，不过要写在我三哥名字的前面。”

苏维埃干部一看，原来是杨荣显大爷家的老六，便感到有点疑惑，心想，前几天他三哥就来报了名，今天他为什么要把名字写在他三哥前面呢？

这时冒出一个人喊道："老六，你排在老三面前就先进啦？我还是老二呢，按顺序也不是排你应该是我呀！干部，你把我的名字写上。"

"不行，我先到！"老六不甘示弱。

这下苏维埃干部确实有点为难了，争着报名当红军，这是求之不得的大好事，谁先谁后这本来就不要紧，这一争，万一为了争个高下，谁也不报了呢？

就在此时，背后又传来几个人的叫喊声："老二、老六，你们争什么？都还没穿军装就算当兵啦？泥都还在脚棍上呢！名字前后有什么要紧？来，干部，把我们三人也写上！"

说完，他们三个往桌前挤。这一来，苏维埃干部傻眼了，这是老四、老五和老七，加上先报名的老三，刚来报名的老六和老二，算起来都已经是六兄弟了。虽说杨大爷有八个儿子，六兄弟一起报名还是头一家。看到这个架势，干部有点犹豫地说："你们家六兄弟都报名，杨大爷最近身体好像不太好，我看你们还是先回去商量商量……"

"不用商量了，我早就同意他们去！我说了，当红军，八兄弟都去！"

只见杨大爷在老大的搀扶下走了过来，后面跟着老八，他们卷着裤腿，泥巴还在脚上，看得出是刚从田里回来的。杨大爷几步来到桌前，拉着干部的手激动地说："同志，我这条老命就是红军帮我捡回来的，红军是我的救命恩人哪！我说了，当红军很光荣，不丢人！要去大家都去，我就怕你们不收，所以，我就来了。你就给他们登个记，让他们都去吧！"

杨大爷是村里有名的犟脾气，村里人都称他为"蛮牛牯"。有一次他左手掌受伤关节脱落，他也不去找医生，自己用右手蘸点水往左手脱节处使劲地掰捋几下就照样下田干活。虽说他脾气犟，可他心地善良，为人正直。有一回他家的牛不小心吃了村里人的禾，他知道后牵着自家的牛犊去赔人家，后来在大家的劝说下他才牵回牛犊，然后挑了一担谷赔偿才算了事。他也听不得风凉话，他很当真，只要他认定的事，十头牛也拉不回。原来他知道村里在扩红，就动员老三去报了名。虽说有八个儿子，除老大、老三在家里外，其他都参加了赤卫队、赤少队和运输队，也算是在支前了。没想到头一天他正好路过邻居家门时，听到邻居家夫妻俩正在为儿子报名参军的事吵嘴，女的怎么也不让儿子去。杨大爷为了劝和走了进去，没想到女的不领情，反而冲着杨大爷吼道：“你家老三是报了名，可你都有八个儿子，我都才两个，你还来劝我！你舍得就让他们都去报名呀！”

邻居一句话刺到了杨大爷心里，他心想，是啊！自己都有八个儿子，才去了一个报名，有什么脸来劝她呢！于是杨大爷回家后，当晚就把八个儿子叫到身边，没几句商量，对他们说：“村上在扩红，老三报了名，当红军，又不是去偷去抢，不丢人现眼，要去全部都去，明天你们七个就到村上报名去！”老人的话很果断，虽然摸不着他这话的来意，但也没有必要去知道，因为儿子们都懂得他的脾性。

就这样，第二天，他们也就陆续来到祠堂报名处。

此时，杨大爷拿起桌上的笔递给苏维埃干部。苏维埃干部激动地接过笔，在登记簿上有力地挨个写上他们八兄弟的名字。人群中爆发出一阵阵掌声，杨大爷也激动地流下热泪。

杨大爷的行动感动了在场所有的人，也影响了整个苏区，更极大地鼓舞了人们参军的热情。下肖区在 280 名的任务上超出 107 名，总数达到 387 名，成为全县第一。

截至6 月 2 日，瑞金全县已报名当红军并送到补充师去训练的就达 5000 余名，三个月的扩红计划，仅一个月就超额 1.5 倍顺利完成。1934 年 6 月 2 日，瑞金县召开扩红总结会，中革军委主席朱德、中共中央组织局主任罗迈、中革军委总武装动员部部长滕代远都前往热烈祝贺。朱德亲手将一面绣有“三月计划一月超过”八个大字的奖旗，授予瑞金县委书记谢名仁。朱德、罗迈都发表了热情洋溢的讲话，号召苏区各县向瑞金学习。《红色中华》报先后以《一鸣惊人，瑞京（金）县首先胜利》《瑞京（金）红五月扩大红军突击中的宝贵经验》《瑞金终于走上了模范县的道路》等醒目标题，在显著位置宣传报道瑞金县的成绩和经验。瑞金模范县的榜样力量，推动着全苏区扩红突击运动的迅猛发展，仅仅两个月全苏区就扩红 62269 名，提前一个月超额完成计划。

杨荣显的八个儿子当红军走了，更悲壮的是在第五次反“围剿”中，他的八个儿子全部壮烈牺牲在反“围剿”的战场上。

紅色中華 第二版

一鳴驚人，瑞京縣首先勝利

本月二十六日止全縣已集中三千二百名

▲下肖 武陽 等區成績最好城市最壞

爲爭取六月五日前完成五六七三個月的計劃而鬥爭啊！

瑞金縣首先完成計劃的政治意義

瑞金怎樣成功的？

幾個最先進的模範區

驚人的九堡區擴紅的積極性

中央執行部緊要啓事

1934 年 5 月 28 日《红色中华》报道《一鸣惊人，瑞京（金）县首先胜利》

无言的丰碑

在瑞金叶坪的红军广场上，矗立着红军烈士纪念塔、红军检阅台、红军烈士纪念亭、博生堡、公略亭五大建筑。这是苏维埃中央政府为召开第二次全国苏维埃代表大会筹建的献礼工程。

“二苏”大会献礼工程，瑞金叶坪红军广场五大建筑之一：红军烈士纪念塔

1934 年 2 月 2 日上午，在瑞金叶坪的红军广场上举行了隆重的红军烈士纪念塔揭幕典礼。参加典礼的有出席“二苏”大会的全体代表和当地群

众数千人，中革军委主席朱德发表讲话，勉励大家“踏着革命先烈血迹前进”。仪式结束后全体代表绕烈士塔一周，参观了党和红军以及苏维埃国家领导人博古、毛泽东、周恩来、朱德、张闻天、项英、王稼祥等为红军烈士纪念塔撰写并镌刻在基座上的题词。

1934 年 2 月 2 日上午，参加红军烈士纪念塔揭幕仪式的代表们正在聆听朱德的讲话

毛泽东的题词是：“在反帝国主义与土地革命的伟大战争中，许多同志光荣的牺牲了！这些同志牺牲，表现了无产阶级不可战胜的英勇，奠定了中华苏维埃共和国的基础，全中国工农劳苦群众，正在踏着这些同志的血迹前进。推翻帝国主义国民党的统治，争取苏维埃在全中国的胜利。”

朱德的题词是：“世界工农群众，永远地记着，这是革命先烈血的遗迹。”

周恩来的题词是：“红军烈士们的英勇血迹，凝结成铁的红军之不可战胜的力量，写下了国内战争光荣的历史。现在我们正处在革命与战争的烈火当中。我们要继续烈士的牺牲精神，为苏维埃在全中国的胜利奋斗到底，为消灭帝国主义国民党流尽最后一滴血。”

博古的题词是一首诗：“你们奋斗！你们牺牲！你们冲锋！你们陷阵！为着人类与世界的光明、为着苏维埃中国而斗争。你们的意志是最伟大的解放的旗帜，你们的姓名刻画在工农大众的深心。让光辉的红星永远闪烁着这个塔顶，让革命的红旗展招飘扬在中国全境。”

张闻天的题词是：“创造一百万铁的红军，打倒帝国主义与中国地主资产阶级，创造苏维埃新中国——这是对于在革命战争中牺牲的英勇红色战士们的最好纪念！”

王稼祥的题词是：“烈士的血和肉，消灭数十万的白军，创造了数千里的苏区，你们是我们的模范，你们是我们的英雄。继续你们的牺牲精神，为苏维埃的中国而奋斗到底！”

字字凝结着深情和崇敬，句句充满着铿锵的力量！缅怀先烈，昭示未来，这是中华苏维埃共和国领袖们对革命先烈的无限情怀。

在烈士塔的东端，建有为纪念宁都起义的高级将领赵博生同志的四方形城堡，上有朱德题名的“博生堡”。中央政府为其刻写了碑文。

“二苏”大会献礼工程，瑞金叶坪红军广场五大建筑之一：博生堡

烈士塔的北端建有纪念在第三次反“围剿”战斗中光荣牺牲的红军将领黄公略的三角形纪念亭，亭内三角碑上刻着彭德怀题写的碑文。在他牺牲后的追悼会上，毛泽东曾为他题写挽联：

广州暴动不死，平江暴动不死，而今竟牺牲，堪恨大祸从天落；

革命战争有功，游击战争有功，毕生何奋勇，好教后世继君来。

“二苏”大会献礼工程，瑞金叶坪红军广场五大建筑之一：公略亭

毛泽东在《蝶恋花·从汀州向长沙》词中写道：“赣水那边红一角，偏师借重黄公略。”高度地评价了黄公略短暂而光辉的一生。

广场西边，建有五角形状的红军烈士纪念亭。设计者独具匠心，除窗户上镰刀、斧头及太阳和光芒有机组合成一幅“工农兵拨开乌云见太阳”的寓意深远的图案外，在亭内正中安放着一张五角形石桌，靠近墙边摆放着一排凳子，也许这是给那些牺牲的将士们讨论作战计划和憩息的地方吧。

“二苏”大会献礼工程，瑞金叶坪红军广场五大建筑之一：红军烈士纪念亭

红军烈士纪念亭前面是红军检阅台，“一苏”大会检阅红军和授旗授章就是在这里进行的。检阅台当时是临时搭建的，与红军烈士纪念塔相对，中间地面上用砖铺着“踏着先烈的血迹前进”九个大字。

“二苏”大会献礼工程，瑞金叶坪红军广场五大建筑之一：红军检阅台

武装保护秋收

红军收割前动员会“誓死保卫秋收”

在中央苏区，由于战争频繁，尤其是第五次反“围剿”以来，粮食问题成了敌我双方互相争夺的另一个战场。国民党为了实现使苏区“无粒米勺水之接济”的经济封锁，组织割禾队、抢粮队，并且利用从苏区逃跑出去的地主、富农，在匪军掩护之下，乘稻子成熟的时候进入苏区实行抢掠，或者放火烧毁田里的谷子，妄图破坏红军的粮食供给，从而使老百姓也因没有粮食吃而无心革命。所以，苏区防备较弱的地方，尤其是靠近白区边界区域，常常遭到国民党反动派的骚扰和破坏。为了保护粮食，颗粒归仓，保护老百姓的耕种成果和充裕的粮食供给，1934 年 6 月，中共中央、中央政府、中革军委发布了《关于武装保护秋收的决定》，提出了“武装保卫秋收”“不让一粒谷子落到国民党白鬼子手里”“把每一粒谷子收集起来，保障红军的给养”的口号。

红一师指战员帮助群众收割

红军战士在抢收稻谷

由于中共中央、中央政府、中革军委采取了“武装保护秋收”的得力措施，要求地方各级苏维埃政府必须积极动员和领导广大农民武装保卫秋收，同时组织部队抢收抢运，在红军的密切配合下，一边打仗，一边收割，因此获得了很好的收成。中央苏区各地的秋收虽然受到了国民党军队和反动刀匪队的袭击和破坏，但总的来说损失不是太大。武装秋收的成功，基本上保障了红军的供给和北上长征前夕“借谷运动”急需的粮食供应。

崽卖爷田心不痛

第五次反“围剿”中，坚守阵地的红军

中央苏区的第五次反“围剿”战斗打得非常惨烈。红军的战线被国民党一处处突破，阵地一个个丢失。在国民党军队飞机大炮的轮番轰炸下，红军战士一个个倒下，血肉模糊，横尸遍地。可这时红军总指挥所里还在不停地传出“不能撤，必须坚守阵地，谁撤拿他是问”的指令。这时，彭德怀从阵地上下来，身上还披着泥土，气冲冲地闯进指挥所，正好看见红军洋顾问李德嘴里叼着烟，用尺子在作战地图上比画着。彭德怀看在眼里，想到战场上一排排倒下的战士，气不打一处来，马鞭往桌上一甩，冲着李德大声吼道：

“你们指挥的是什么仗？再这样打下去，红军全给你打没了！你这是崽卖爷田心不痛！”

李德听不懂，两只眼瞪着彭德怀，只好回过头去问翻译。但李德心里清楚，从彭德怀的表情里看得出他是在向自己责问和发泄。

没错，彭德怀确实是在责问这位洋顾问。自从1933年9月他来到瑞金后，尤其是由他指挥第五次反“围剿”以来，红军几乎就没打过几次好仗。

虽说蒋介石为了“围剿”中央苏区，调集了50万兵力，200余架飞机，在军事上提出“三分军事，七分政治”的策略，在战略战术上以“战略攻势，战术守势”和“步步为营，节节推进，碉堡公路，连绵不断，经济封锁，滴水不漏”的战略方针；虽然敌我力量对比极为悬殊，红军数量还不到敌人的1/5，但是，取得战斗的胜利也不是没有可能呀！因为目前的中央苏区已经形成了较好的形势，红军有良好的群众基础，较为巩固的根据地，尤其是有前四次反“围剿”的成功经验，只要战略战术正确，领导指挥得当，夺取第五次反“围剿”胜利是完全有可能的。但目前的形势恰恰相反，仗打得稀里哗啦，红军伤亡惨重。

参加“围剿”红军的敌机

李德，原名奥托·布劳恩，德国人，后进入苏联伏龙芝军事学院学习。1933 年 9 月抵达瑞金，他的头衔是：共产国际派驻中国的军事顾问。到达苏区后，博古就把军事大权拱手让给这位所谓的洋顾问，李德翻手之间成为中国工农红军的最高指挥者。他不了解中国的国情，瞧不起毛泽东的游击战术，根本就不熟悉苏区的山地作战，他只信奉苏联伏龙芝军事学院书本中的那套理论，这次反“围剿”战争就是他最好的实践基地。因此，他抛开苏区的实际，叫嚣“游击主义的黄金时代已经过去了，要用鲜血保卫苏维埃，一切为了前线的胜利，不让敌人蹂躏一寸土地，不被敌人的气势汹汹吓倒，消灭敌人于阵地之前”，提出“两个拳头打敌人”“御敌于国门之外”的口号。

于是，在军事上他采取“分离作战”“短促突击”，实行消极防御，同强敌打阵地战、拼消耗，强行推行保卫战、进攻战，以正面对正面、堡垒对堡垒、攻击对攻击的战略战术，不给前线一点机断权，甚至机枪和炮放在什么位置都必须按照李德在地图上划定的位置摆放，完全抛弃了前四次反“围剿”的成功经验和形成的战略原则。在他的指挥下，红军无奈地展开了一场与敌人硬碰硬的决战。

第五次反“围剿”作战中红军战士进行武器弹药补给

历次反“围剿”中机动灵活、能征善战的林彪领导的红一军团，由于采纳了李德的“短促突击”战术，从 1933 年 10 月到 1934 年 4 月打了黎川、云盖山、大雄关、丁毛山、凤翔峰、三甲嶂、乾昌桥和广昌战斗，除了凤翔峰、三甲嶂战斗苦守阵地取得小胜利外，其余都打了败仗，损失严重。1933 年 12 月，丁毛山战斗，红一军团一师三团 9 个连队，竟然阵亡了 13 个连级干部。

敌军的碉堡，这种碉堡在中央根据地周围有 3000 多个

同样，在历次反“围剿”中猛打猛冲、能啃硬骨头的由彭德怀领导的红三军团，连续在浒湾、德胜关、驻马寨战斗中失利，伤亡重大。

广昌战役历时 18 天，4 月 28 日最终失守，红军损失惨重，伤亡 5500 多人。因此，性格刚烈的彭德怀当面斥责李德“崽卖爷田心不痛”。

你喂的鸽子飞了

何长工、潘汉年与国民党谈判旧址（寻乌县罗塘镇）

正在寻乌与国民党粤军陈济棠部代表秘密谈判的何长工、潘汉年突然接到从瑞金发来的电报："你喂的鸽子飞了。"这是周恩来与何长工事先约定的暗号。关于这个暗号，有着这么一个逸事。

原来，1934 年 10 月初的一天，红军正在为转移做准备，突然来了一位神秘的客人找到红一方面军总部说要见周恩来，总部保卫局局长李克农就把他带到了周恩来的住处。此人是广东军阀陈济棠的特遣密使，肩负着一项重要的使命来到瑞金。

因为在第五次“围剿”开始时，陈济棠出于对蒋介石表面上的服从，派出余汉谋第一军从粤北进入赣南，另派独立一师驻闽西永定，明里摆出进攻红军的架势，暗里又给红军送去一批子弹、食盐、药品，对红军做出友好姿态。数月后，蒋介石对此有所察觉，几番严令之下，陈济棠只得派出六个师和一个重炮团，由寻乌、安远进击会昌，攻夺了筠门岭。这时候，陈济棠深惧蒋介石乘隙进兵广东，自己经营十几年的江山为其所夺；同时又怕红军狠力反击，削弱自己的有生力量。忧心忡忡的陈济棠在反复思虑之下，为保存实力，决计与红军和谈。因此，他派心腹找到了红九军团军团长罗炳辉在广州做生意的内弟，通过罗炳辉的内弟获得了与红军的联系。陈济棠特地选派了一个认识周恩来的李姓密使，怀揣他的亲笔密函来到瑞金找周恩来。

此人姓李，是周恩来昔日的黄埔学生。两人见面单独会谈后，周恩来嘱咐李克农好好款待这位密使，然后叫人把朱德请了过来。周恩来将情况告知朱德并让他看了密信后，朱德欣喜地说：“‘南天王’要与我们讲和，这可是好事呀！”

周恩来却轻轻地摇了摇头说：“老总，我俩叫好，恐怕‘他’不一定叫好喽。”

“不会吧，这是对我们很有利的大好事呀！”

“不一定呢，总司令，我看还是我同你一起去找‘他’吧！”

朱德知道这个“他”是指博古，于是点头答应并随周恩来一起来到博古处。

果然不出周恩来所料，博古对红军与陈济棠谈判一事，忧虑重重，犹豫不决，几分钟没有表态。

朱德见状有些着急，直言道：“眼下，除南线较为平缓，东、西、北三面形势越来越紧张，我们要利用蒋、陈的矛盾，把南线稳定下来，不是减轻了压力吗？”

朱德话音刚落，周恩来接上说：“要是我们在不利的时候向外突围的话，不是能在南线找到一个突破口吗？”博古听了这话似乎有所触动，情不自禁地点了点头，却又有些犹疑地说：“我们跟军阀打交道可不能上当呀。”

周恩来顺口答道：“可是我们在这个问题上也是有过教训的呀！”

博古明白周恩来指的是“闽变”事件中我方的失误。

在1933年11月间，正值第五次反“围剿”战斗打得正酣之时，国民党蔡廷锴、蒋光鼐的第十九路军在福建打出反蒋抗日的旗帜，成立了福建人民政府，要求与我红军结成同盟。毛泽东等建议：这是一次挫败蒋介石第五次“围剿”的极好机会，可能会使战场形势得以逆转，红军可借机跳出敌人的包围圈，依托赣东北苏区活动，进而威胁苏、浙、皖等国民党心腹地区，调动国民党军撤围北进，从而以解中央苏区之围。

然而，博古、李德等人却拒绝采纳这一建议，反而斥之为“幼稚！冒险！看不清敌人的滑头”，还声称：“福建人民政府算什么东西？它是一切在野的反革命改良主义派别的总和！党必须集中火力反对他们！最严格、最无情地揭露他们口号与政纲的反动性，最严厉地批评、揭露他们的真实面目！”甚至还说：“蔡廷锴，这些人算什么货色？即使与他们握手的时候，也要骂他一句反革命！”还认为，福建人民政府比国民党、蒋介石还坏，还反动！“闽变”不过是一部分以前的国民党的领袖及其政客们一种欺骗民众的把戏而已！

就这样，福建蔡廷锴的第十九路军在无助的情况下，被蒋介石乘机剿灭。之后蒋介石令“讨逆”部队回师“围剿”中央苏区，使得中央红军错失了一次可能粉碎蒋介石第五次“围剿”的绝好良机。

博古想到这些，心里有些后悔。这次万一又失去机会，以后就可能成为千古罪人。于是他同意了谈判并表态说：“恩来呀，这件事就由你和总司令全权处理吧！”

有了博古的表态，周恩来与朱德马上着手物色我方的谈判人员，决定派潘汉年前往。之后又补充说：“让何长工也去。长工同志是粤赣军区司令员兼政委，他们的防区与粤军相隔最近，他们互通有好处。再则，总司令你与陈济棠也是老熟人，顺便写封信函，也许会更方便些。”

1934年10月6日，潘汉年、何长工带着朱德写的信函，与随行人员一起来到了双方约定的接头地点——会昌县的白埠。陈部已经派出一个特务连等候在那里。潘、何分别坐上一辆四轮轿车，由特务连护送前行，一路通行无阻，于8日上午抵达寻乌县罗塘镇。

陈济棠深知此次与共产党谈判事关重大，稍有差池后果难以设想，故对谈判地点和内容极端保密。他亲自指定其心腹严应渔旅长在罗塘镇严加警戒，确保红军代表的安全。

陈派出的谈判代表是第一集团军参谋长杨幼敏和两名师长即独立一师师长黄旭初、独立七师师长黄质文。

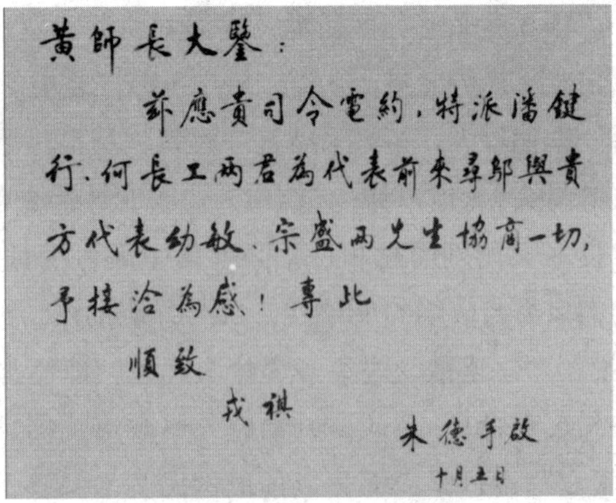

黄師長大鑒：

茲應貴司令電約，特派潘健行、何長工兩君為代表前來尋鄔與貴方代表幼敏、宗盛兩先生協商一切，予接洽為感！專此

順致

戎祺

朱德手啟

十月五日

朱德亲笔为潘汉年、何长工写的与陈济棠代表杨幼敏及两师长谈判的信函

谈判中各自阐明看法、提出条件后，进行了讨论。总的气氛是和顺的，也不乏对某一条款的激烈争论。潘汉年、何长工按照周恩来的指示，将原则的坚定性和策略的灵活性结合起来，沉着机智应对。经过两天两夜的谈判，最终达成了一致协议，确定了五项条款：

“就地停战，取消敌对局面；互通情报，用有线电通报；解除军事的和经济的封锁；互相通商，必要时，红军可在陈的防区设后方，建立医院；必要时可以互相借道，红军有行动事先告诉陈，陈部撤离四十华里，让红军通过，红军只借道而行，保证不入广东腹地，红军人员进入陈的防区，用陈部护照。”

谈判正在紧张地进行时，因形势突变，红军原准备11月转移的时间提前，周恩来也就用密语给何长工发报：“你喂的鸽子飞了。”暗语告知红军已开始战略转移。

何长工明白情况紧急，待双方签订协议后，潘汉年、何长工等人没有在会昌停留，连夜赶到于都，向已经等在于都的周恩来、朱德复命。

周恩来看了双方签订的协议，对他们说道：“我们这着棋走对了，陈济棠让出的这道口子，马上就可以派上用场了。”

三五年就回来

中央政府从这里开始长征（瑞金云石山旧址）

1934年10月深秋的傍晚，明显感觉到阵阵凉意，老百姓打着火把一群群站在梅坑村的路口，向红军队伍依依告别。红军要走了？这回真的要走了！人群中一位老大娘紧紧地拉着毛泽东的手问道："毛主席呀！你们这一走，什么时候回来呀？"

毛泽东面对老大娘，脸上露出几分难色，无奈地说："大娘，三五年吧！三五年我们就会回来的。"然后向着送行的人群大声地说："老乡们！

你们都回去吧！谢谢你们对红军的关照，我们会回来的，最多三五年我们一定会回来的。你们回去吧！都回去吧！”毛泽东边走边说，和远去的队伍一起慢慢地从百姓们的视线中消失。

自从广昌失守后，国民党军队开始向我中央苏区腹地推进。

4月21日，中央苏区的南大门会昌筠门岭失守。

5月1日，江西永丰龙冈等地失守。

5月16日，福建建宁失陷。

至此，国民党军已占领西起龙冈，中线广昌，东延建宁、泰宁、归化、永安、连城，南至筠门岭一线。中央苏区大片领地丧失，面临的形势日益恶化，中央领导人不得不考虑红军的退路。

其实在6月份，博古就已经将主力红军退出中央苏区、突围到别的地方去，“以便重新获得广阔的作战区域并为此做好一切必要的准备”的计划电告了共产国际，并获得了共产国际的批准同意，只是为了保密他未告知其他人。直到6月下旬，博古在瑞金下肖村召开中央书记处会议，并宣布决定成立由博古、李德、周恩来组成最高“三人团”，并明确由博古、李德分别负责制订政治、军事方面的重大决策和行动计划，周恩来负责对这些决策和计划的具体实施，这才初露端倪，大家隐约感觉红军将有重大行动。

没想到形势发展迅猛，最高“三人团”成立不到10天，国民党军以31个师的兵力，分六路向中央苏区的腹地瑞金推进，并派飞机向瑞金中央政府大礼堂和红军大学等地方轮番轰炸，给瑞金造成极大的损失。为了安全考虑，1934年7月，中共中央、苏维埃中央政府、中革军委等重要机关只好从沙洲坝、叶坪等地向瑞金的梅坑、云石山转移。最高“三人团”也加紧了中央机关和主力红军撤离中央苏区的准备。

1934年9月，最高“三人团”最后制订了主力红军从中央苏区向湖南西部突围转移的行动计划。按这一计划，所有参加突围转移的中央机关和红军第一、三、五、八、九军团，统一编为红军野战军。其中军委各机关编为军委纵队（又称第一野战纵队）；中共中央、中央政府及全总、团中央等机关和卫生、后勤部队及担架队等编为中央纵队（又称第二野战纵队）。

突围转移的路线和目标，是在中央苏区西南方向突破国民党粤军设置的封锁线，然后沿赣粤边界西进湖南，沿着7月份派出先行探路的红六军团西进路线渡过湘江，再掉头北上湘西地区，与红二、六军团会合。

1934年7月，国民党飞机轰炸中央政府大礼堂，幸好是一颗哑弹，炮弹只炸穿了一个孔。此时，参加全国妇女代表大会的代表在毛泽东等人的组织下，已撤离到后面的防空洞。飞机走后，毛泽东见状风趣地说：国民党还真够意思，派飞机来给我们开“天窗”了

从10月6日开始，中革军委分别给各军团下达命令。10月9日，中革军委又下发了《野战军10月10日至25日行动日程表》，具体规定了军委纵队、中央纵队及第一、三、五、八、九军团逐日任务及行军驻地路线、地域等。

10月10日，中革军委发出红军出发的第5号命令，中央红军87059人，带着29153支步枪、651挺重机枪、38门迫击炮以及各种枪弹137万发，还有中央兵工厂、造币厂拆卸下来的大量机器、辎重以及石印机，甚至一些破铜烂铁和擦拭机器的破布等，光打包装箱的挑子就有3000多副。就这样，红军战士背着沉重的担子踏上了漫漫征途。

中央军委纵队在梅坑集结准备出发

红军集结出发地于都河

长征开始，红九军团走过的第一桥——瑞金武阳桥

项英临危受命

中共中央分局、中央政府办事处和中央军区驻地（瑞金县梅坑马道口村）

1934 年 9 月初，中共中央书记处将项英从于都召回瑞金，要他接受一项使命，也就是代理中革军委主席，留在苏区领导红军游击斗争。

项英感到有些蹊跷，心想军委主席不是朱德吗？为什么要他代理？而且将要留在中央苏区？后来项英知道了，大部队将要转移，恐怕他还有更多新的任务。

果然，10 月上旬，博古主持召开中央书记处会议，讨论决定：红军主力和中央领导机关突围转移后，在中央苏区成立中国共产党中央分局，同时成立中华苏维埃共和国中央政府办事处，并且组建中央军区。项英、陈毅、贺昌、瞿秋白、陈潭秋为中共中央分局委员，由项英担任书记，瞿秋白任宣传部部长，陈潭秋任组织部部长；中央政府办事处主任陈毅，副主任梁柏台，秘书长谢兰芝；中央军区司令员陈毅，但因陈毅重伤未愈，由项英兼任司令员和政治委员，贺昌任政治部主任，龚楚任参谋长。还成立了少共中央分局，由李才莲任书记。这就意味着这些人都必须留在中央苏区，坚持游击斗争。

其实，除他们以外，留在中央苏区的还有原中央政府内务部部长周以栗、原中央工农检察部部长何叔衡、中央审计委员会主任阮啸仙、原中央土地部部长福建省苏维埃政府主席张鼎丞、原中央财政部部长邓子恢、原福建军区政治委员谭震林、原江西省苏维埃政府副主席陈正人、原中央土地部副部长胡海、原中央妇女生活改善委员会主任周月林等。而且他们都没有安排具体领导职务。此外，毛泽覃及其妻子贺怡，毛泽东和毛泽覃的岳父贺焕文、岳母文社秀，周恩来的岳母杨振德等一些领导人的亲属，也都留在了中央苏区。

各省留下来的领导人，江西省有省委代理书记曾山，省苏维埃政府主席刘启耀、副主席徐达志，军区司令员李赐凡；福建省有省委书记万永诚，省苏维埃政府代理主席吴必先，军区司令员龙腾云；闽赣省有省委书记赖昌祚，省苏维埃政府主席杨道明，军区司令员宋清泉；赣南省有省委书记钟循仁，省苏维埃政府主席钟世斌、副主席王孚善，军区司令员蔡会文；粤赣省有省苏维埃政府副主席邓学林和几名部长等。

除各级领导人外，留在中央苏区坚持斗争的红军主力部队有独立师和独立团约 1.6 万人，加上各县独立营、保卫队等武装共约 3 万人，还有红军伤病员约 2.5 万人也留在苏区继续治疗。

为了更好地开展工作，中共中央书记处对中央分局的职责和任务做了规定：中共中央分局除领导中央苏区的斗争外，同时领导湘赣、湘鄂赣、闽浙赣和闽北苏区的游击战争。中央军区直接指挥江西、福建、闽赣、赣南、闽浙赣 5 个军区。中共中央又在 10 月 8 日拟定了《中国共产党中央委员会给中央分局的训令》，要求在红军主力突围后应适时地在党内干部中进行解释工作。中革军委还指示中央苏区，将瑞金、会昌、于都、宁都之间的“三角地区”，划为最基本的和必须“最后坚持的阵地”。

这就是项英领导的中共中央分局所面临的处境和任务。

临危受命，责任难辞。在红军野战部队撤离中央苏区前，根据中共中央、中革军委的指示，项英领导中央分局首先担负起了掩护红军野战军完成突围转移的重任。其中，最紧迫的是督促和率领留守红军接替东、南、西、北线战场主力红军的全部防务，阻止和拖延各路敌军向前推进，以确保红军野战军的突围转移。

1934 年 10 月下旬，国民党军得知红军主力已经突围转移，也就加紧了向中央苏区的进攻。在围攻中央苏区的国民党军中，除北路的薛岳、周浑元纵队调去追击红军野战军和南路粤军撤退到广东边境外，仍有约 20 个师的兵力留在中央苏区周围，从北、东、西三面向苏区腹地逼近，并很快占领了中央苏区的各个县城和交通据点。

于都县黄龙井塘村中央分局旧址

10 月 14 日，北路敌军第六路军第八纵队进占兴国县城。

10 月 26 日，北路敌军第三路军罗卓英部进占宁都县城。

11 月 1 日，东路敌军第九、第十师进占长汀县城。

11 月 10 日，红都瑞金陷落，为敌军第十师占领。

11 月 17 日，北路敌军第七十九师占领于都县城。

11 月 23 日，东路敌军第三十师占领会昌县城。

至此，中央苏区的核心县域和重要圩镇，全部被国民党军队占领，中央苏区最后失陷。

项英领导的 1 万多主力红军，虽然完成了阻止和拖住敌人的掩护任务，但也使留守红军置于国民党的层层包围之中，他们的斗争环境更为恶劣和残酷。面对敌人强大的攻势，项英领导的中共中央分局、中央政府办事处、中央军区等机关只好退出梅坑马道口，暂时隐蔽在于都县黄龙井塘村坚持游击斗争。

1935 年

浴血坚持

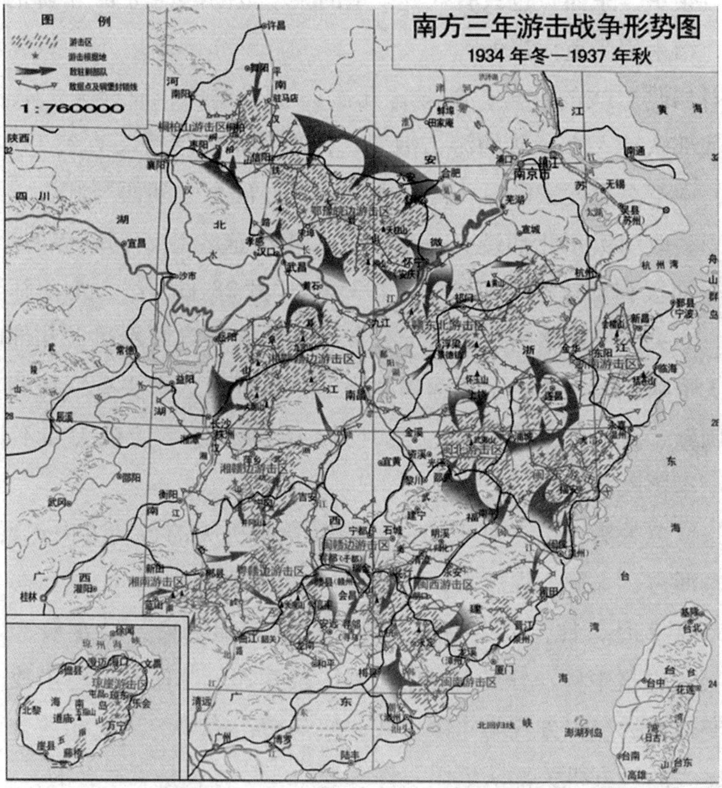

1934 年冬至 1937 年秋，南方三年游击战争形势图

长征前夕，中革军委将中央苏区的瑞金、会昌、于都、宁都之间的“三角地区”，划为“最后坚持的阵地”。但就是这一点点空间，后来也都

被敌人侵占了。

主力红军转移后，国民党军很快占据了苏区各县城和交通要道，并加紧构筑了许多纵横交错的堡垒封锁线，将中央苏区分隔成几块，对红军和游击队实行分区“清剿”。

这时候的中央分局主要负责人项英，虽然意识到主力转移后苏区的严峻形势，但对前途的估计还过于乐观，他以为只要个把月时间，主力红军到了湘西，就可以将进攻苏区的敌军吸引过去，苏区军民再来一个反攻，局势就会大变。因此，在完成掩护主力红军突围转移的任务后，他不敢跳出博古、李德划定的必须“最后坚持的”三角区域，而是指挥部队在南北长不过百余里、东西宽也只有八九十里的狭小范围内，与12个师的敌人打正规战，结果遭受重大损失。

面对如此严峻的形势，陈毅曾几次向项英建议，放弃大部队作战方式，分散部队转入小分队的游击战争，但项英未能接受。直到1934年12月下旬，中革军委发来电报，得知主力红军已放弃去湘西与红二、六军团会合计划，改向贵州北部遵义一带前进，项英这才意识到局势的严重性，看来红军回援和反攻都不可能了。1935年1月28日，红二十四师牛岭战斗失败，中央分局面临的形势已十分危急。赣南省党政军机关和部队，已被粤军3个师包围封锁在于都南部狭小的仁风地区，中央分局与湘赣、闽浙赣、闽赣、江西苏区的联系也已中断，分局和办事处机关如不迅速突围，有全军覆没之危险。

在这紧急关头，项英对于中央分局等党政机关的行动方向迟疑不决，只好屡电博古、朱德、周恩来，“请求中央权衡决断”。

1935年2月5日，中央书记处终于给项英和中央分局发来“万万火急”电报，电报中称：分局应在中央苏区及其邻近苏区坚持游击战争……立即改变你们的组织方式与斗争方式，使与游击战争的环境相适合，而目前许多庞大的后方机关部队组织及许多老的斗争方式是不适合的。

项英终于接受现实，在于都宽田召开中央分局紧急会议，决定转变斗争方式，开展灵活机动的游击战争，并采取调整组织领导机构、放弃过去的阵地防御战、组织群众坚壁清野、疏散红军伤病员等四项措施；立即组织将中央兵工厂、造币厂、印刷厂的机械设备和中央被服厂的缝纫机等设备进行掩埋；动员老百姓，转移一切重要生活物品；把留在苏区的2.5万名红军伤病员中伤势已好的编入地方游击队，伤势未愈不能独立行动的，安置到群众家里，给老百姓当儿子、做女婿，并给每个人发放了银圆和物资；各个红军独立团迅速分散到各地山区进行游击战争。

赣粤边游击队住过的山洞

当时，中央苏区仅剩下于都南部的几个区、乡还在红军游击队掌握之中，其他城乡被国民党军占领。国民党军实行野蛮、疯狂的烧杀政策，组织地主豪绅成立了“铲共团”“义勇队”“挨户团”“搜山队”等反动武装，对躲入山区的红军游击队大肆搜剿，对苏区民众实行“石头要过刀，人要换种”的血腥报复。对抓到的红军游击队队员采用挖心、剥皮、肢解、火烧、活埋、挖眼、割舌、灌辣椒水、破肚取肠、割乳割睾丸、铁丝穿锁骨、打地雷公、门板钉手脚等手段进行疯狂残害。

宁都大恶霸、国民党独立三十三旅旅长黄镇中，在附近各县短时间内屠杀民众上万人；国民党保安第三团团长欧阳江，在瑞金武阳一个晚上屠杀500多名群众，在瑞金菱角山一夜间杀害游击队队员120多人。据不完全统计，在半年内，瑞金县被屠杀的红军游击队队员和群众就达1.8万多人，不少红军家属全家被杀光。大片村庄和圩镇被烧杀后成了一片废墟，残垣断壁，饿殍遍野。国民党《民国县志》记载：“无不焚烧之居，无不杀之鸡犬，无不伐之树木，无遗留之壮丁，闾阎不见炊烟，田野但闻鬼哭。”满目都是凄惨一片。

残酷的现实使留守红军无法与敌人正面作战，只好化整为零，将部队分成九路向福建、广东边界及信丰、大余方向突围。1935年3月9日，项英向党中央发出最后一份电报后，命令埋掉电台，与陈毅率领第二十四师七十团从上坪山区一路突围，于3月底抵达信丰县蛤蟆岭，后又转移到信丰大油山，与李乐天、杨尚奎带领的游击队会合。在大山中风餐露宿，野菜充饥，在恶劣的环境中与敌周旋，英勇斗争。红军战士凭着罕见的勇气和精神，坚持了三年艰苦卓绝的游击战争。

信丰大油山游击区

1937年七七卢沟桥事变后，中共中央发出了《关于南方各游击区工作的指示》，在中央苏区坚持了三年苦斗的红军游击队，才走出深山老林，编入新四军第一、二支队，开赴抗日前线。

坚持南方游击战争的战友1938年会聚南昌，准备奔赴抗日前线

一份特殊的报纸

一份刊印期号相同、内容不同，出刊时间相隔一年零两个多月（一份是 1935 年 1 月 21 日，一份是 1936 年 3 月 23 日）的特殊报纸，演绎了历经战争风云、艰苦岁月的革命故事。这份报纸就是中华苏维埃共和国临时中央政府机关报《红色中华》的第二百六十四期。

1935 年 1 月 21 日中央苏区出版的第二百六十四期《红色中华》机关报

1931 年 11 月 7 日，中华苏维埃共和国临时中央政府成立后，随即于 1931 年 12 月 21 日创刊发行了中华苏维埃共和国临时中央政府机关报《红色中华》。

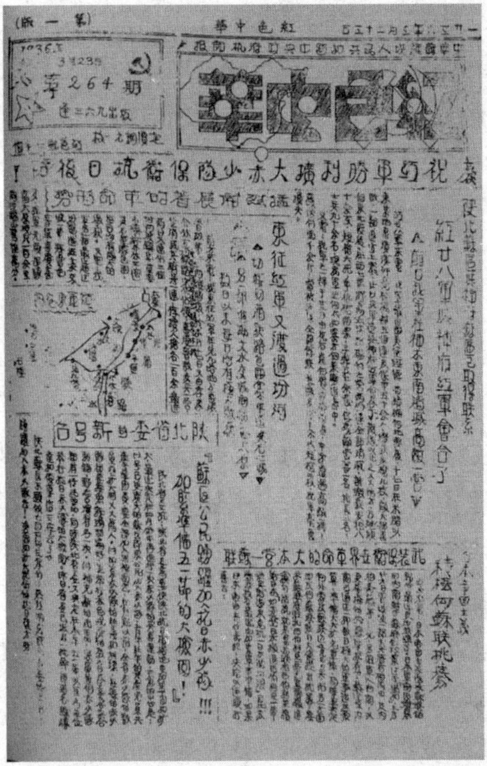

1936 年 3 月 23 日陕北的《红色中华》第二百六十四期油印版

《红色中华》报起初为中华苏维埃共和国临时中央政府机关报，1933 年 2 月起改为中共苏区中央局、苏维埃中央政府、全总执行局、少共中央局的联合机关报。1933 年 6 月 17 日，改回中华苏维埃共和国临时中央政府机关报。1934 年 2 月 16 日改称中华苏维埃共和国中央政府机关报。

创办之初为周刊，从第五十期改为三日刊，第一百四十八期起又改为每周三期。第一期仅出四开两版，第二期起为四开四版，以后一般每期六版或八版，皆为铅印。《红色中华》是瑞金时期 130 余种各级党政军领导机关和群众团体报纸刊物中发行量最多、影响最大的报纸。发行量最多时达到 4 万份。

《红色中华》报成立时设有编委会，编委会有编辑部、通讯部和发行科，1934 年 2 月还成立材料部（资料室）。

《红色中华》报主笔（主编）最初是周以栗，后为王观澜、李一氓、沙可夫、谢然之、瞿秋白、杨尚昆等人。

为给报纸提供国内外新闻电讯来源，中革军委专门从红军中拨出一部电台给红色中华报社，用于抄收国内外新闻电讯，被称为“红色中华报社新闻台”。新闻台办有一份“内参”，称《无线电材料》（1932 年夏改为《无线电日讯》），经常有选择地登载每日抄收到的国内外重要新闻，专供中央负责同志内部参考。

《红色中华》报是苏维埃中央政府的机关报，是党和苏维埃政府的主要舆论宣传工具。

曾负责过红色中华报社日常工作的任质斌回忆：苏区中央局要求《红色中华》报对于反“围剿”的战争动员和苏区建设经常起组织者、宣传者的作用。因此，《红色中华》报在组织稿件和版面安排上，后来逐渐减少了苏区以外的国际国内时事的报道，增多了苏区内部重要活动的指导；减少了上层活动的报道，增多了基层群众活动的报道；减少了对中央各部发布的法律条例的报道，增多了由报社出面发出的号召，如节约粮食，认购公债，扩大红军，优待红军家属，组织赤卫军、少先队，熬制硝盐，发展游击战争等。为了造成声势和气氛，还常常采用在某一段时间、某几期或某一期里面围绕着一个中心内容来集中报道的方法。另外，还时常在报纸版面的醒目地位刊登一些木刻的大字标语口号和图画，有时还增出党的生活版、苏维埃建设版、文艺版等。这些做法，对于当时的战争动员和苏区建设起了一定的推动作用。

苏区党和苏维埃政府对《红色中华》报极为重视。中央政府主席毛泽东，副主席项英和博古、张闻天、周恩来等领导人以及中央各部门、各省负责人，经常指导报社的工作，给《红色中华》报写社论、专论和通讯，或者主动给报社提供一些重要信息和文字材料，以及给红色中华报社编辑、记者的采访提供方便。

《红色中华》报在发挥苏维埃中央政府的对于中国苏维埃运动的积极领导作用，建立巩固广大苏维埃根据地，壮大红军，组织大规模革命战争，号召苏区人民积极参加苏维埃政权建设等方面，起到了巨大的宣传鼓动作用。

1934 年 10 月，中央红军离开瑞金开始长征，该报在 1934 年 10 月 3 日出版“第二百四十期”后，由留守苏区的中华苏维埃共和国中央政府办事处和中共中央分局继续编辑出版，一直出版发行到1935年1月21日“第二百六十四期”。1935年3月上旬，该报部分工作人员编入赣南省红军游击队，开展游击战争。

中央红军长征到达陕北后，《红色中华》报于1935年11月25日在瓦窑堡恢复出版，仍为中华苏维埃共和国中央政府机关报。1936年2月后改为中华苏维埃人民共和国中央政府机关报，编号从长征出发时的“第二百四十一期”续编出版，只是将原来的铅印改为蜡纸油印。1937年2月后，该报改名为《新中华报》继续出版发行。

《红色中华》报“第二百六十四期”，是在中央苏区出版的最后一期报纸。后来转移到陕北的中央机关，由于失去了与中央苏区的联系，不了解苏区继续出版《红色中华》报的情况，因此，1935年11月25日复刊的《红色中华》报就从“第二百四十一期”开始印发，直到1936年3月23日刊出了《红色中华》第二百六十四期油印版，于是，《红色中华》报也就有了这两张相同的“第二百六十四期”。

为苏维埃流尽最后一滴血

何叔衡同志牺牲地（福建长汀水口村）

“我为苏维埃流尽最后一滴血。”这是何叔衡牺牲前留下的一句话。

1935年2月5日，留在中央苏区坚持游击斗争的中央分局，在接到中共中央从长征路上的遵义发来“改变斗争方式”的“万万火急”的电报指示后，马上组织中央分局、中央政府办事处、中央军区机关和红军实行了九路突围。然而就在这次的突围中，一批党的高级干部和精英相继牺牲或被俘遇害。在敌人的屠刀下，他们没有丧失信念，为了新中国，面对敌人的残酷刑罚，面对死神的威胁，他们仍然表现出视死如归的革命英雄主义和乐观主义精神，为苏维埃流尽了最后一滴血。

何叔衡，中共一大代表，中华苏维埃共和国工农检察人民委员、最高法庭主席，是中央五老之一。当中央要他留下后，他毅然服从安排，在云石山梅坑与中央告别，把自己身上穿的毛衣赠送给林伯渠。这种难以割舍的情感使两位老同志的手紧紧地握在一起。林老念着《别梅坑》的诗句：

共同事业尚艰辛，清酒盈樽喜对倾。
敢为叶坪弄政法，欣然沙坝搞财经，
去留心事都嫌重，风雨荒鸡盼早鸣。
赠我绨袍无限意，殷勤握手别梅坑。

一片殷殷之情，一段难分的愁肠，但这一切没有阻碍他们为革命事业奋争的脚步，没有动摇他们革命一定能成功的信念。在突围转移到福建长汀水口时，何叔衡被敌人包围，但他仍然抱定一颗对共产党无限忠诚的赤子之心，英勇赴死。据当年护送何叔衡等人的邓子恢回忆：

> 护送部队陷入了敌人的重重包围之中，情况万分危急。何叔衡见激战多时，难以突围，感到自己年迈体弱，不愿牵累大家。他对邓子恢说："子恢，我不能走了，我为苏维埃流尽最后一滴血。"说着就要夺警卫员手里的枪。邓子恢急忙说："你千万不能这样！"此刻，何叔衡已是站在一处陡峭的山崖边上，就势向山下跳去。邓子恢一步抢上去拉他，但已经来不及了。后来才知道，何叔衡从山崖上跳下来时，被敌人的机枪击中数弹，负了重伤。战斗结束时，敌特务连代理连长曾起和传令兵熊辉在山崖下发现了身负重伤的何叔衡，从他身上搜出了300多元港币的公款。这两个匪徒劫走了这笔钱，又凶残地开枪杀害了何叔衡。

红军中被称为"五老"之一、最年长的何叔衡，在牺牲前的片刻，仍然喊出"我为苏维埃流尽最后一滴血"的铁骨誓言。

同在福建长汀遭国民党逮捕的中共早期领导人、中华苏维埃共和国中央执行委员会委员、中华苏维埃共和国中央政府教育部部长瞿秋白，在刑场上自选位置，面对敌人的枪口毫不畏惧地说："此地甚好，开枪吧！"并哼唱着《国际歌》从容就义。

大义凛然、英勇赴死的瞿秋白就义前的最后留影

在大余突围中负伤被捕的中央军区秘书长、赣南军区政治部主任刘伯坚，当敌人故意押着戴镣的他走过繁华大街时，他昂起不屈的头，从容地走过大街，心里默诵着他那首气宇轩昂的《带镣行》诗句："带镣长街行，镣声何铿锵。市人皆惊讶，我心自安详。"何等自信！临刑前当敌人问及有什么要求时，刘伯坚坚定地说，死后葬梅关。敌人问为什么，他说："葬在梅关站得高望得远，使我死后也能看到革命的烈火到处燃烧！"

至今中央档案馆还珍藏着革命烈士刘伯坚写给其亲属的遗书。潇洒的笔迹中"生是为中国，死是为中国"的豪言壮语，今天看来依然感人至深。他在信中谆谆嘱告自己的孩子要继续他毕生为之奋斗的革命事业，充分表达了一个共产党人坚定的革命信仰和催人泪下的家国情怀。

1935年3月20日，刘伯坚给妻子王叔振写了最后一封信：

叔振同志：

我的绝命书及遗嘱，你必能见着。我直寄陕西凤笙大嫂及五、六诸兄嫂。

你不要伤心，望你无论如何要为中国革命努力，不要脱离革命战线，并要用尽一切的力量，教养虎、豹、熊三幼儿成人，继续我的光［荣］革命的事业。

我葬在大庾梅关附近。

十二时快到了，就要上杀场，不能再写了。

致以，

最后的革命的敬礼。

刘伯坚

三月廿日于大庾

但刘伯坚的妻子王叔振未能见到这一封绝笔信。就在刘伯坚牺牲前几天的一个风雪之夜，福建省苏维埃政府保卫局几名王明“左”倾机会主义路线的执行者，把曾任中华苏维埃共和国临时中央政府秘书、机要科科长的王叔振带到闽西长汀县四都乡的姜畲坑秘密杀害了。

负责牵制敌人的红军北上抗日先遣队军政委员会主席方志敏，同样在狱中写出《可爱的中国》。蒋介石想尽办法，用尽手段拉拢许愿，然而得到的只有一句话：“你赶紧下命令执行吧！”蒋介石发出感叹，一代英才不能为己所用，只好下令秘密处决。

当方志敏被押解至刑场时，他站在赣江边，遥看祖国的大好河山，捋了一下被风吹乱的头发，转身向敌人坚定地说：“来吧！”就这样，随着枪响，一代英才方志敏，为了可爱的中国，奉献了他仅37岁的生命。

中央红军长征后被留在苏区闽赣边界坚持游击斗争的毛泽东胞弟毛泽覃，1935年2月受中共中央分局委派，率领一连红军从于都前往福建与中共福建省委会合，并担任福建省委秘书长，一起领导福建的游击斗争。因在长汀田心一战失败，后辗转至瑞金红林山区。4月26日清晨，毛泽覃率

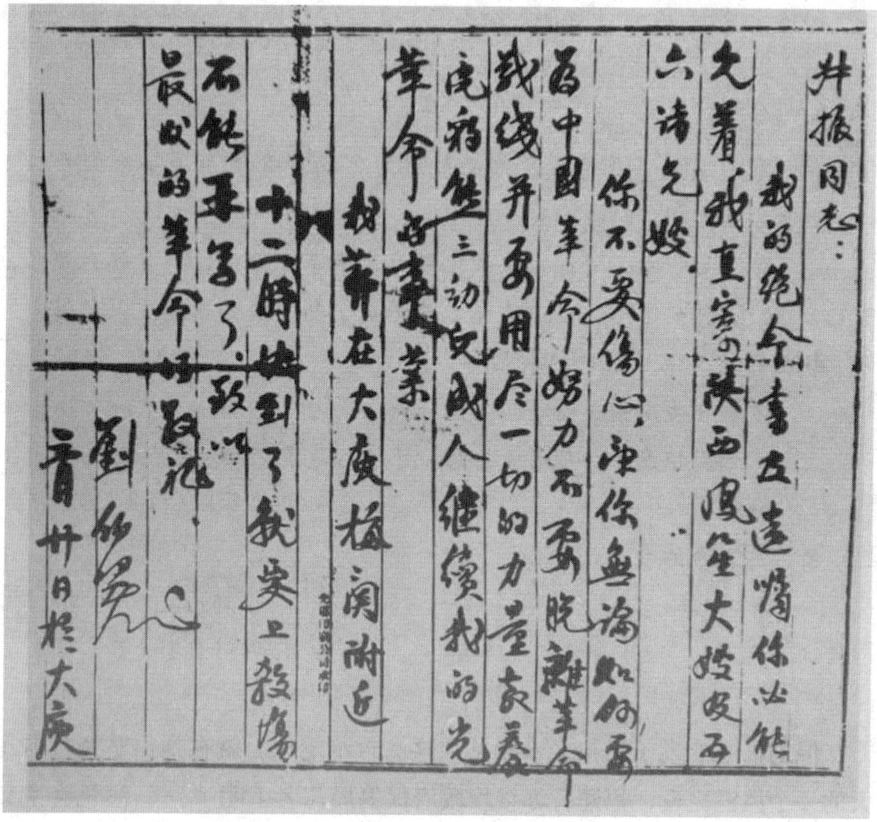

叔振同志：
我的绝命书去达时你必能先看着，我直寄陕西凤笙大嫂及五六诸兄嫂。
你不要伤心，望你无论如何要为中国革命努力，不要脱离革命战线，并要用尽一切的力量教养虎豹熊三幼儿成人，继续我的光荣革命事业。
我葬在大庾梅关附近。
十二时快到了，我要上杀场，不能再写了，致以最后的革命敬礼。
劉伯堅
三月廿日於大庾

刘伯坚临刑前写给妻子王叔振的最后一封信

领的队伍被敌军包围，他在掩护游击队员突围与敌人搏斗中壮烈牺牲，尸体还被敌军抬至县城邀功请赏，并在报纸上大肆宣传。

还有很多留守中央苏区坚持游击斗争的领导人，不畏牺牲，为苏维埃而奋斗。

中共中央分局委员、中央军区政治部主任贺昌，在会昌县小龙村被敌人重兵围困，毅然举枪殉职；中央审计委员会主任阮啸仙，在信丰的上小埂被敌人子弹击中当场牺牲；还有李天柱、梁柏台、周以栗、古柏等人都把最后一滴鲜血，洒在了他们英勇战斗过的土地上。

……

一张张面孔，一个个名字，这就是共产党人，这就是中国工农红军。

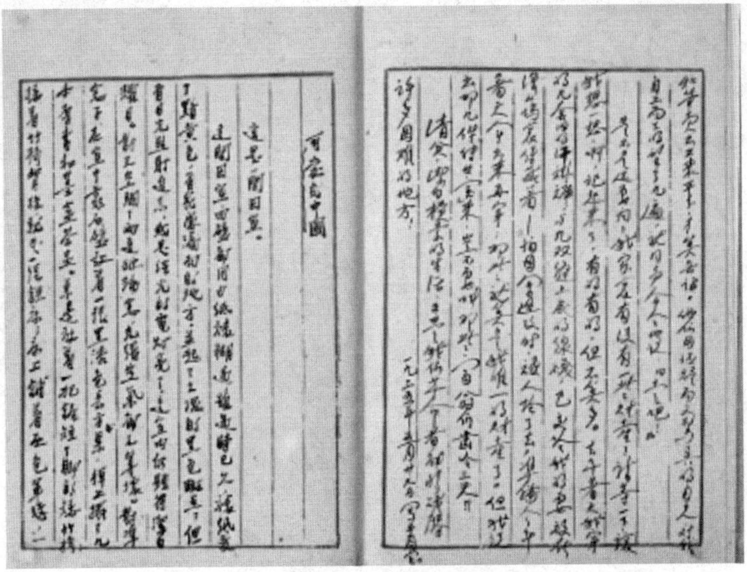

方志敏在狱中写下的《可爱的中国》《清贫》

毛泽覃1935年4月26日牺牲在瑞金红林山区

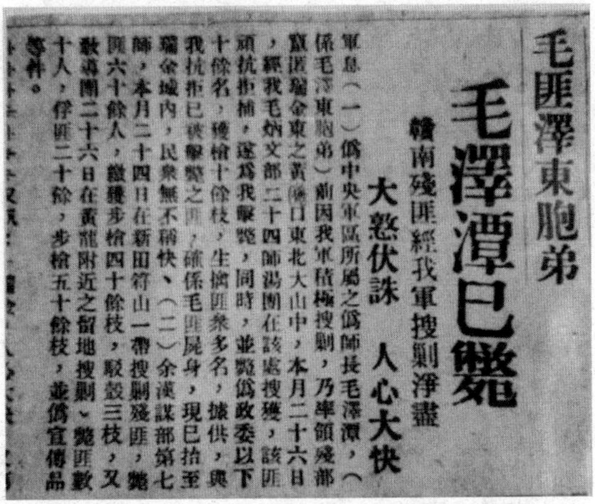

毛匪澤東胞弟

毛澤潭已斃

贛南殘匪經我軍搜剿淨盡

大憝伏誅 人心大快

軍息（一）僞中央軍區所屬之僞師長毛澤潭，（係毛澤東胞弟）前因我軍積極搜剿，乃率領殘部，竄匿瑞金東之黃[illegible]口東北大山中，本月二十六日，經我毛炳文部二十四師湯團在該處搜獲，該匪頑抗拒捕，遂爲我擊斃，同時，並斃僞政委以下十餘名，獲槍十餘枝，生擒匪衆多名，據供，與我抗拒已被擊斃之匪，確係毛匪屍身，現已抬至瑞金城內，民衆無不稱快、（二）余漢謀部第七師，本月二十四日在新田箬山一帶搜剿殘匪，斃匪六十餘人，繳獲步槍四十餘枝，駁殼三枝，又敎導團二十六日在黃龍附近之留地搜剿、斃匪數十人，俘匪二十餘，步槍五十餘枝，並僞宣傳品等件。

1935年4月26日，毛泽覃（潭）牺牲后，国民党在《中央日报》《民报》等报纸大肆宣传

参考资料

[1] 余伯流，凌步机. 中央苏区史［M］. 南昌：江西人民出版社，2001.

[2] 舒龙，凌步机. 中华苏维埃共和国史［M］. 南京：江苏人民出版社，1999.

[3] 江西省档案馆. 中央革命根据地史料选编［M］. 南昌：江西人民出版社，1982.

[4] 金冲及. 毛泽东传（1893—1949）［M］. 北京：中央文献出版社，2004.

[5] 余伯流，凌步机. 毛泽东与瑞金［M］. 南昌：江西人民出版社，2003.

[6] 李敏、孔令华. 中央革命根据地词典［M］. 北京：档案出版社出版，1993.

[7] 罗胸怀. 毛泽东诗词传奇［M］. 北京：新华出版社，2010.

[8] 邹亮辉. 伟大的预演：中央机关在瑞金［M］. 北京：知识出版社，2000.

[9] 朱向前. 诗史合一：毛泽东诗词的另一种解读［M］. 北京：人民出版社，2008.

[10] 中共江西省委党史研究室等. 中央革命根据地历史资料文库［M］. 北京：中央文献出版社，南昌：江西人民出版社，2011.

[11] 徐占权、徐婧. 中央苏区军队建设［M］. 北京：中央文献出版

社，世界图书出版公司，2009.

［12］余伯流．中央苏区经济建设［M］．北京：中央文献出版社，世界图书出版公司，2009.

［13］舒龙，曾仲．红色邮电风云录［M］．北京：中央文献出版社，2006.

［14］刘云．中央苏区文化艺术史［M］．南昌：百花洲文艺出版社，1998.

［15］江西省文化厅，福建省文化厅革命文化史料征集工作委员会．中央苏区革命文化史料汇编［M］．南昌：江西人民出版社，1994.

［16］刘晓农．中央苏区史话［M］．南昌：江西人民出版社，2011.

［17］中共瑞金市委党史工作办公室．瑞金人民革命史［M］．北京：中央文献出版社，1998.

［18］红色中华，影印本。

［19］长城出版社画册编辑部．中国人民解放军历史资料图集［M］．北京：长城出版社，2005.

［20］刘豹，刘虎生．刘伯坚（画册）［M］．北京：文物出版社，1993.

［21］舒龙．外贸总局载青史（内部资料）．赣州市对外贸易经济合作局编印．

［22］瑞金县志编纂委员会．瑞金县志［M］．北京：中央文献出版社，1993.

编　后　语

2017年阳春三月，陕西人民美术出版社编辑室主任高立民专程来到瑞金，要我担纲编著一本反映瑞金中央苏区历史的图书。当时，出于职业的情感，我欣然应允。

接受任务后，我才感觉到有些压力。虽说自己从事纪念馆工作二十余载，早就想以书稿的形式来传播这段红色历史，但因工作关系，以前除撰写一些论文或只言片语的文章及担任一些书稿的主编外，单独著书还是第一次，所以心里还是有几分忐忑。因为瑞金这段历史确实太恢宏、太伟大了。再则，此前已有不少学者、老师用不同的形式，从不同的角度编写出版了众多此方面的著作，现在编写是否重拾话题、复述历史、给受众者带去的只会是读史的疲劳？后来高立民主任说：此书在编写上可以轻松活泼些，不编史，不需面面俱到。只是以图说事，实事求是，客观记述，以小见大，让读者在轻松阅读的过程中感受共产党人的志向和情怀，感受艰苦的环境锻炼人、成长人的道理，认同红军为天下劳苦大众而流血牺牲的革命精神，从而树立起为复兴中华民族而努力学习和工作的志向，让人在不知不觉中得到些潜移默化的感悟就行了。

由此，我觉得轻松了许多，于是开始动起了笔。但是，在编写过程中又遇到了新的难题。因为自己不熟悉电脑操作，几次因操作不当导致文稿丢失。对于不会打字只能靠手写板一字一字手写的我，确实感到苦恼和困惑，甚至动起了放弃的念头。还好有高主任的鼓劲，有众多老师的书稿和研究成果为写作提供很好的基础，因此，我又重新拿起笔一字一字地写。时至今日，总算草草交差，但于原定交稿时间还是延误了一个多月，为此，心里感到内疚。

说实话，书稿虽然完成，但因时间紧，肯定不尽如人意，与预期效果自然相差甚远。尤其是大量的图片收集和拍摄都存在一定的困难。因为当年条件艰苦，留下的影像资料有限，所以在收集图片时，除瑞金中央革命根据地纪念馆原有的一些照片外，有的只好从各种历史资料中搜寻。大多图片还是用手机拍摄或翻拍的。由此，很多图像可能模糊不清或缺失，给编辑工作带来很多不便，也给读者造成视觉上的吃力和遗憾。在此，说声对不起，这并不是自己的本意，只是条件受限和自己水平的不足，请多多谅解。

书要出版了，我当然要感谢在此书的编写过程中提供帮助的热心人。首先感谢为本书提供方便的老师、朋友和同事，特别要感谢余伯流、凌步机同志著的《中央苏区史》，舒龙、凌步机同志主编的《中华苏维埃共和国史》，以及《中央革命根据地史料选编》为本书提供了一些编写素材；还要感谢陕西人民美术出版社编辑同志为本书出版付出的辛勤劳动。

另外，也希望提供帮助的同志们，不管是熟悉不熟悉，认识不认识，都可用不同的方式向本人提出批评、建议和要求，本人诚心接受。

最后，再次对为本书出版提供帮助的所有单位和同志表示诚挚的谢意！同时也以本书为中国共产党成立100周年献上一份薄礼。

邹亮辉